변이 국회의원의 탄생

변이 국회의원의 탄생
'일하지 않는 국회'의 숨겨진 진실

초판 1쇄 인쇄 2019년 11월 27일
초판 1쇄 발행 2019년 12월 10일

지은이 소준섭
펴낸이 김지훈
펴낸곳 도서출판 어젠다

출판등록 2011년 7월 26일 (제2015-000263호)
주 소 서울시 마포구 양화로 7길 61-6(서교동)
전 화 (02)333-5897 | 팩스 (02)333-8460
이메일 agendabooks@naver.com

ISBN 978-89-97712-32-8 03340

이 도서의 국립중앙도서관 출판예정도서목록(CIP)은 서지정보유통지원시스템 홈페이지(http://seoji.nl.go.kr)와
국가자료공동목록시스템(http://www.nl.go.kr/kolisnet)에서 이용하실 수 있습니다.(CIP제어번호: CIP2019045054)

변이 국회의원의 탄생

'일하지 않는 국회'의
숨겨진 진실

소준섭 지음

어젠다

머리말

신뢰가 없으면 존립할 수 없다

우리 사회에서 국민이 불신하는 국가기관 부동의 1위는 언제나 국회다. 이 점에 있어 우리 국민들의 생각은 예외 없이 일치한다. 하지만 과연 어떻게 이 문제를 해결할 수 있을 것인가라는 방안을 두고서는 도무지 갈피를 잡지 못하고 있다. 다만 한 가지 분명한 점은 국회가 바뀌지 않고서는 우리 사회는 결코 바뀔 수 없으며 한 치도 전진할 수 없다는 바로 그 사실이다.

『논어』는 "民無信, 不立, 백성의 신뢰를 얻지 못하면 (권력이란) 설 수 없다."고 갈파하였다. 국민이 선출했지만 여야 가릴 것 없이 모두 도무지 믿을 수가 없는 존재, 그것이 우리 국회의 근본 문제이다.

기-승-전-국회, 국회가 바뀌어야 나라가 바뀐다

모든 사람들이 국회를 우리 사회에서 개혁해야 할 가장 시급한 곳이라고 인식한다. 하지만 동시에 모든 사람들이 그간 이 '국회 문제'에 대하여 실사구시적인 구체적 방안을 성공적으로 제시하지 못해왔다.

기실 오늘 우리 국회에서 드러나는 갖가지 비정상적인 제도 중 많은 부분은 수십 년 동안 권위주의적 독재정권에 의하여 지속적으로 왜곡되어온 것들이다. 그리하여 우리 국회에서는 어느 나라에서도 나타나지 않았던 각종 왜곡된 현상이 빈발하고 매우 특수한 시스템을 지닌 채 비정상적인 과정을 겪어왔다.

'국회 문제'가 그저 진영 논리에 토대하여 상대방에 대한 극단적 부정으로 해결될 리는 만무하다. 또한 추상적인 이론의 나열이나 피상적이고 감성적인 접근에 기초하여 단순히 조정과 타협이라는 도덕적 요구만으로써 해결될 문제가 아니라는 점 역시 분명하다.

지금 '국회 문제'를 해결하기 위해서는 우선 문제의 본질과 핵심에 대한 적확한 분석이 가장 중요하다. 그리고 그러한 토대 위에 가장 구체적이며 진정으로 실질적인 대안이 제시되어야만 할 것이다.

특히 "국회는 어떻게 해도 바꿀 수 없다, 바뀌지 않는다"는 회의론 역시 우리 사이에 짙게 드리워진 패배주의로서 반드시 극복해야 할 대상이다. 이는 주체적인 실천을 경시하면서 오로지 권력자들의 힘만 과대평가하는 전형적인 지배자 논리에 불과할 것이다.

우리 근현대사를 돌이켜 보면, 우리의 민주주의는 항상 위협받고 때로는 유린되기도 했지만 최종적으로는 언제나 국민 항쟁이라는 형태로 수호되어왔다. 4.19 혁명을 비롯하여 부마항쟁, 5.18광주민주화운동, 6월 항쟁 그리고 최근의 촛불항쟁까지의 역사는 이러한 점을 여실히 증명하고 있다. 이는 물론 우리 국민들의 드높은 민주 의지와 역동성을 입증하는 것이기도 하지만, 한편으로는 이 땅의 민주주의가 전혀 제도화되지 않았다는 반증이기도 했다. 그리고 이러한 불철저한 제도화는 결국 우리 사회의 지체된 민주주의 혹은 불구화된 민주주의의 명백한 증거였다.

이러한 현상은 '마지노민주주의'라고 칭해지기도 한다. 이 용어에는 양면성이 있다. 한국인들이 보여주는 불굴의 저항정신이 그 한 측면이고, 한국 민주주의의 미성숙한 현실이 다른 측면이다. 사실 이 땅의 시민에게는 선거 날 한 표 행사하는 것 이외에 그 어떠한 권리도 주어지지 않았다. 국회, 대자본, 관료, 검찰, 경찰 등등 우리 사회의 기득권 그 누구도 먼저 자기의 '권한'을 스스로 자제하고 줄여 시민에 먼저 손을 내밀어 타협하고 양보하는 곳은 존재하지 않는다. 예를 들어, 대학도 다른 나라 대학에서는 받지 않는 입학금을 한사코 징수한다. 모두 자기의 권한을 마지노선 끝까지 행사하고자 한다. 이렇듯 '탐욕스러운 기득권'은 다른 나라에서 찾아보기 어렵다.

진정한 의회지도자의 출현을 기대한다

이제 우리의 민주주의는 제도화되어야 한다. 이러한 제도화의 시대적 과제에서도 국회의 올바른 자리매김이야말로 우리 시대의 가장 긴급하고도 중차대한 임무라는 점은 모든 사람이 수긍할 것이다.

다만 변화와 개혁이란 결코 다른 사람이 제공하는 것이 아니다. 그것은 먼저 나 자신의 주체적인 실천과 도전으로써 실현해나가야 할 지난한 과정이다. 정확한 목표와 올바른 지향점을 향하여 항상 최선의 노력을 경주해야 한다. 그리하여 일희일비의 차원을 넘어 핵심에 대한 정확한 분석과 구체적 해결 방안으로써 현재의 비정상적인 왜곡 상황을 올바르게 돌파해내야 할 것이다.

그러나 비록 국회가 우리 시대 불신의 끝판왕이기는 하지만, 국회개혁이란 기본적으로 시민의 힘을 토대로 하는 동시에 구체적으로는 국회의원들 스스로의 임무이고 책임이다. 이제 국회개혁을 열망하는 엄숙한 시대적 요구에 의원들이 진지하게 응답할 때다. 기-승-전-국회, 국회가 바뀌어야 나라가 바뀐다.

"정치가는 다음 시대를 생각하고, 정상배는 다음 선거를 생각한다."고 한다. 지금 시대의 과제를 꿋꿋이 실천해나는 정치가가 필요하다. 눈앞의 선거나 정치공학 그리고 인기전술의 범주를 넘어 시대정신을 담지하고 그 소임을 다하기 위하여 노력하는 진정한 의회지도자의 출현을 기대해본다.

이 책은 올바른 국회상(國會像)에 대한 일종의 가이드라인을 제시하기 위하여 기획되었다. 필자로서는 국회 근무를 마치면서 제출하는 일종의 '졸업논문'인 셈이다. 독일 현지에서 독일의원과 직접 접촉하면서 조사를 진행한 박학모 연구위원의 노력과 도움이 없이는 이 작업은 불가능했을 것이며, 바쁜 중에도 인터뷰에 응해준 하승수 대표와 의원실 보좌관들을 비롯해 여러모로 협력을 아끼지 않은 여러 국회 직원들에게 감사의 뜻을 전하고자 한다.

아무쪼록 이 미흡하기 짝이 없는 글이 민의를 올바르게 반영하는 국회를 열망하는 모든 사람들의 희망을 구체화하는 하나의 '시작점'이 될 수 있다면 필자로서는 더할 나위 없는 보람이다.

여의도에서

소준섭

차례

II 'I국회적폐' 청산이 국회개혁의 출발점

프롤로그

국회를 바꾸지 못하면, 그 어느 것도 바꿀 수 없다

독일의 연방헌법재판소 재판관들은 '연방국가적 균형'의 원칙을 따라 연방의회와 연방참사원에 의해 각기 절반씩 선출된다. 재판관 선출에는 각 기관 모두 3분의 2 이상의 다수의 찬성이 필요하다. 연방참사원이 본회의에서 재판관을 선출하고, 연방의회는 연방의회의원으로 구성되는 재판관추천위원회가 제시한 후보자명부 중에서 연방의회가 직접 선출한다.

재판관 선출에 필요한 투표수 3분의 2 이상의 찬성이라는 '가중다수결' 요건은 재판관의 정치적 중립성, 따라서 연방헌법재판소의 정치적 중립성을 보다 확실히 보장하기 위한 것이다. 특별 다수의 지지를 확보하지 못하는 한, 의회의 다수파가 자기 사람 또는 자신과 같은 노선을 취하는 사람만을 연방헌법재판소에 들어앉힐 수 없기 때문이다. 이 요건은 '극단적인 확신'을 가진 후보자가 선출될 수 없도록 하기 위한 것이며 동시에 소수파의 실효성 있는 보호를 위하여 소수파도 재판부 구성에 대한 영향력을 행사할 수 있도록 하기 위한 것이다.

이러한 3분의 2 가중다수결 요건이라는 제도에 의하여 의회 다수파는 반대파와 합의를 하지 않을 수 없다. 어느 쪽도 상대의 동의를 얻지 못하면 자신이 추천한 후보자를 선출할 수 없다. 이렇게 여야 모두 3분의 1 이상의 의석을 점하고 있는 한, '여당과 야당 사이에 균형'이 형성된다.

만약 의회가 제도적으로 잘 선출되어 구성되고 또 그 기능이 정상적으로 작동된다면, 이렇듯 비단 의회 차원에서만 아니라 사회와 국가 전체의 민주주의와 균형을 위하여 수행해야 하고 또 할 수 있는 일이 너무나 많다. 또 그렇게 될 때 시민들은 비로소 자신들이 선출한 의회를 통하여 그 의사를 표출될 수 있게 된다.

그러나 이렇게 중요한 역할을 수행해야 할 우리의 국회가 사회와 국가의 민주주의를 이끌어주고 그 전진에 기여하기는커녕 거꾸로 우리 사회에서 모든 영역의 앞길을 가로막고 사사건건 국론을 분열시키는 장애물로 전락해버린 현실을 쉽게 부인할 수 없다.

국회는 가장 중요하다. 왜냐면 그것은 언필칭 시민의 '대표'이기 때문이다.

우리 사회가 바로 서기 위해서는 무엇보다 먼저 국회부터 바로 서야 한다. 국회를 바꿔내지 못하면, 아무 것도 바꿔낼 수 없으며 한 발짝도 전진할 수 없다.

'기본'과 '원칙'

모든 사람이 작금의 국회 현실을 소리 높여 개탄한다. 정말이지 우리 국회가 그간 만천하에 널리 보여 주었고 지금도 보여주고 있는 모습들은 뜻 있는 모든 사람들로 하여금 아예 눈을 감고 귀를 막고 싶은 심정을 갖게 만들고 있다. 가히 절망적인 상황이다.

그러나 정작 어떻게 국회를 개혁할 수 있는지에 대해서는 우리들 중 어느 누구도 자신 있게 그 정확한 경로와 해법을 제시하지 못하고 있다. 필자는 오늘 우리의 국회의 모습이 현대사에서 독재 권력과 군사정권이 국회 무력화와 통제를 위해 왜곡시켜온 비정상적 결과물이라고 평가한다. 그리하여 지금 국회 개혁이 지향해야 할 방향은 바로 독재 시대에 왜곡되어 비정상적 상황에 처해진 국회의 제반 장치들을 해체함으로써 진정한 의회로서의 올바른 위상을 복원시켜내고 진정으로 시민의 대표에 부합하는 본연의 역할과 임무를 수행하도록 만드는 것이라고 인식한다.

이를 위하여 본서는 국회의 정상화, 국회 개혁의 방향과 관련하여 세계 여러 나라의 의회 시스템, 즉, 의원이 지녀야 할 위상과 역할부터 사무처 등 의회 입법지원기구까지의 '표준(standard)'과 '기준' 그리고 '원칙(principle)'을 제시하고자 하였다.

현재 세계적으로 보편화된 의회 시스템은 미국, 영국, 독일 등 서구에서 수백 년의 역사를 거치며 정립된 시스템이다. 세계 여러 나라 의회 시스템 중에서도 본서에서는 특히 독일 의회와 의원들의 '표준'과 '기준'을 기본적으로 우리 국회가 지향해야 할 모델로서 추천하고 있다. 왜냐하면 미국 의회는 우리의 국회와 달리 의원 개개인이 소속 정당에 대하여 상대적으로 독립성을 지니면서 자신의 선거구민에 대한 대응성(對應性)을 주요한 고려 대상으로 설정하는 조직이며, 반면 의원에 대한 정당의 영향력은 대단히 미미하다. 그러므로 미국식 의회시스템은 의원 개개인의 자율성을 강화하고 이들의 전문성을 제고하려는 방식을 취한다. 반면 독일 의회의 경우에는 의원들의 의회 진출이 우리의 경우처럼 정당에 의해 좌우되며, 정당 간에는 거의 모든 정책에 있어 대립한다. 의원들도 소속 정당의 정책에 순응하며, 당론에 배치되는 발언을 하기 어렵다. 결국 우리 국회는 미국 의회보다 독일 의회와 더 유사한 것이다. 따라서 독일 의회의 시스템이 우리 국회의 문제점을 개선해나가는 데 더욱 적실성을 갖는다고 평가될 수 있다.

국회의 '본업' 그리고 관료주의

이 지점에서 필자는 특히 국회 문제의 핵심은 바로 국회의원들이 자신들의 본업(本業), 즉, 국민들이 자신들에게 부여한 '입법'의 임무를 성실하게 수행하지 못하고 오히려 '방기'하거나 혹은 주변화, 피동화된 채 '배제되는' 상황이라고 분석한다. 오늘 우리의 국회에 문제가 수없이 많지만, 그 많은 문제들은 기본적으로 국민이 선출한 대표인 국회의원들이 자신의 '본업', 즉 입법 활동을 방기하고 있는 바로 그 객관적 조건으로부터 파생되고 있다는 것이 필자의 확고한 판단이다. 그리하여 이렇게 왜곡되어진 입법 활동을 바로세우는 것이야말로 오늘 국회 문제의 단추를 올바로 꿰는 정확한 해법이라고 믿는다.

따라서 본서에서는 실종된 이 '본업'에 대한 문제제기가 거듭 강조되고 있다. 자신의 '본업'을 소홀히 하고서는 어떤 사람과 조직도 그 존재의 목적과 이유를 상실하게 될 수밖에 없다고 확신하기 때문이다.

그런데 오늘 국회의 '본업 실종'은 구체적으로 국회 입법관료들이 수행하고 있는 법안에 대한 '검토보고' 권한과 밀접하게 관련되어 있다. 필자는 국회 입법관료의 검토보고 문제와 관련하여 시민단체와 논의해본 적이 있었는데, 시민단체의 자문위원회는 주로 교수들로 구성되어 있어 자연히 그들과 대화를 나누게 되었다. 그들은 국회 입법과정의 구체적인 사실관계에 대하여 알지 못하고 있으며, 더구나 이 문제와 관련하여 인용할 수 있는 기존 논문들이 없는 상태로서 이렇게 입증 논거가 결여되어 있는 상황에서 이 문제를 부각시키는 데 어려움이 많다는 의견이었다. 이러한 점들을 해결하기 위하여 본서는 국회 회의록 등 사례를 최대한 제공함으로써 '검토보고'가 우리 국회 현실에서 실제로 지니고 있는 함의를 알아볼 수 있도록 노력하였다. 또한 필자가 국회에 근무하면서 직접 목격하고 들을 수 있었던 사례를 비롯하여 국회의원, 보좌관, 국회 직원 등 국회 구성원들 그리고 시민단체 활동가와의 대화 및 인터뷰를 가감 없이 수록하여 오늘의 국회 현실을 보다 구체적이고 생생하게 살펴볼 수 있도록 하였다.

정부여당의 당정 실세들이 "잠깐만 틈을 주면 관료들이 엉뚱한 짓을 한다", "집권 2주년이 아니라 4주년 같다"며 밀담을 나눴다 하여 화제를 낳은 적이 있었다.

필자는 이 나라가 관료 중심의 사회이며, 그리하여 한마디로 관(官)주주의 사회라 말할 수 있다고 파악한다. 많은 사람들이 그 문제점을 지적하고 있지만 정작 그 심각성과 개선 방안에 대해서는 놀랄 만큼 논의가 결여된 관료주의의 문제는 우리 사회의 진보와 발전을 지체하게 만들고 있는 핵심적인 요인 중의 하나로 평가될 수 있다. 필자는 오늘 심각한 국회의 문제 역시 우리 사회 전반을 관통하는 이러한 관료주의와 긴밀하게 결부되어 있다고 확신한다. 국회는 그 '무능' 및 '직무유기' 현상과 더불어 관료주의의 성격이 극적으로 표현되어 이제 관료에 대한 '의존'이라는 차원을 넘어 '관료의 주도' 현상까지 존재하고 있다. 그리하여 국회 개혁과 관료 개혁은 결코 분리될 수 없으며, 관료주의를 넘어서지 않고서는 국회개혁은 성취할 수 없다.

독재 권력에 의해 왜곡된 '구체제' 해체가 국회개혁의 출발점

다른 각도에서 살펴본다면, 오늘의 국회는 독재 권력의 적나라한 희생자이기도 하다.

이승만 정권부터 박정희, 전두환 정권으로 이어지는 독재 권력의 가장 핵심적인 관심과 지향점은 언제나 국회의 무력화와 순치(馴致)로 분명하게 향하고 있었다. 이를 위해 독재 권력은 국회 상임위의 무력화를 비롯해 상기한 바의 '검토보고' 등 관료를 매개로 한 국회 통제를 위해 다양한 '관행'과 제도화를 추진해왔다. 그리고 이는 권력의 압도적 우위라는 조건 속에서 국회는 갈수록 위축되고 종속화하는 과정이었다.

그러나 이 과정은 동시에 국회 스스로 독재 권력의 의도와 구도에 편승하고 안주해온 것이었음을 결코 부인할 수 없다. 독재 권력이 왜곡시켜놓은 '독재 잔재'로서의 '국회 적폐'에 대한 근본적 개혁 시도는 거의 부재한 채 기껏해야 정권이 시혜적으로 베푸는 '권력 나눠먹기'에 급급했고, 결국 '적대적 공존'을 향유해온 것이다. 이런 측면에서 국회는 독재 권력의 피해자일 뿐 아니라 편승자였으며 동시에 적극적 공범자였다.

그리하여 독재 권력이 구조화한 '관행'과 '제도', 즉 '국회 적폐'는 전혀 변화가 없이 지금 우리 국회를 비정상적으로 기능하게 만들고 있는 근본적인 틀로서 작동하고 있다. '구체제', '앙시앵레짐'이다.

이제 국회 개혁이란 독재 권력이 왜곡시켜놓은 이러한 '국회 적폐'를 청산하고 해체함으로써 의회제도의 보편성을 복원시키는 것으로부터 다시 시작해야 한다.

이것이 바로 국회 개혁의 출발점이고 본질이며 핵심이다.

I

국회개혁의 핵심은 무엇인가?

'일하지 않는 국회'의 숨겨진 진실

얼마 전 국회의 한 의원실에서 '검토보고서'가 처음엔 찬성 취지였다가 중간에 부정 취지로 바뀌는 바람에 법안 통과가 어렵게 되자 의원이 수석전문위원을 의원실로 불러 문제를 제기하던 중 보좌관과 입법조사관 사이에 물리적 충돌이 빚어져 경찰이 출동하기까지 했다는 뉴스가 있었다.

일반적으로 이러한 사건은 국회의원에 대한 국민들의 깊은 불신의 영향으로 "국회의원의 갑질 사건"으로 쉽게 이해된다.

그런데 여기서 생각해봐야 할 사실이 있다.

해당 사건에서 수석전문위원은 항의하는 보좌관의 태도를 문제 삼아 "건방지다"라고 화를 내며 자리를 박차고 나갔다고 한다. 우리나라에서 국회의원은 그야말로 "갑중의 갑"으로 통하는 위상이다. 그런 '높으신' 국회의원이 있는 바로 그 자리에서 국회의원을 보좌하는 보좌관에게 "건방지다"라는 말을 하고 자리를 박차고 나갈 사람이 우리 사회에서 과연 있을 수 있을까? 아무리 생각해봐도 실제 그럴 수 있는 사람은 거의 존재하지 않는다. 그런데 여기에서 보듯, 국회 수석전문위원은 그렇게 할 수 있었다. 한마디로, 수석전문위원의 힘이 얼마나 센지 단적으로 보여주는 장면이다.

또 '검토보고서'가 바뀌는 바람에 결국 국회의원이 발의한 법안은 다음 단계로 올라가기 어렵게 되었다. 그렇다면 국회의원과 전문위원 중 과연 누가 입법권한을 가지고 있는 것인가? 국회의원은 국민이 선출하여 입법권을 부여한 것이다. 그것이 곧 대의민주주의다. 그렇다면 국민이 입법권을 부여하지 않은 국회 전문위원은 어떻게 하여 이렇게 "국회의원보다 더 큰" 입법권한을 행사하고 있는 것일까?

> 몇 년 전, 어느 정부 산하기관 간부들이 국회의 한 위원회 회의에 참석하였다.
>
> 한쪽에 국회 관료인 수석전문위원(1급)을 비롯하여 전문위원, 심의관이 앉고 반대편엔 산하기관 간부들이 쭉 앉았다. 그리고 양 옆에는 기재부 직원과 감사원 직원이 앉았다.
>
> 이 자리에서 국회 위원회 공무원들은 그 산하기관 사람들을 '쥐 잡듯이' 하였다.

국회 전문위원이 주관하는 한 회의의 장면이다. 필자와 잘 알고 지내는 지인이 전해준 내용이다.

이전 시기에 기업들은 재경부(지금의 기획재정부, 기재부)에 로비를 하였었다. 그러나 지금은 국회에 로비를 한다. 기재부 관료에게 해봤자 다시 국회의 문턱에서 걸리기 때문이다.

그러나 여기에 다시 반전이 존재한다. 바로 국회에 대한 로비에서 그 로비의 대상이 국회의원이 아니라 바로 '국회 전문위원'이라는 사실이다.

이들 국회 전문위원은 각종 법안만이 아니라 예산 심의에 대한 검토보고 권한도 보유하고 있다. 예를 들어, 국회 공무원인 예산결산위원회 수석전문위원에게는 장관들이 머리를 숙이고 부탁한다. 나아가 국정감사 때 피감기관을 얼마든지 요리할 수 있기 때문에 가히 무소불위 '권력의 핵심'에 설 수 있게 되었다. 이미 오래 전부터 국회 주변에서는 "(국회공무원인) 수석전문위원이 초선 의원 5,6명을 합한 것보다 힘이 세다"라는 말이 널리 퍼져있었다.

"일하지 않는 국회", 이 말은 반만 맞는 말이다. 잘 알려져 있듯이, 지금 우리 국회는 국민들의 불신 대상 1위다. 하지만 국민들은 비록 그렇게 불신을 받는 국회지만 입법이라는 본연의 업무는 미흡하지만 그럭저럭 수행할 것이라고 생각한다. 그런데 사실 입법이라는 의회의 본연의 직무 수행에 있어 우리 국회가 세계 어느 나라에서도 볼 수 없는 왜곡과 비정상의 과정을 거치고 있다는 사실을 알고 있는 사람은 별로 없다.

그나마 국회의원은 국민들이 싫어할 경우 투표로써 심판할 수 있다. 그러나 국회의원 뒤에 가려져 국민들이 알지 못하는 또 다른 권력 '국회 전문위원'은 알려지지 않은 숨은 권력이기 때문에 더욱 위험하다.

몇 년 전에 한 국회 전문위원이 직권을 남용하여 의원급 예우에 준하는 접대를 요구하는 등의 물의를 빚은 사건이 각 언론에 보도된 적이 있었다. 또 몇 년 전에는 국회 수석전문위원이 알선수뢰로 구속되는 사건도 있었다.

그런데 이러한 일련의 사건 배경에 국회 전문위원의 이른바 '검토보고제' 권한이 존재하고 있다는 사실에 대해서는 거의 알려져 있지 않다.

'본업'인 입법에서 '분리'된 국회의원

오늘의 우리 국회를 명실상부 국민 의사를 대표하는 기구라 할 수 있을까?

이 질문에 아마 절대다수의 국민들이 완강하게 고개를 저을 것이다.

그렇다면 우리의 국회는 정확하게 민의를 반영하여 올바르게 구성되어 있을까? 그러나 한마디로 유권자의 민심은 국회 의석 수에 정확하게 반영되지 않고 있다.

오늘 우리 국회에는 해결해야 할 문제점이 그야말로 첩첩산중 쌓여 있다.

이 시점에서 과연 어떠한 문제부터 풀어야 이 국회를 바꿔낼 수 있을까? 도대체 무엇을 어떻게 개혁해야 하는 것인가?

시민운동은 이제까지 국회의원에 대한 평가에서 입법건수 발의를 기준으로 삼아왔다. 이는 한마디로 방향 미스다.

흔히 법률안에 대한 '검토보고'라고 하면 당연히 국회의원이 그 책임 주체가 되어 수행할 것이라고 생각하기 쉽다. 그러나 사실은 국회의원이 아니라 국회에 소속된 공무원들이 검토보고의 '준비'와 그 '발언'까지 모두 담당한다.

우리 국회법은 제58조에 "위원회는 안건을 심사할 때 먼저 전문위원의 검토보고를 듣고"라고 명문화하고 있다. '검토보고'란 국회의원이 제출하는 법률안에 대해 국회 공무권이 '검토'하는 것으로서 예·결산에 대한 검토도 모두 그들의 몫이고 권한이다.

사실 국회에 대한 불신이 극대화된 현실에서도 국민을 위해 진정성 있게 열과 성을 다하려는 국회의원이 적지 않다. 그러나 현재의 국회 입법과정에서 의원 개인이 높은 의욕을 가지고 아무리 열심히 해보려 해봐도 그 역할은 대부분 입법발의의 단계에서 끝나게 된다. 결국 현 국회는 근본적으로 의원의 의욕과 능력이 발휘될 수 없는 구조다. 이러한 구조에서는 아무리 똑똑하고 열의에 불타는 사람이라도 사실상 할 일이 없게 된다. 이것을 뒤집어 말하면, 어느 누가 국회의원이 되어도 예외 없이 모두 아무 탈 없이 임기를 무사히 채울 수 있게 된다는 의미다. 한 지인은 초등학생을 국회에 갖다놔도 충분히 국회의원을 할 수 있다고 말한다.

사람들은 예를 들어 '유치원3법'이나 '김용균법' 등을 둘러싸고 의원들이 갑론을박, 거칠게 논란을 벌이는 모습을 보고 의원들이 입법을 주도한다고 쉽게 생각하게 된다. 그러나 이러한 경우는 '빙산의 일각'

처럼 그야말로 사회적으로 크게 이슈로 부각된 극히 일부 법안에만 해당한다. 왜냐하면 현재 국회 입법은 법안 발의 그 단계에서 의원들의 개입은 사실상 종결되기 때문이다. 대다수 법안들은 사람들이 전혀 모르는 사이에 법안 검토부터 모두 철저히 입법관료들의 손으로 넘어가 처리된다.

그리하여 결국 국회개혁의 핵심은 바로 국회의원들과 '분리'된 국회의 본업, 즉 입법 활동을 다시 '복원'하여 결합시키는 것에 있다. 즉, 입법의 전 과정을 국회의원이 그 '검토'부터 모두 '직접' 수행하는 것이다.

세계의 어느 의회든 반드시 의원이
직접 법안을 '검토'한다

미국 의회의 경우, 의원에 의하여 법안이 제출되면 소관 상임위원회에 회부된다. 위원회에 회부된 법안은 상임위원회 위원장에 의하여 소위원회에 넘겨지는데, 소위원회는 청문회 개최(미국 청문회의 경우, 입법을 위한 청문회가 높은 비율을 점한다)와 꼼꼼히 조문 하나하나를 심사하는 축조(逐條)심사를 수행한다. 물론 상임위원회에서의 이 모든 활동은 의원들 자신들이 직접 수행한다.

프랑스 의회 역시 본회의든 상임위원회든 발언을 포함한 모든 진행이 의원들에 의하여 직접 수행된다. 의원들이 참석한 회의에서 법안의 각 조문에 대한 조문 투표를 실시한 뒤 법안 전체에 대한 전체 투표를 실시한다.

독일 의회는 각 정당 내 상임위원회마다 소그룹이 운영되고 여기에 각 정당에 소속된 정책연구위원들이 결합해 매주 화요일마다 만나서 짧게는 6주에서 길게는 6개월에 걸쳐 상임위 의제를 사전에 토론하고 조율하기 때문에 의원 개개인의 전문성도 향상되고 각 정당의 전문성도 당연히 증대되며 이는 의회의 전문성 제고로 이어진다. 소그룹에서 채택된 사항은 대부분 그대로 정당 전체의 견해로 채택된다.

정치 후진국이라 불리는 일본 국회의 경우에서도 법안에 대한 검토는 당연히 의원의 몫이다. 일본 국회에서 법안 제출은 의원법제국의 입법보좌를 받아(다만 이는 법률상 요건이 아니고 단지 참고 요건이다) 준비되고 정당 내의 절차를 거쳐 최종적으로 법률안이 확정된다. 정당 내 절차는 정당 내 정무조사회(政務調査會)나 정책심의회 부회(部會, 전문분야별로 모이는 회합을 가리킨다)를 거쳐 정책심의회나 혹은 정책심의회 전체회의 등에서 결정한다. 나아가 총무회나 중앙집행위원회 등 상부기관의 의결을 거친다.

그러나 우리 국회의 경우, 이러한 국제적인 보편적 기준과 너무나 상이하다.

우리 국회에서 상임위원회에서의 검토보고는 법률안의 심사 과정 중 전체 위원회에서 법률안의 제안 설명이 끝난 뒤 '반드시' 전문위원이 낭독하도록 되어 있다.

그 결과 채택되는 소위원회의 수정안 내용도 전문위원의 검토 내용과 대개 일치하는 경우가 많고, 전문위원의 검토보고에서 지적되지 않은 문제점은 위원회 심사과정에서 대체로 거론되지도 않는 성향을 보인다. 예산안에 대한 예비심사 검토보고 역시 마찬가지이다. 아니 예·

결산 검토보고는 사실 이 분야에 대한 의원들의 전문성 및 시간 부족으로 법안 검토보고 경우보다 입법관료의 주도권이 훨씬 강하다.

결국 이렇게 하여 전문위원의 검토보고는 위원회 심사의 대강의 범위와 차원을 '제시'해 주며, 논의의 초점과 방향을 '정립'해 주는 결과를 가져온다. 뿐만 아니라 실제 심의 결과 채택되는 소위원회의 수정내용 구성에서도 매우 큰 영향력이 발휘된다.

더구나 의사 진행에 대한 세부 규칙이 정해지지 않은 가운데 국회의 입법관료들이 제시하는 선례에 대한 해석에 의하여 의사 진행상의 문제점들을 해결해 나갈 수밖에 없는 한국 국회의 현실에서 결국 위원회 입법관료들이 위원회의 심사과정에 미치는 영향력은 대단히 커지게 되어 있다. 실제로 위원회 운영상의 시나리오가 위원회 입법관료들에 의하여 작성되고 있으며, 위원장은 이들이 준비한 각본에 따라 위원회를 운영하고 있다. 이렇게 검토보고서를 토대로 회의를 진행하게 되므로 검토보고서는 입법 논의의 출발점이자 결정적 변수일 수밖에 없다.

근본적으로 법안 '검토'란 입법 과정의 핵심이자 본령(本領)이며 영혼이다. 나아가 사실상 입법과정 그 자체라 할 수 있다. 이 '검토' 과정을 의원이 아닌 다른 사람이 '대리'하는 것은 본말전도로서 기본과 원칙에 대한 근본적 부정이다.

국회에서는 매일같이 입법토론회와 공청회가 분주히 열리고 본회의장이나 상임위에서 법안 통과 문제로 '식물국회'니 '동물국회'니 볼썽사나운 살풍경이 벌어지곤 하지만, 그것은 단지 본질 왜곡을 가리는 변죽일 뿐이다.

국회의원 스스로 자기 머리 깎기를 기다린다?

본디 상임위원회는 정당 간 정책대결의 장이다. 미국 의회의 경우, 상임위원회 입법지원 인력인 스태프(Staff)는 18명의 전문위원을 포함하여 위원회당 평균 75명으로서 다수당과 소수당이 소속 의원 수에 비례하여 인원을 배정받고 소수당은 최소 1/3을 요구할 수 있도록 하였다. 독일 의회의 상임위원회 입법지원 조직은 주로 교섭단체 정책위원에 의하여 운영되고 있어 그 총수는 2004년 현재 837명에 이르고 있다. 여기에 우리 국회처럼 입법관료가 개입할 여지는 전혀 없다.

사실 우리 국회에도 위원회 공무원과 별도로 이른바 교섭단체 정책연구위원이라는 제도가 존재하고는 있다. 각 교섭단체별로 의석 수에 따라 배분되는데, 급여는 국회 예산에서 지급되고 국회 사무처 소속으로 별정직 공무원의 신분이다. 2019년 현재 총 인원은 67인이다. 그러나 현재의 교섭단체 정책연구위원은 당파성과 당에 대한 충성심에 비하여 전문성이 검증되지 않고 있기 때문에 정당의 정책과 관련한 전문성보다는 상당수가 기본적인 자격에 있어서 부족한 상황이다. 그리고 이에 따라 실질적인 능력과 역할의 측면에서도 대단히 취약성을 노출시켜 단지 개별 정당의 운영을 지원하는 데 치우치고 있다는 문제점을 드러내고 있다.

실제로 교섭단체 정책연구위원을 정당 관료가 형식적으로 맡으면서 당료의 임금보전책으로 활용되고 있는 경우도 적지 않은 실정이다.

2003년의 경우, 32명의 교섭단체 정책위원 중 25명이 당료 출신이었고, 6명이 국회 공무원 출신이었다. 더구나 최근 들어 집권 여당의 당 정책위원은 기재부, 행안부 등 행정부 현직 관료들을 '편법'으로 임용하는 방식으로 충원하고 있어 국회 입법과정에 행정부 관료들의 개입을 적극적이고 합법적으로 보장하는 상황을 초래하고 있다.

이렇듯 우리 국회의 입법권은 지금 심각한 왜곡 상태에 놓여 있다. 국회가 지금 안고 있는 문제는 수없이 많지만, 의원 입법권에 대한 침해라는 이 문제야말로 국회의 본원적 문제라 할 수 있다.

근본적으로, 국민들은 자기들을 대신하여 국가 입법을 수행할 대표를 선출해 국회를 구성한 것이다. 그런데 사람들에 의해 선출된 대표인 의원들이 입법을 방기한다? 자신들에게 부여된 본업을 수행하고 있지 않는 이 문제보다 더 본질적인 문제가 또 어디에 존재할 수 있겠는가?

하지만 국회 스스로 이 문제를 개선할 가능성은 극히 희박하다. 실제 필자가 만난 한 중진의원은 의원들이 이 문제의 개혁에 그다지 탐탁하게 생각하지 않는다고 말했다. 예를 들어, 현재 국회 상임위원회 회의에서 법률안을 논의할 경우 국회 공무원인 전문위원이 법률안을 읽고 요지와 주요 쟁점 등을 설명하는데, 그런 '귀찮은' 일을 의원들이 하려고 하지 않는다는 것이다. "내가 누군데 그런 짜잘한 일을!" 그런 심리. 지금 '관료들이 대신 해주는' 시스템이 편한데 수고스럽게 직접 내 손으로 구태여 해야 하느냐는 식이다.

국회의원들의 심리에 형성되어 굳어진 이러한 자세 자체가 이미 왜곡된 우리 국회의 모습을 그대로 대변하고 있다. 국민이 명령한 '직무'에 대한 명백한 '유기'라는 사실을 스스로 인지하지 못하고 있는 것이다.

지식인들과 시민운동은 이 문제의 중요성과 긴급성에 대하여 인식해야 하며, 그리하여 국회 개혁운동에서 가장 선결적인 문제로 제기해야 한다. 이 문제는 입법 수행을 최고 임무로 부여받은 국회의 본질적 허구성을 그대로 드러내는 문제이기 때문에 지식인들과 시민운동이 이 문제를 적극적으로 제기한다면, 이 문제는 의외로 크게 여론화될 수 있고 쉽게 해결될 수 있다. 이렇게 된다면 국회 문제를 해결하는 커다란 전환점이 될 수 있다.

현재 우리 언론은 대개 클릭 수를 노리는 자극적인 기사나 가십성 뉴스에만 주목할 뿐 언제나 기본과 근본에 다가가지 못하고 있다. 그럼으로써 우리 사회는 더욱 혼탁해지고 더욱 분열되며, 말초와 지엽으로만 흐르게 된다. 이제 언론도 기본과 근본에 충실해 진정한 '사회의 목탁'으로서 역할을 수행해야 한다.

그렇게 될 때 비로소 아나운서를 비롯하여 연예인, 스포츠스타 등등 좀 유명세가 있다 싶으면 모두 국회의원이 되고자 하는, 이 땅에서 국회의원이란 그저 '출세'와 '성공'의 가장 큰 목표지점으로 전락한 오늘의 비극적인 현실도 타파할 수 있다.

국회는 '국회'가 아니다

'본업'을 하지 않는 국회

'법원행정처' 주장에 적극 동조하는 국회 전문위원 검토보고

2014년 함진규 의원 대표발의로 대한변협, 지방변호사회 등 대법원규칙으로 정한 외부기관, 단체의 의견을 들어 평정에 참고할 수 있도록 하는 '법원조직법 일부개정법률안'이 법사위에 회부되어 이에 대한 검토보고가 이뤄졌다.

그런데 여기에서 우리의 눈을 의심케 하는 사실이 발견된다. 바로 국회 전문위원이 작성한 이 검토보고가 사법농단의 온상이던 법원행정처의 의견에 적극 동조하고 있는 것이다.

구체적으로 이 검토보고는 "대한변호사협회 등 변호사단체의 의견을 들어 평정에 참고할 수 있도록 하는 때에는 단체 구성원의 법관평가에 대한 참여도가 낮을 경우 전체 변호사의 총체적 평가가 아니라 소수 변호사의 편향된 평가가 마치 전체의 의사인 것처럼 왜곡될 우려가 있음."이라면서 "법원행정처의 의견도 이와 같은 취지"라는 설명까지 아무 거리낌 없이 붙이고 있다.[1]

부정적인 이 검토보고에 의해 당연히도 이 법안은 입법의 '본선'에 오르지 못하고 임기만료 폐기되었다. (법원행정처의 적극적인 로비를 받았을 가능성도 있을) 이 검토보고는 법원행정처의 의견대로 대한변협 등 비판세력의 목소리를 철저히 배제시킨 채, 양승태 전 대법원장의 제왕적 1인 체제를 구축을 옹호하는 논리로 이어졌다. 결국 법원행정처, 양승태 전 대법원장의 사법농단을 적극적으로 거든 '그릇된' 검토보고였다.

테러방지법안에 무비판적인 검토보고, 이것은 '아부'

한편 '테러방지법'은 박근혜 정부 시기에 크게 논란을 빚었던 법이다. 그런데 이 법안에 대한 국회 전문위원 검토보고는 "대테러 업무를 감

1 법관 평정에 외부기관, 단체의 의견을 참조하는 것은 일반적이다. 미국의 법관평가 시스템은 주마다 약간씩의 차이는 있지만, 주 최고법원 산하의 위원회 혹은 사법위원회(Judicial Council)가 검사, 변호사, 배심원, 소송당사자, 증인, 사법부 직원 등의 전부 또는 일부에게 설문조사를 하거나, 법관 자신이 변호사 등에게 자신에 대한 평가를 요청하는 방식(self-evaluation program)을 택하고 있고, 둘 다 채택하는 곳도 있다. 법관의 자기평가의 항목은 미시건주의 경우, 업무습관과 기질, 직업적 능력, 공정성과 성실성, 총합적 질문 등의 항목으로 구성되며, 0-5점의 평가점수를 매기고 있다(이헌환, "대법원장의 지위와 사법행정권",「서강법학」 제11권 제1호, 2009.

독하기 위하여 국가테러대책위원회 소속으로 대테러 인권보호관 1인을 배치하도록 하고 있어 대테러 업무에 대한 통제방안을 마련하고 있고, 무고·날조의 죄를 「형법」보다 가중하여 처벌하도록 하고 있는 등 제도적 보완장치가 마련되었다"면서 "테러방지를 위한 국가 등의 책무와 필요한 사항을 명확히 규정하여 공공의 안전과 국민의 생명·신체·재산을 보호하기 위한 이 법의 제정이 필요하다"고 적극적으로 동의하고 있다.

테러방지법은 당시 야당의 필사적인 반발에 부딪쳐 의원들의 필리버스터(Filibuster, 의사방해 연설) 발언이 이어졌고, 이에 대한 국민적 공감도 상당히 높았었다.

분명한 점은 이러한 테러방지법에 대한 검토보고가 비판은 완전히 결여되었고 균형이라곤 도무지 찾아볼 수 없었던 '검토'였다는 사실이다. 이것은 '검토보고'가 아니라 권력에 대한 노골적인 '아부'의 수준이라 할 수 있다.

'본업'을 방기하는 국회

우리 국회를 제외하고 세계의 어느 나라 의회든 법안에 대한 검토는 반드시 의원의 기본 임무이다.

상임위에 상정된 법안마다 각 원내 교섭단체는 검토보고 담당 의원을 두게 되는데, 이 검토보고 담당 의원은 검토보고를 충실하게 준비하기 위하여 관련 기관 및 활동가들과 많은 면담을 진행한다. 물론 비판적 견해도 환영한다. 자신의 결정이 가능한 현실적이고 정의롭게 내려질 수 있도록 최대한 균형 잡힌 시각을 형성하기 위해서이다. 이 검토보고 의원은 교섭단체 내 워크그룹이 진행되는 동안 자신의 판단과 평가 및 바람직한 수정사항 등을 다른 의원들에게 전달한다. 아울러 다른 교섭단체 검토보고 담당 의원과 심도 있는 토의 과정을 거치며 이 토의의 회의는 장시간의 토의를 필요로 하기 때문에 종종 심야에 이르기도 한다. 검토보고 의원은 이 과정에서 교섭단체 소속 정책 전문위원의 밀접한 지원을 받으며 매주 교섭단체 의원들과 소그룹 토론을 진행한다.

그러나 우리 국회만은 전혀 다르다. 이 기본 임무를 의원 자신이 수행하지 않고 있다. 그 일을 국회 공무원이 대신하고 있다.

지금 국회의 문제점들은 수없이 많다. 하지만 국회가 국민이 부여한 직무, 즉 '입법'이라는 '본업'을 방기하고 있는 것, 이 문제야말로 국회의 존재 의미와 긴밀하게 관련된 가장 기본적이고 근본적인 문제이다. 엄격한 의미에서 말한다면, 이 본업을 수행하지 않는 국회의원은 국회의원으로서 최소한의 자격도 없다고 할 수 있다.

지금의 국회는 결코 진정한 의미의 '국회'가 아니다.

국회의원을 일하게 만드는 체계

'세월호 변호사'로 불리는 박주민 의원은 한 인터뷰에서 '국회의원 세비 최저임금 책정' 국민청원에 대해, "최저임금 책정을 논하기에 앞서, 국회의원을 일하게 만드는 체계가 먼저 갖춰져야 한다."고 말했다.

그렇다면 과연 무엇이 "국회의원을 일하게 만드는 체계"인 것인가?

바로 입법 발의에서 멈추는 지금의 체계가 아니라 입법의 검토부터 통과까지 전 과정을 국회의원이 직접 수행하는 것, 그런 체계 아닌가?

공무원의 '검토'를 받는 국회의원, 이것이 오늘 세계 어디에서도 찾아볼 수 없는 우리 국회의 비정상적이며 왜곡된 현실이다.

결자해지, 다른 사람이 아닌 바로 국회의원 스스로가 자신들의 문제 해결에 주체적으로 나서야 한다.

법안에 대한 '검토'는 의원의 필수 '직무' _ 독일의 의원들은 어떻게 일하는가?

이 글에서 소개하는 독일 의회 입법과정의 내용은 독일 연방의회의 사회민주당 울리케 바르(Ulrike Bahr, 바이에른 아우크스부르크 지역구 의원) 의원실에 보낸 질의서에 대한 답신을 바탕으로 구성하였다.

법안 검토의 주체로서의 독일 의회 의원과 정당

독일의 정당에는 연방의회의 각 상임위원회 구성에 상응하는 원내 교섭단체 '워크그룹(Arbeitsgruppe/AG)'이 있다. 각 상임위원회 회의가 열리기 전에 의원들은 소속 정당의 '워크그룹'과 만나, 상임위원회 회의에 대비한 논의를 한다. 각 원내 교섭단체는 한 상임위원회 내에 전문 주제에 따라 각각 전문 검토보고 위원을 둔다. 검토보고를 맡은 이 '위원'이 의원임은 두말할 필요도 없다. 검토보고는 각 원내 교섭단체 의원의 직무로서 이 검토보고 의원은 상임위원회에서 토의될 사안에 대하여 정보를 제공한다.

검토보고 담당 의원은 검토보고에 충실을 기하기 위하여 관련 기관 및 활동가들과 수많은 면담을 진행한다. 물론 비판적 견해도 환영한다. 자신의 결정이 가능한 현실적이고 정의롭게 내려질 수 있도록 최대한 균형 잡힌 시각을 형성하기 위해서이다. 이 검토보고 의원은 교섭단체 내 워크그룹이 진행되는 동안 자신의 판단과 평가 및 바람직한 수정사항 등을 다른 의원들에게 전달한다.

법안이 상임위에 도달하면 토의가 시작되는데, 각 원내 교섭단체의 입장을 표명하는 검토보고로부터 시작된다. 연정을 구성하는 원내 교섭단체들의 검토보고자들은 각 당 워크그룹 대표들과 때로는 부처 대표단과 회합을 갖고 위원회 표결을 준비하기 위하여 자체 검토보고자 회의를 갖는다. 종종 심야에 이르기까지 아주 오래 걸리는 토의과정에서 법안의 세부사항들이 연정 파트너들 사이에 조율되고 확정된다.

한편 독일 원내 교섭단체에는 각 상임위원회에 상응하는 워크그룹에 최소한 1명의 당 소속 정책 전문위원을 배치하고 있다. 정책 전문위원은 법안 제출 및 토의 과정에서 의원과 보좌진들을 내용적으로 철저하게 지원한다. 이들 정책 전문위원들은 '워크그룹' 대표들과도 밀접하게 공조한다. 정책 전문위원들은 다른 원내 교섭단체들, 특히 연정 파트너와의 회합을 주선하여 법안의 논쟁 부분을 적시에 인지하고, 필요한 경우 의견조율이 이루어지도록 한다.

입법과정의 주체는 바로 의원과 정당

그러나 지금 대한민국 국회에서는 본래 의원과 정당이 반드시 수행해야할 법안 및 예·결산 검토의 과정이 사실상 국회 공무원의 '성역'으로 자리매김 되어 있다. 그러면서 정책과 법안에 대한 검토와 제시를 본연의 역할이자 임무로 삼아야 할 의원과 정당은 거꾸로 참여와 개입을 봉쇄당하고 있는 상황이다. 이렇게 하여 정당의 역할은 근본적으로 배제되었고, 필연적으로 정당정치의 공간은 심각하게 축소되었다.

독일 의회의 교섭단체 워크그룹과 전문 검토보고 의원 그리고 교섭단체 소속 정책 전문위원의 구성과 활동에서 분명하게 알 수 있듯이, 국회에서 법안과 예·결산의 검토 및 심의는 의원 자신들과 '정책' 정당이 수행해야 할 본연의 영역이요 임무이다. 다른 나라의 의회 모두 마찬가지다. 원래 상임위원회란 정당들의 치열한 정책경쟁의 장(場)이다.

사실 입법 과정은 다양한 이익이 투입되고 조정되는 정치적인 과정이며, 이 과정에서 철저히 중립적이고 객관적인 정보의 제공은 처음부터 어려울 수밖에 없다. 그리하여 입법지원 관료들은 행정부의 입장을 대변하면서 다수당의 지원조직으로 활동하는 편향성을 보이는 경우가 많으며, 이 경우 소수당 보좌 인력이 배제되는 효과를 낳게 되어, 결과적으로 정당 간 불공정 경쟁을 유도하게 된다.[2]

독일 의회에서는 분야별 최고 수준의 정책 전문위원들이 정당에 소

2 박재창, "국회 입법지원체제의 개편 방향과 과제", 「세계지역연구논총」제22권 2호, 2004.

속되어 의원과 정당을 긴밀하게 지원, 보좌한다. 미국 의회에서도 상임위원회 스태프(Staff)들이 다수당에 2/3, 소수당에 1/3 비율로 배속되어 복무한다. 다만 윤리위원회는 1:1로 배분된다. 이들 스태프들은 상임위 보좌관들로서 학문적 전문성과 현장에서의 전문성을 겸비하고 있다. 상임위 보좌관들은 1946년 「의회재조직법」에 의해 모든 상임위에 정식으로 고용되기 시작했으며, 다수당 스태프 2/3는 위원장이, 1/3은 소수당 간사가 임명권을 가진다. 상임위원회 스태프의 약 27%는 행정부에서 근무했던 경력을 가지고 있고, 약 25%는 의원실 근무 경력이 있다. 이들은 입법과 행정부 감시를 위한 자료를 수집하고 연구하여 입법과 감시의 틀을 만들고 로비스트나 관련 이익집단의 인사들을 접촉하거나 청문회를 조직하고 증인들을 섭외하는 등의 업무를 통해 법률안에 대한 수정안을 작성하거나 정부 감시를 위한 주요 정보를 준비한다.

두말할 필요도 없이, 의원과 정당은 입법과정의 주체로서 반드시 그 역할이 원상회복되어야 한다. 현재와 같은 공무원에 의한 검토보고 제도가 혁신되어야만 그때 비로소 정당 정치가 살아날 수 있고, 또 의회정치가 부활할 수 있다.

법안 '검토'를 의원 아닌 다른 사람이 '대리'할 수 없어

독일 의회에서 분명히 확인되듯이, 법안에 대한 '검토 작업'은 의원들이 담당하는 가장 기본적인 직무이다. 이는 결코 의원이 아닌 다른 사람이 대신할 수 없고, 대신해서도 안 된다. 그것은 국민이 부여한 입법권과 대의권에 대한 전면적인 부정이다. 입법권에 대한 심각한 왜곡이고, '불구화'된 대의권이며 동시에 명백한 '직무유기'다.

국회의 입법과정이란 발의부터 본회의 의결까지의 전 과정에서 의원들이 주도, 담당해야 한다. 이것이 바로 국민들이 의원을 선출하여 입법권과 대의권을 부여한 근본적 이유다.

본업이 왜곡된 의회는 결코 정상적으로 작동될 수 없다. 근본적으로 말하자면, 오늘 우리 국회에 대한 국민들의 극심한 불신은 본업이 이행되지 않고 있는 바로 이 지점으로부터 비롯되는 것이다.

국회를 허수아비로 전락시키고 철저히 통제하기 위하여 유신과 전두환의 군사정권에 의해 만들어진 이 입법권의 왜곡이 여전히 우리 국회를 운용하는 기본 시스템으로 작동하는 현실은 참으로 수치스러운 일이다. 국회가 정상화되려면 가장 먼저 이러한 '적폐'가 청산되어야 한다.

우리 국회가 입법권이라는 본업을 회복하는 바로 그 때, 비로소 '의회다운 의회', '일하는 국회'로서 국민의 신뢰를 얻어나갈 수 있다.

독일 연방의회 의원의 입법 활동

서면 인터뷰

연방의회 바이에른 아우크스부르크 지역구 의원 울리케 바르 (Ulrike Bahr, 사회민주당 • SPD) 의원실 답변으로 본 독일 연방의회의 입법과 의원의 역할:상임위원회 법안 검토보고 및 토의과정을 중심으로[3]

_ 작성자: 지역구 보좌관 크라취(Kratzsch)

1 연방의회의 한 의원이 공약사안 등과 관련하여 야심적인 법안을 발의하고자 하는 것을 상정하였을 때, 이 과정에서 의원, 의원실, 의회공무원 등이 어떠한 역할로 어느 정도의 기여를 하나? 인력 규모는?

3 이 글은 한국형사정책연구원 박학모 연구위원이 2018년 9월 독일 연방의회 아욱스부르크 지역구 의원 울리케 바르 의원실에 보낸 질의에 대한 답변으로서 독일어 원문을 박학모 연구위원이 옮겼다.

답변:

바르 의원은 연방의회 의원으로서 두 개의 사무실을 운용하는데, 하나는 베를린 의원사무실, 다른 하나는 아우크스부르크 지역구사무실이다. 여기에 총 6명의 비서와 1명의 인턴이 고용되어 있다. 그 규모와 월급은 연방의회규칙에 규정되어 있다. 다음 웹사이트 참조 https://www.bundestag.de/abgeordnete/mdb_diaeten.

의원의 역할

바르 의원은 '가족위원회'(가족/노인/여성/청소년 위원회 약칭) 및 그 산하 '시민연대소위원회' 상임위원이다. 추가로 보건위원회 및 가족위 산하 아동소위원회 대리위원이다(해당 상임위 및 소위 상임위원 궐석 시에 대리).

연방의회 의원들은 다양한 상임위 가운데 적절한 위원회에 배정받음으로써 전문정치가가 된다. 각 원내 교섭단체는 심지어 한 상임위 내에 전문 주제에 따라 각각 전문 검토보고 위원을 둔다. 바르 의원은 가족위원회에서 "아동·청소년복지, 시민연대, 취약아동건강" 사안 등에 대한 전문검토 보고자이다.

법안이 연방의회에 발의되는 것과 관련하여 먼저 구분해야 할 것은, 누가 발의자이고 어느 상임위가 주관 상임위인가이다. 그러므로 바르 위원의 경우, 가족부가 주관상임위이고 해당법안이 바르 의원의 전문검토보고 분야에 해당하는가가 관건이 된다.

대부분의 연정교섭단체의 법안은 해당 부처에서 준비되고, 내각(국무회의)에서 의결되어 의회에 발의된다. 이어서 연정 교섭단체는 법안의 변경 여부에 대하여 토의를 한다. 의원발의법안은 사실상 야당의원들이 발의하는 것인데 의회에서 통과될 가능성이 거의 없다.

(바르 의원이 찬성한 "동성혼인허용법(민법개정)"을 사례로 본 당과 의원의 역할을 보자면)

연방의회가 열리는 매주 사회민주당(SPD)은 의원 전원이 참석하는 의원총회를 개최한다. 여기에서 연방의회 본회의를 앞두고 논의될 법안과 의결될 법안에 대한 토의가 이루어진다. 당에는 연방의회의 각 상임위원회 구성에 상응하는 원내 교섭단체 워크그룹(Arbeitsgruppe/AG)이 존재한다. 각 워크그룹 대표는 여기에서 현안의 내용과 각 상임위원회의 토의 및 표결 결과에 대하여 설명을 한다.

이 과정에서 예컨대 바르 의원은 관련 상임위원회와 사회민주당 소관 워크그룹의 논증을 비교하여 어느 입장을 따를 것인지를 결정한다. 당의 표결 권고(당론)에 동의하지 않는 경우, 각 의원은 여기에서 자기 당의 모든 의원과 최고위원회 앞에서 자신의 입장을 개진할 수 있다. 표 분산을 막기 위해서 당론 구속이 존재하는데, 원내 교섭단체는 의원총회가 진행되는 동안에 해당 워크그룹 대표를 통해 소속의원들에게 표결권고(당론투표)를 전달한다. 하지만 의원들은 법적으로 이에 구속받지는 않는다.

매 상임위원회 회의가 있기 전에 당의 상임위원들은 소속 당 워크그룹과 만나, 상임위 회의에 대비한 논의를 한다. 검토보고자들은 상임위에서 토의될 사안에 대하여 정보를 제공하며, 여기서 의원들은 특정 사안이나 법안에 대한 토론과정에서 자신의 입장을 정할 수 있다. 최종적으로 당 소속 워크그룹이 상임위에서 법안에 대하여 어떤 태도를 취할 것인지가 조율된다. 드문 일이긴 하지만 워크그룹이 스스로 이니셔티브를 주도하고자 하면 스스로 법안이나 의안을 작성하기도 하는데, 이 경우 연정의 상황에 따라 연정파트너와 조율을 하고 각 교섭단체별 의결을 거쳐 상임위나 본회의에 회부되어야 한다.

검토보고자는 상임위에서 다른 교섭단체에 대하여 자기 교섭단체가 사안에 대하여 어떻게 결정하였는지에 대하여 설명한다. 예컨대 바르 의원의 검토보고 사안인 경우 바르 의원이 워크그룹 및 다른 동료의원과 원내 교섭단체의 제1 대화창구가 된다. 바르 의원은 검토보고에 충실을 기하기 위하여 유관 기관 및 활동가들과 수많은 면담을 진행한다. 물론 비판적 견해도 환영한다. 이로써 자신의 결정이 가능한 현실적이고 정의롭게 내려질 수 있도록 최대한 균형 잡힌 시각을 형성하기 위해서이다. 바르 의원은 교섭단체 내 워크그룹이 진행되는 동안 자신의 판단과 평가 및 바람직한 수정사항 등을 다른 위원들에게 전달한다.

각 의원의 보좌진

보좌진은 바르 의원을 위해 내용적인 작업을 한다. 문의사항에 대하여 리서치를 하고, (전문가) 소견을 청취하고, 간담회 일정을 준비하며 의원을 위한 현안보고서를 작성한다. 특정사안에 있어 불명확성이 존재하는 경우 바르 의원에게 완전한 정보를 제공할 수 있도록 보좌진이 활용할 수 있는 거대한 정보원으로서 예컨대 연방의회학술서비스(입법지원실)와 연방통계청 등이 있다. 보좌진들은 다른 의원실로부터 정보를 입수하기도 하며 소속 당 보좌진들과 네트워크를 형성하고 있다.

정당의 전문위원

사회민주당 원내 교섭단체에는 각 상임위에 상응하는 워크그룹에 최소한 1명의 전문위원을 배치하고 있다. 전문위원은 의원들과 보좌진들을 응대하여 법안 제출 및 토의 과정에서 이들을 내용적으로 지원한다. 전문위원들은 워크그룹 대표들과 밀접하게 공조한다. 각 의원실의 업무가 전문위원을 중심으로 돌아간다고 할 수 있다. 전문위원들은 다른 원내 교섭단체들, 특히 연정 파트너와의 회합을 주선하여, 법안의 논쟁 부분을 적시에 인지하고, 필요한 경우 의견 조율이 이루어지도록 한다.

주나 지자체 의원 보좌진과의 공조는 이루어지지 않는데, 이는 법이 금지하고 있기 때문이다. 사회민주당 당중심부도 사회민주당 원내 교섭단체와는 별도로 움직인다.

연방의회학술서비스(입법지원실)의 학술지원직(입법조사관)들은 현안들에 대한 정보를 중립적으로 의원들에게 제공한다. 이러한 작업은 단지 의원이나 의원실의 의뢰가 있는 경우에만 이루어진다. 이 정보를 어떻게 활용하느냐는 각 의원실에 달려있다.

상임위원회를 위해 일하는 연방의회 직원들은 조직 관련 사무지원 인력으로서 일한다. 이들은 의사규칙의 준수를 살피면서 회의록을 작성한다. 입법과정에는 내용적으로 일체 개입하지 못한다.

이와 달리 각 부처의 공무원들은 법안 작업을 하며 법안의 구성에 결정적인 영향력을 행사할 수도 있다. 물론 이 과정에서 이들이 부처의 정치적 의지와 지시에 구속되는 것은 자명한 일이다.

2 법안의 발의 및 상임위원회 토의 과정은?

상임위원회 참석자: 상임위원회 위원

- 상임위 위원이 회의에 참석하지 못하는 경우, 대리참석자가 지정되어야 하며, 이를 위해 대리위원이 존재한다. 보좌진이나 입법조사관에 의한 대리는 불가능하다. 회의는 위원회가 선출한 위원장에 의해 진행된다. 위원장은 회의를 가능한 중립적으로 진행하여야 한다. 검토보고자는 각 원내교섭단체의 의원이며, 이들이 가장 먼저 법안·의안에 대하여 발언을 한다.
- 연방의회 상임위원회 직원은 표결·발언권이 없이 회의에 참석하여

회의진행을 지원하고 회의록을 작성한다.

- 연방정부 장관 및 차관 또는 부처의 대표단은 의원의 질문이 있는 경우 배석한다.
- 공청회 전문가는 해당 전문사안과 관련하여 초빙되어 의원들에게 해당 사안에 대하여 의견을 진술하고 질의응답을 한 후 해당 사안에 대한 토의가 끝나면 퇴장한다. 공개 공청회인 경우는 예외이지만, 일반적으로 상임위원회는 비공개로 진행된다.
- 연방의회학술서비스(입법지원실) 입법조사관의 경우, 미리 신청·등록을 한 경우 '등록된 게스트'로 상임위원회 회의에 참석하는 것이 허용되지만, 발언권은 주어지지 않는다.

전형적인 상임위원회 회의진행

- 상임위원장에 의한 개회선언
- 의사일정의 소개
- 간사(일반적으로 워크그룹 대표)들이 회의 시작 전 진행일정에 대해 최종 합의: 당일 토의사항에 대한 연기라든지 표결 진행 등
- 검토보고자의 보고는 앞에서 언급한 바와 같이 의원의 직무이며, 입법조사관(전문위원)이 대신할 수 없다. 상임위 위원이 회의에 참석할 수 없는 경우, 반드시 대리위원을 지명하여야 한다.

상임위 법안 토의 및 의결 과정

법안이 상임위에 도달하면 토의가 시작되는데, 각 원내 교섭단체의 입

장을 표명하는 검토보고로부터 시작된다. 이어서 법안의 세부사항에 대한 토의가 이루어지며, 이는 연방의회 의사규칙이 정한 순서에 따라 질서정연하게 진행된다. 모든 수정요청 사항은 위원회 다수결로 확인되어야 한다.

연정 원내 교섭단체들의 검토보고자들은 각 당 워크그룹 대표들과 때로는 부처 대표단과 회합을 갖고 위원회 표결을 준비하기 위하여 자체 검토보고자 회의를 갖는다. 종종 심야에 이르기까지 아주 오래 걸리는 토의과정에서 법안의 세부사항들이 연정 파트너들 사이에 조율되고 확정된다.

법안의 세부사항에 대한 합의가 이루어지면 위원회는 이에 대한 표결을 실시하며 본회의의결 권고안을 작성한다. 위원장은 결과를 접수한 후 직권으로 수정안을 본회의에 회부한다.

3 법안발의자로서 본회의 의결과정에서 의원의 역할 여부?

사회민주당은 대연정 파트너이고 대부분의 법안은 각 부처에서 올라오며, 그 법안들의 토대는 연정협약이라고 할 수 있다. 바르 의원의 경우 소관 검토보고자로서의 지위에서 관련 법안에 대하여 코멘트를 하고 평가를 할 수 있다. 사전에 당 워크그룹에서 의견조율을 한 후 해당 상임위원회에서 수정제안도 할 수 있다.

법안은 본회의에서 3회독을 거치며, 각 원내교섭단체가 본회의에서 법안에 대해 코멘트할 수 있는데, 일반적으로 이 역할을 (상임위) 검토보고자인 의원이 담당한다.

군사정권이 '국회무력화'를 목적으로 만든 '검토보고제'

'검토보고제' 폐지가 의회제도 정상화의 지름길

국회의원과 국회 공무원

소위원장 ○○○ 아니, ○○○ 위원님 말씀하신 그것…….

수석전문위원 ○○○ 그것은 우리가 자료 받은 게 없잖아.

소위원장 ○○○ 전자문서로 뽑을 수 있는 것 아니예요?

수석전문위원 ○○○ 그것 뽑는 것밖에 없는 거지…….

소위원장 ○○○ 그러니까 공문 보낸 것을 달라고요.

17대 국회의 어느 상임위 소위원회 회의록에서 발췌한 기록이다.

잘 알다시피 수석전문위원은 국회 공무원이고 소위원장은 국회의원이다. 그런데 위의 속기록을 보면, 수석전문위원은 약간 반말 투다. 이 속기록의 상황을 일반적 시각으로 본다면, 수석전문위원의 '위상'이 더 높아 보이고, 최소한 동등한 위상이다.

한편 다음의 또 다른 소위원회 회의록에서도 수석전문위원의 위상을 충분히 짐작할 수 있게 만든다.

> ○○○ 위원 지금 수정안대로 하게 되면 기재부의 의견을 충분히 참작하는 것 아니예요? 그래서 수정안대로 하면 기재부에서…….
>
> 수석전문위원 ○○○ 기재부 의견은 저희가 여기 비고에 적시한 것처럼 이걸 적극적으로 다 수용한다 그런 정도의 입장은 아니고요. 교육부에서 이 부분에 대해서 한번 기재부하고 협의한 사항이 있으면 말씀을 해주시지요.
>
> ○○○ 위원 저도 잠깐만 말씀…….
>
> ○○○ 위원 아니, 저도 질문 다 안 끝났는데요.

수석전문위원은 회의를 주재하다시피하며 의원의 발언을 중간에 끊기도 하고, 심지어 교육부와 기재부 등 정부 부처들까지 아우르고 있는 장면을 볼 수 있다.

그런데 국회 전문위원은 비단 법안에 대한 검토보고만 하는 것이 아니다. 예산과 결산에 대한 '검토보고'도 수행한다. 예·결산에 대한 국회 전문위원의 이 검토보고는 법안에 대한 검토보고보다 그 위력이 보다 강하게 발휘된다. 그런 이유로 위의 사례처럼 거의 독주하는 경향이 발견된다. 관련 위원회 회의에 참석한 행정부처 피심사기관들은 대체로 '전문위원의 검토보고를 수용'하는 자세로 심사에 응한다.

전두환에 의해 명문화된 검토보고,
'국회 무력화'에 그 목적

이렇듯 국회 입법공무원의 권한을 강화시키고 그 위상을 높게 만든 것은 바로 '검토보고'라는 제도 때문이다.

그러나 국회 공무원인 '전문위원'이 의원이 발의한 법안을 '검토'하는 이 제도가 처음부터 존재했던 것은 아니다. 원래의 국회법 규정에는 "위원회는 회부안건을 심사함에 있어서 먼저 그 취지의 설명을 듣고"라고 하여 검토보고의 주체에 대하여 규정하고 있지 않았다.

그 조항이 완전히 오늘날처럼 국회공무원의 권한으로 바뀌게 된 것은 바로 1980년 전두환 국보위(국가보위입법회의) 때였다. 전두환 군사정권은 권력을 장악한 뒤 이른바 국보위의 '선거법등 정치관계법 특별위원회'를 조직하였고, 이 조직은 1981년 1월 22일에 회의를 개최하고는 국회법을 전면 개정했다. 여기에서 국회법 제56조(위원회의 심사) 조항은 "위원회는 회부안건을 심사함에 있어서 먼저 그 취지의 설명과 전문위원의 검토보고를 듣고"라고 바뀌었던 것이다. 이렇게 하여 국회 전문위원의 검토보고 제도는 명문 규정으로 전환되었다.

당시의 회의록을 보면, 국회법개정의 목표와 기본방향에 대하여 "비리와 선동과 당리당략을 일삼는 정치폐습에서 탈피하여"라고 되어 있고, 개정의 '주요 골자'에서는 "직업정치인의 독무대화 현상을 배제하고 전문지식과 경험이 풍부한 유능 신인의 국정참여 기회를 부여할 수 있도록"이라고 밝히고 있다.

전두환 군사정권이 이 제도를 추진한 목적은 두말할 필요도 없이 '국회의 무력화와 순치(馴致)'였다. 즉, '구 정치질서'를 극도로 혐오한 전두환 신군부 측이 관료를 수단으로 하여 자신들의 의도대로 국회를 허수아비로 만들고 통제하려는 명백한 의도를 가지고 추진한 것이었다.

'유신'에 의해 국회의원의 전문위원 선발권 뺏겨

현재 국회 전문위원은 국회 사무총장이 사실상 임명권을 가지고 있다. 그러나 본래 국회 전문위원은 상임위원회에서 의원들이 선발했었다. 하지만 그러한 제도는 박정희 유신 정권에 의하여 완전히 뒤바뀌었다.

1972년 12월 27일, 이른바 유신헌법으로 장기집권 체제의 근거를 만든 유신 정권은 곧이어 1973년 2월 7일, 국회법을 개정하였다. 이 개정에서 "전문위원은 당해 상임위원회의 제청으로 의장이 임명한다."는 국회법 제42조 제2항 규정을 "전문위원은 사무총장의 제청으로 의장이 임명한다."는 규정으로 바꿔놓았다.

이로써 상임위원회 활동에 필요한 '전문적인' 인물을 상임위원회에서 의원들이 논의하여 선임하던 제도를 여당 임명직인 국회 사무총장이 임명하도록 한 것이다. 이는 국회 전문위원에 대한 상임위원회 의원의 선출권을 없애고 독재 권력에 의한 입법권 장악을 제도화한 것이었다. 동시에 전문위원으로는 거의 행정부 관료로 충원함으로써 국회에 대한 통제를 확실하게 강화하고자 한 것이다.

이는 이후 1981년 전두환의 국보위에 의한 전문위원 검토보고제 규정의 명문화와 결합되어 전문위원에 대한 국회의 통제권을 상실하게 만들고, 관료를 매개로 하여 의원들의 입법권을 사실상 무력화했다는 점에서 중요한 의미를 지니고 있다.

변이(變異)된 국회, 변종(變種)된 국회의원

세계 어느 나라 의회에도 우리 국회처럼 의원이 발의한 법안이 반드시 국회 공무원의 검토를 받아야 한다는 '본말전도된' 규정은 존재하지 않는다.

우리나라가 거의 모든 분야에서 '충실하게' 모방하고 있는 일본 국회에서도 전혀 그렇지 않다. 일본 국회는 상임위 법률 심의에서 가장 먼저 법률안 취지에 대한 설명을 청취하게 된다. 이때 의원이 발의한 법률안은 발의자 혹은 제출자의 취지설명으로부터 시작되며, 이 과정에서 증인의 증언, 참고인의 의견 청취가 가능하고 보고서 및 기록 등 자료 제출을 요구할 수 있다. 그 뒤 그 의원과 1문 1답의 질의를 진행하고, 질의가 끝나면 토론에 들어가는데, 1인이라도 수정동의를 제출할 수 있다.

또 흔히 우리가 쉽게 정치 후진국이라고 과소평가하고 있는 타이완에서도 입법원의 〈입법원직권행사법〉 제8조(제1독회 절차)는 "입법위원이 제출한 의안은 제안자가 취지를 설명한 뒤 대체토론을 거쳐 심사 혹은 제2독으로 넘기거나 혹은 기각한다."고 규정하고 있다.

이 지점에서 우리는 단 한 번이라도 눈을 감고서 진지하게 성찰해

봐야 한다. 도대체 왜 의원이 제출한 법안에 의원이 아닌 다른 사람의 '검토'가 필요한 것인가?

본래 입법권이라는 직책은 당연히 국회의원들의 필수 임무다. 그리고 국회의원은 바로 그 일을 수행하기 위하여 국민들이 선출한 것이며, 국회의 존재 이유다. 그것은 의사가 본인이 아니라 사무장이나 다른 사람에게 치료를 시키는 것과 같고, 판사가 다른 사람에게 재판을 맡기는 것과 같다. 이래서는 언필칭 의사라고 할 수 없고 판사라 부를 수 없다. 이와 전적으로 동일한 논리로 자기의 일, 즉, 본업을 하지 않는 국회의원을 국회의원이라고 부르기 어렵다. 국회가 국회답지 못하고 정당이 정당답지 못하며, 이러한 조건에서는 결코 의회다운 의회, 정치다운 정치가 만들어질 수 없다.

실제 어느 나라 의회든 의원이라면 너무도 당연하게 입법 활동과 그와 관련된 토론과 논의 그리고 연구, 조사 등에 대부분의 시간을 투여하게 된다. 그렇기 때문에 입법이 곧 의원의 '본업'인 것이다. 하지만 우리 국회의 경우에는 전혀 이와 다르다. 입법 과정의 대부분을 공무원이 '대리'한다. 겉모양만 의회이고 무늬만 의원이라는 말은 결코 과장이 아니다. 변이(變異)된 국회, 변종(變種)된 국회의원이다.

필자에게 한 의원은 사석에서 자신이 유럽 국가들의 의회를 방문했을 때 그곳 의원들이 모두 소형차를 사용하고 있었으며, 평소 법안과 정책 연구 조사에 몰두하지 않으면 매일같이 이어지는 상임위원회 회의에서 의원들 간의 토론이 진행될 때 크게 망신당할 수밖에 없다고 말했다. 그러니 우리 의원들처럼 지역구 관리에 몰두할 시간도 근본적으로 불가능하다고 했다. 이 의원은 그럼에도 연봉은 우리 국회가 몇 배나 많다고 실토하였다.

정의당 김종대 의원도 2018년 5월 폴란드에서 열린 나토(NATO) 의원 총회 참석했을 때 크게 놀랐다고 증언하고 있다. "300명에 달하는 미국과 유럽 의원들의 진지함과 박식함에 놀랐다. 외국의 국회의원들은 보좌관 없이 그 전문적인 내용을 실무자처럼 토론했다."[4]

국회 공무원이 입법의 전면에 나서게 된 시기

그렇다면 언제부터 지금처럼 국회의원이 뒤로 빠지고 대신 국회 입법 공무원이 입법의 전면에 나서게 된 것일까?

필자가 국회 회의록을 분석한 결과, 이러한 검토보고 제도의 명문화에도 불구하고 1987년 이전 시기에는 국회의원들이 아직까지 상임위에서 대부분의 논의를 주도했다는 사실을 확인할 수 있었다. 그러나 1987년 이후 90년대에 접어들면서 모든 상임위에서 먼저 국회 전문위원의 검토보고를 청취한 뒤 국회의원이 비로소 발언하는 등 국회에서의 전문위원의 검토보고제가 급속도로 확고하게 정착되는 경향이 뚜렷이 나타나고 있었다.

우리 국회는 이승만 독재와 유신 독재 등을 거치면서 야당의원들이 독재 권력에 온몸으로 맞서 그 의정활동은 사실상 '치열한 투쟁 과정'의 연속이었다고 평가할 수 있다. 하지만 '87년 이후 체제'에서 독재정

4 "배지 달고 2년만 지나면 국회의원이 멍청해지는 이유", 「오마이뉴스」 2018년 7월 4일.

권에 저항하는 존재로서의 야당의 성격은 크게 퇴색하면서 기존의 국회가 지녔던 저항과 투쟁의 이미지 역시 크게 약화되었다. 그리고 그 자리에는 오로지 표(票)와 인기를 추구하는 '연기(演技) 정치'가 우위를 점하면서 대체해나갔고, 이에 따라 개인적 출세주의를 특징으로 하는 한국 사회에서 출세의 '정점'으로서의 국회의원이라는 이미지가 보다 강화되어 드러났다.

한편으로는 1987년 이후 우리 사회가 전체적으로 관료 집단이 주도하는 사회로 변모했다는 특성이 지적될 수 있다. 1987년 이후 권력의 약화와 함께 민주화 운동의 가치가 크게 약화된 반면, 제도와 룰이 상대적으로 힘을 발휘하게 되었다. 하지만 이들 제도나 룰이란 사실상 기존 체제를 유지해왔던 관료 집단이 주도권을 장악하는 체제였다. 특히 이들 관료집단을 견제할 제도적 장치는 기본적으로 결여되었고, 반면 시민의 권리는 제도적으로 전혀 보장되지 않았다. 이러한 사회적 조건에서 사회 전반적으로 관료화가 급속하게 진행되었다. 그러나 민주주의가 제대로 구현되지 않는 법치주의란 언제나 그릇된 법실증주의로 전락되는 법이다. 그리하여 이 시기에 민주주의보다는 역설적으로 관료주의가 더욱 강화되고 심화되는 특징을 보인다.

국회에서 국회 입법공무원들이 입법과정에서 전면에 나서게 된 현상 역시 이러한 시대적 조건을 배경으로 하고 있었다.

현재 국회 전문위원은 전적으로 국회 공무원, 즉 입법관료가 '독점'하고 있다. 그런데 처음부터 그런 것은 아니었다. 처음에는 상임위원회에서 관련 분야의 '전문가'를 선임하다가 유신정권을 거치면서 주로 행정부에서 파견된 관료들이 전문위원의 직위를 맡아 그 직무를 수행하였다. 그러다가 2001년 김병오 국회사무총장 시기에 행정부 파견 공무원을 '축출'하고 국회 공무원이 전문위원 자리를 독점하게 되었다.

그런데 흥미롭게도 당시 이미 국회 공무원만에 의한 전문위원 '충원'이 자칫 '의회관료 집단'으로 변질될 가능성을 제기하면서 전문위원직이 개방되어 유능한 외부전문가도 영입되어야 하며, 그래야만 경쟁력을 지닐 수 있다는 '선견지명'도 존재하고 있었다. 그것도 국회사무처에서 입법차장이라는 고위직을 지낸 인사의 주장이었다.

"전문위원을 (국회 공무원) 내부 충원에만 의존하는 경우 국회 자체 역량을 제고할 수 있을 것이라는 점은 좋으나, 자칫 잘못되면 전문위원이 전문가의 풀(pool)이 아니라 의회관료집단으로 변질될 가능성에 항상 경계를 게을리 해서는 안 될 것이다.

국회 전문위원직도 필요하다면 개방되어 정말로 유능한 외부전문가들도 영입될 수 있는 길이 열려 있어야 한다고 보며, 이렇게 될 때 경쟁력을 가지게 될 것이다."[5]

하지만 현재 전문위원은 우려와 예측대로 '유능한 외부전문가'에 전혀 '개방'되지 않은 채 "의회관료 집단으로 변질"하였다.

검토보고, 보수적 경향이 높고 외부 로비에 취약성

국회 공무원에 의한 검토보고 제도는 입법의 보수적 경향성을 심화시

5 박종흡, "국회 전문위원의 허와 실", 「국회보」 2001년 3월호.

킬 가능성이 대단히 높다.

일반적으로 관료집단은 그 보수적 조직문화와 신분적 조건 등의 요인에 의하여 대부분 보수적 성향을 보이며, 이에 따라 국회 공무원에 의한 검토보고 역시 보수적 경향이 강할 수밖에 없다. 고(故) 노회찬 의원이 발의했던 「국가보안법폐지법률안」은 검토보고의 벽을 넘지 못했고, 국회의원 52명이 서명하여 제출했던 「한일군사정보협정 효력정지 특별법안」역시 검토보고의 문턱을 넘지 못했다.

실제로 입법관료들은 다양한 정치적 집단의 의견을 청취하고 그들로부터 정보를 수집한 후 중립적이고 객관적인 검토를 시도하기보다는 이미 잘 정리되어 있는 행정부 자료를 주로 이용하는 경향이 있다. 또 이들의 직무수행을 소속 상임위원장이 지휘하기 때문에 상임위원장으로부터 완전히 자유로운 채 객관성과 중립성을 유지하기도 매우 어렵다.

본질적으로 정치적이며 정당 간 경쟁이 전개되는 입법 과정에서 상임위 스태프를 정당 별로 체계화하지 않고 중립성만을 요구하는 비현실성에서 상임위 보좌 관료들은 각계각층의 다양한 이익을 조정하기 위하여 정보의 소스를 다양화하기 보다는 믿을 만한 정보원인 행정부의 정보에 의존하는 경향이 크다. 특히 전문성 결여라는 근본적인 취약점에 더해 인력과 검토시간의 부족이라는 요인은 이러한 정보 소스의 축소를 더욱 부추기게 된다. 이렇게 행정부 관료들이 제공하는 정보에 의존함으로써 행정부에 대한 감시 기능 또한 저하된다. 결국 입법 지원관료들의 정보 소스의 축소는 행정부에서 제공되는 자료에 의해 작성되는 검토보고와 그 검토보고에 의존하는 상임위원회의 결정으로 연결되어 국회 고유의 권한인 입법이 행정부의 영향 하에 있게 되는 아이러니한 현상을 초래한다.[6]

국회 공무원에 의한 검토보고가 재벌이나 대형 로펌, 각종 협회의 로비나 영향력으로 훼손되는 사례도 적지 않다. 일례로, 국회의 한 수석전문위원이 장충기 전 삼성 사장에게 민원 문자메시지를 보낸 사건이 언론에 보도된 적이 있었다. 당시 박용진 의원은 국회 전문위원의 검토보고가 일부 재벌이나 로비 대상 단체에 의해 편향되고 왜곡될 수 있다고 지적한 바 있다.

또한 앞에서 살펴본 테러방지법 검토보고에서 드러났듯, 권력에 대한 맹목적 아부의 경향도 중대한 문제점이다. 그 '권력'에는 대통령만이 아니라 상임위원장이나 여당 대표 등 중진 의원이 포함된다. 공무원 사회의 뿌리 깊은 승진 제일주의와 줄대기의 관행과 문화는 그대로 '검토보고'에 투영될 수밖에 없다.

한편, '전문위원 검토보고'라 하면 흔히 외부에서 선발된 전문가 그룹에 의한 검토라고 생각하기 쉽다. 그러나 국회 전문위원은 일반인들의 생각과 달리, 국회 공무원시험으로 선발되고 국회 내에서 순환 보직하는 순수 공무원 출신일 뿐이다. 결국 '전문위원'이라는 명칭과 전혀 상반되게 '전문성' 그 자체에서 근본적인 취약성을 안고 있다. 그럼

6 이소영, "국회 상임위원회 보좌인력 제도의 문제점과 개선방안", 「동서연구」제28권 제1호, 2016, 3월.

에도 불구하고 전문위원의 임용은 「국회사무처법」에서 정원의 20% 이내에서 개방직을 임용할 수 있는 직위에서도 배제시키도록 규정하여 외부 전문가의 진입을 근본적으로 불가능하게 만들고 있다.

반면 미국 의회의 상임위원회 스태프는 그 충원 방식에서 전문성이 매우 높을 수밖에 없다. 우선 책임 보좌관(staff director)은 장기간 행정부나 의회에서 많은 경험을 축적한 인물이며, 직접 조사를 담당하는 전문 보좌관(professional staff)들은 변호사나 경제전문가, 조사관, 행정전문가 등 각계각층의 전문 경력자들로 충원된다. 또한 변호사 출신들로 상담역 보좌관(counsel)을 충원하여 법제 전문성을 강화하고 있으며, 다양한 분야의 전문가들이 컨설턴트로서 상임위원회를 보좌한다.

의원이 발의한 법안을 공무원이 검토하는 의회는 세계적으로도 전무

'검토보고'에 대해 흔히 '검토'는 할 수 있지 않는가라는 반문이 나올 수 있다.

그러나 현재 국회에서 "아는 사람만 아는 가운데" 운용되고 있는 이 검토보고란 단순한 '검토' 차원의 수준이 아니다. 사실상 결정문이고 판결문이다. 수많은 법안이 발의되지만, 검토보고에서 부정적인 의견이 나온 법안은 거의 대부분 예외 없이 상임위원회 회의의 논의 대상에서 배제된다. 이것이 관행으로 굳어졌고 '규칙'이며 불문율로 되었다. 오죽하면 의원들이 자기가 발의한 법안에 대한 검토보고에 부정적 의견이 나오지 않도록 전문위원에게 잘 보이려 로비하는 '본말전도'의

광경이 연출되겠는가?

더구나 상임위원회 회의는 기본적으로 상임위의 입법관료들이 준비한 시나리오에 의해 진행된다. 이 과정에서 전문위원 검토보고에서 부정적 평가를 받은 법안은 자연스럽게 회의의 의제에도 오르지 않게 된다.

국회가 매일 같이 싸움만 하는데 그나마 공무원의 '개입' 때문에 이 정도라도 조정되고 유지될 수 있는 것 아니냐는 주장도 있다. 워낙 국민들에게 실망만 안겨주는 존재이다 보니 나름대로의 설득력도 어느 정도 있어 보이기도 한다. 그러나 거듭 지적하지만, 국회 공무원에 의한 검토보고라는 이 희한한 제도는 세계 의회 역사상 존재하지 않은 제도이고, 그것도 '국회 무력화와 통제'를 목적으로 하여 박정희-전두환 독재에 의해 만들어진 '비정상적인' 제도로서 이제까지 수십 년 동안 실제로 '일하지 않는 왜곡된 국회'를 초래하는 주요한 요인으로 작동되어왔다.

이제 그만 이 왜곡된 제도로부터 우리 국회가 벗어나야 할 때가 되었다. 그래야 국회가 살 수 있다.

'입법의 자기결정권' 회복이 핵심

도대체 언제까지 이 나라 국회의원들은 공무원의 '검토'를 받아야 할 것인가? 이는 국민이 부여한 '입법권'의 심각한 침해이며, '헌법기관'을 자부하고 있는 국회의원들 모두의 권위와 명성 그리고 자존심을 크게 훼손하는 일이다.

'입법 자기결정권'을 회복하는 것이야말로 스스로 진정한 헌법기관임을 자부할 수 있는 길이다. 그리고 '일하는 국회'로서의 진정한 권위를 회복하는 핵심이다.

사람들은 흔히 국회가 법안들을 신속하게 통과시키지 않는 사실에만 주목한다. 그래서 대부분 "일하지 않는 국회"의 구체적인 증거는 바로 국회가 필요한 (민생) 법안을 통과시키지 않는 바로 그것이라 생각한다.

그러나 조금 깊이 생각해보자면, 법안 통과의 여부는 사실 그 법안의 옳고 그름을 떠나 명백히 세력 관계의 필연적인 반영이기도 하다. 그것은 국민이 선출하여 구성한 의석 수에 따른, 어쩔 수 없는 일이다. 물론 우리 국회의 구성 자체가 기득권 위주로 구성되어 있는 것은 그 자체로 커다란 문제다. 그러나 이 문제는 의회 구성 자체를 바꿔야만 비로소 해결될 수 있다. 그리고 그것은 정당의 공천제도와 함께 선거제도를 개혁해냄으로써 이뤄낼 수 있다.

공무원의 '검토' 꼭 필요한가?

국회 전문위원의 '힘'

아래에 인용한 내용은 최근 사회적으로 크게 주목받았던 최저임금법 개정안 등을 다뤘던 국회 법사위 회의록이다. 최저임금 산입범위에 상여금과 복리후생 수당 일부를 포함하는 최저임금법 개정안을 논의하고 있는 장면이다.

위원장 ○○○ 최저임금법 개정안에 보면, '상여금, 그밖에 이에 준하는 것으로서 고용노동부령으로 정하는 임금' 이렇게 규정이 되어 있는데 우리 전문위원이 객관적 판단 기준을 법령에 명확히 할 것을 지적했습니다. 여기에 대해 어떤 의견을 갖고 있습니까?

고용노동부 장관 김영주 그 부분에 대해서, 조문에 대해서는 저희가 법사위 전문위원 의견안을 따르도록 하겠습니다.

위원장 ○○○ 이렇게 전문위원과 노동부 간에 합의를 봤다고 그러는데, '상여금, 그밖에 이에 준하는 것으로서 고용노동부령으로 정하는 임금' 이렇게 합의를 봤다는데 동의하십니까?

고용노동부장관 김영주 예, 그렇습니다.

위원장 ○○○ 전문위원, 이 정도면 되겠어요?

전문위원 ○○○ 예.

(2018년 5월 28일 법사위 회의록)

일반인들은 거의 그 존재를 잘 알 수 없는 '국회 전문위원'의 힘을 살펴볼 수 있다. 고용노동부와 당시 가장 첨예한 이슈였던 최저임금에 대한 합의까지 이끌어낼 수 있는 '막강한' 힘을 가지고 있다.

법안에 대한 검토와 심사-해외의 사례

타이완의 사례를 보더라도, 〈대체복무조례〉는 최근 2년여 기간에 3건의 개정안이 발의되어 2016년 6월 3일부터 2017년 5월 19일까지 내정(內政)위원회에서 각각 세 차례의 1독을 거친 뒤 두 차례의 위원회 심사를 진행하였다. 그 뒤 광범 토론과 축조심사의 두 차례 2독을 거쳐 위원회 심사보고서가 본회의에 넘겨졌고, 2018년 4월 3일 본회의의 3독을 통해 의결되었다. 물론 이 입법과정은 모두 의원들에 의하여 직접 수행되었다.

한편 미국 의회에서는 법안이 발의되면 소관 상임위에 넘겨지고 소관 상임위는 먼저 법률안에 대하여 대통령 직속인 관리예산처 등 행정부 관련 부처, 혹은 의회 내 회계감사원의 의견을 묻게 된다. 그러나 이 의견은 참고사항으로 준수해야 하는 것은 아니다. 상임위에 회부된 법안은 대부분 소위원회에 넘겨져 심의되는데, 청문회는 소위원회의 중요 활동이다. 청문회는 입법과정에 이해당사자와 전문가를 참여시켜 정보를 수집하고 여론을 반영하는 기능을 하며, 행정부 관료와 이익집단 등 이해당사자와 관련전문가를 증인으로 채택한다. 청문회에 출석을 요구받은 증인이 자발적으로 출석하지 않으면 소환장을 발부하여 출석하도록 한다.

소위원회에서 청문 절차 등을 완료하게 되면 '마크업(markup;세부심사)'으로 알려진 축조심사를 거치게 된다. 이 과정에서 각 조문별로 이견이 있는 견해들에 대하여 세부적인 검토와 표결이 이뤄진다. 전체 상임위는 소위원회의 이 검토보고를 기초로 찬성, 폐기, 무기한 연기 등을 결정한다. 이후 해당 소위원회 위원장 또는 법안을 최초로 제출한 의원이 심사보고서를 작성하여 본회의에 보고한다. 상임위원회에서의 이 모든 활동은 의원들 자신들이 직접 수행한다.

상임위원회는 '법안의 무덤'으로 불릴 만큼 많은 법안이 위원회의 문을 통과하지 못한다. 제102대 의회의 2년 동안 1만여 건의 법안이 발의되었지만, 위원회를 통과하여 본회의에 상정된 법안은 1,405건으로 13.7%에 지나지 않았다. 이렇게 하여 발의된 법안의 대부분은 위원회의 입법의제로 오르지도 못한 채 임기만료와 함께 폐기되어 청문회 개최 이전에 사장된다.

상임위는 최소한 1달에 한 차례 이상의 회의를 열어야 한다. 상임위에서 의결된 법안의 심사보고서에는 수정안 및 위원회 수정의견을 비롯하여 법안의 취지 및 주요 골자, 법안의 내용, 위원회 심사결과 요약, 위원회 심의경과 및 내용(청문회 및 축조심의 내용), 법안의 필요성과 그 배경, 법안에 대한 조문별 위원회 의견이 담긴다. 또 법안 조문별 내용 분석, 법안의 취지에 대한 위원회 의견, 법안에 수반되는 소요 예산 추계, 세출 집행이 물가에 미치는 영향, 정책 집행상의 소관위원회 감독 의견 및 권고안, 정부개혁위원회의 감독의견 및 권고안, 의회예산처의 비용분석과 재정영향 평가, 행정부 입장 및 의견, 수정조문 대비표, 투표 결과 기록, 보충의견, 소수의견 및 부대의견, 지방정부에 재정 부담을 주는 경우의 부담예산 추계 등 중요한 내용들이 포함된다.

심사보고서에는 특히 위원회의 감독활동 중 발견된 사항 및 권고사항, 법안이 새로운 예산을 필요로 하거나 세입 또는 세출의 증액이나 삭감을 필요로 하는 경우 「의회예산법」에 따라 요구되는 진술, 의회예산처장이 준비한 비용추계서와 비교 그리고 전반적인 성과목표의 진술 등 네 가지 사항은 반드시 포함되어야 한다.

본회의 참석만이 중요?

독일 의회에서는 법안이 상임위에 도달하면 각 원내교섭단체의 검토보고 의원들의 보고를 청취하는 절차부터 시작된다. 이어서 법안의 세부사항에 대한 토의가 이루어지는데, 이는 연방의회 의사규칙이 정한 순서에 따라 질서정연하게 진행된다. 연정 원내교섭단체들의 검토보고자들은 각 당 '워크그룹' 대표들과 때로는 부처 대표단과 회합을 갖고 위원회 표결을 준비하기 위하여 자체 검토보고자회의를 갖는다. 종종 심야에 이르기까지 아주 오래 걸리는 토의과정에서 법안의 세부사항들이 연정 파트너들 사이에 조율되고 확정된다. 모든 수정요청사항은 위원회 다수결로 확인되어야 한다.

특기할만한 사실은 독일 의회에서 본회의에 2002년 현재 재적의원 598명 중 대부분 100명 남짓한 의원만이 출석하고 있다는 점이다. 심지어 1972년 〈무기법〉 의결에는 단지 36명 의원만이 참석하여 논란이 발생하기도 하였다. 하지만 독일 연방헌법재판소는 의회의 의사형성이 반드시 본회의에서만 이뤄질 것을 요구하는 것이 아니며 교섭단체와 상임위원회에서 사실상의 의회의 의사가 결정되고 이러한 과정에 의원들이 참여할 기회가 충분히 보장된다면 본회의에 참석하지 않은 의원들의 의견도 본회의의 의결에 충분히 반영된 것으로 추정된다고 하였다. 상임위원회에서의 의원들의 성실한 검토 및 입법심의 활동의 중요성이 다시 강조되는 대목이다.

국정농단과 사법농단은 권한과 직무의 농단

만약 대통령에 부여된 권한을 타인이 행사하게 된다면 그것은 대통령의 위상과 존재에 대한 침해이며, 그 침해 정도에 따라서는 비선실세 최순실의 국정농단에서 나타나듯 대통령으로서의 권위가 심각하게 도전받게 된다.

법원 역시 마찬가지다. 양승태 전 대법원장의 사법농단은 한마디로 권한과 직무의 농단으로서 법원에 대한 심각한 신뢰 상실을 초래하였다.

국회는 더더욱 그렇다. 국회의원은 국회라는 헌법기관의 구성원인 동시에 국회의원 개개인이 곧 헌법기관이다. 이는 입법권이 지니는 엄중함을 강조하고 있다. 국회란 무엇보다도 국민의 대표로서 선출되어 국민 의사를 대의하여 입법권을 행사하는 권한을 부여받았고, 동시에 이를 성실하게 수행하라는 엄중한 직무 책임도 국민으로부터 명령받았다.

국회의 입법권 직무유기, 자기 존재가치에 대한 부정

독재정권 혹은 권위주의 정권의 특성은 무엇인가?

쉽게 말하면, 유정회 혹은 통일주체국민회의와 같이 국회와 국회의원을 제도적으로 무력화하려는 정권이라 설명될 수 있다. 그리고 독재정권은 국회의원을 허수아비로 만드는 제도의 연장선상에서 입법권을 무력화하였다. 현재의 국회는 아직 그 관행에 길들여져 편승하고 있는 셈이다. 그리하여 이제 외부에 의한 국회의원의 입법권 침해가 아닌,

스스로의 존재에 대한 부인 그리고 자기 모독이 나타나고 있다. 한 지인(知人)은 이런 현상을 빗대 국회의원은 간선 임명직과 다를 바 없고 국회의 최대 정당은 '국회입공(입법공무원)당'이라며 탄식했다. 만약 이러한 문제를 스스로 해결하지 않는다면, 장차 국회의 존재 가치에 대해 근본적인 회의와 문제제기가 이어질 가능성을 배제할 수 없다.

의회에서 법안에 대한 검토와 심사는 국민에 의해 선출된 의원들이 직접 수행해야 하며, 이것은 세계 어느 나라 의회에서도 관철되는 철칙이다. 그것은 곧 대의민주주의 그리고 의회민주주의의 흔들릴 수 없는 근본 원칙이다. 우리 국회처럼 입법공무원이 법안을 검토하고 입법과정에 근본적으로 개입하는 것은 대의민주주의와 의회민주주의의 기본 원칙 그리고 근간에 대한 심각한 도전이며 부정이 아닐 수 없다.

이런 '국회'를 언필칭 국회라고 말하기 어렵다. 국회가 진정으로 국민들에게 신뢰 받는 국회로 거듭 나기 위해서는 무엇보다도 의회로서 지녀야 할 이러한 기본 원칙과 보편성에 부합하는 국회의원상(像)을 복원시켜야 하며, 이에 걸맞게 국회 조직의 근본적 혁신이 있어야만 한다. 그때 비로소 각 국회의원이 신뢰받는 전문 직업정치인으로 거듭날 수 있고, 이를 뒷받침하는 정당들은 정책정당으로 거듭나 정당정치를 안정시킬 것이며, 결국 국회가 의회다운 의회로서의 의회민주주의의 꽃을 피울 수 있다.

인사청문회에서 후보자를 호령하고 국정감사장에서 기관장들에게 호통을 내리는 것만이 헌법기관 국회의 진정한 위엄은 아닐 터이다. 그보다는 상시적인 역할을 하는 해당 상임위원회에서 담당 분야의 전문가들로서 관련 부처의 업무와 정책을 꿰뚫어보고 정확히 견제하며 분명한 정책대안을 제시하는 것이 진정 프로페셔널하고 국민의 든든한 대변자 모습이다. 자신의 법안을 검토 보고하는 과정에서 논증하는 당당하고 모습, 그것이 바로 국회의원이 갖춰야 할 본연의 모습일 것이다.

〈생각해보기〉

"의원에게 '참고사항'이지만 실제론 '많이 의존'하고 있는 검토보고"

다음은 2019년 3월 12일, 국회 산업통상자원중소벤처기업 제1차 소위원회 회의록이다.

내용이 제법 길지만, 오늘의 국회 현실을 고스란히 보여주는 장면이기 때문에 여기에 그대로 전재하고자 한다.

우원식 위원

변리사법 일부개정법률안에 관해서 질문하겠는데 정부에 하는 게 아니고요, 수석전문위원 나와 보시지요.

수석전문위원 ○○○

예, 여기서 말씀드리겠습니다.

우원식 위원

제가 이번에 낸 법안이 커다랗게 몇 가지 골자가 되는데 그중의 하나가 제가 누차 얘기해 왔던 건데 변리사시험 일부 면제 자격을 공무원들한테 주고 있거든요. 그래서 이것을 좀 엄격하게 해야 된다, 전문성이 있는 부분에 대해서는 면제를 해도 괜찮지만 그렇지 않은 경우에는 왜 면제를 하는가, 특허청에 있는 공무원들한테 변리사시험을 일방적으로 너무 특혜 주는 거다 이런 지적을 여러 차례 해 왔습니다. 그래서 이번에 법을 냈는데.

그것에 대해서 전문위원께서 이렇게 검토보고서를 냈어요. '특허행정사무로 포괄적으로 규정한 것과 유사하게 세무사의 경우 국세 또는 지방세에 관한 행정사무로, 관세사의 경우도 관세행정 분야로 폭넓게 업무 범위를 인정하고 있다. 그래서 변리사시험의 일부 면제의 축소와 관련해서는 다른 자격사와의 형평성을 고려하여 개정을 논의할 필요가 있다' 이렇게 얘기했지요. 그래서 특허행정사무에 관해서는 이게 행정사무기 때문에 전문성을 갖춘 게 아니어서 저는 이것은 시험 면제를 하는 것이 적절치 않다고 했는데 그것에 대해서 좀 다른 의견을 얘기하셨어요.

그런데 정갑윤 의원의 세무사법 개정안에 대해서 기획재정위원회의 박상진 전문위원이 낸 것을 보면 전혀 반대예요. '국세행정이라는 포괄적 개념을 사용하고 있어 사실상 근무 기간만을 고려하고 있는 측면이 크다는 점을 고려해 본다면' 이렇게 등등 해서 '공무원에게 해당 시험 과목 전체에 대한 면제 혜택이 부과될 가능성이 있다는 점을 고려할 필요가 있다' 그래서 이렇게 국세행정에 관해서는 면제 혜택을 주면 안 된다 이런 취지로 얘기했거든요.

우리 국회는 어떤 입장입니까?

또 하나, 그것만 있는 게 아니고 제가 이번에 발의한 내용과 유사하게 유동수 의원이 지난 시기에 변리사법 일부개정안을 냈어요. 그 개정안에 보면, 이번에 저는 감정 업무, 상담, 자문 이런 업무들에 대해서 비변리사들이 하는 것에 대해서는 금지해야 된다 이렇게 얘기를 했습니다. 그런데 지난번 유동수 의원이 낸 것은 비변리사들이 하는 것에 대해서는 처벌해야 된다 이런 법안을 냈어요.

그런데 수석전문위원은 이번에는 '이 문제에 관해서 꼭 금지해야 하는지 여부는 논의할 필요가 있다. 변리사에게 전속시켜야 할 필요가 없다는 입장이다' 이렇게 의견을 냈어요. 그런데 지난번 유동수 의원에게 낸 법안의 취지는 '처벌하는 것은 산업재산권 관련 법질서의 안정성을 확보하고 비변리사의 행위에 따른 소비자의 피해를 막는 측면에서 그 취지가 타당하다' 이렇게 얘기를 했어요.

거의 비슷한 법안에 대해서 한 번은 그것을 막는 것이 좋겠다 이렇게 얘기하고, 이번에 낸 것에 대해서는 그렇게 안 하는 게 좋겠다…… 이게 무슨 입장입니까?

수석전문위원 ○○○

우선 방금 말씀하신 부분에 대해서는 제가 그 내용이 좀 다른 것으로 알고 있었고요.

우원식 위원

내용이 다르지 않아요.

수석전문위원 ○○○

그것은 제가 확인하고 난 뒤에 위원님께 말씀드리도록 하겠습니다.

우원식 위원

확인이 아니고 이 두 검토보고서를 다 ○○○ 수석전문위원이 쓴 건데 처벌하자고 할 때는 처벌하자고 해 놓고 이번에 금지하자고 그러니까 금지하지 말자고 하고. 도대체 이게 말이 됩니까? 검토보고서라고 하는 게 정말 신중하게 앞으로 우리 사회가 어떻게 변해야 되는지, 어떻게 하는 것이 공정한지 이런 것들을 잘 감안해서 신중하게 써야 되는데 법을 낼 때마다 달라요, 이게. 특허청에 의견 물어봐 갖고 특허청 의견대로 해 주는 겁니까?

수석전문위원 ○○○

그렇지 않습니다.

우원식 위원

그런데 어떻게 같은 법안에 대해서 이렇게 다른 입장을 한 사람이 낼 수 있느냐 이거예요.

국회 전문위원들이 법안에 대해서 검토보고 내는 것 이게 사실은 다른 나라에 별로 없는 제도입니다. 우리나라에 과거 독재정권 시절에 생긴 제도인데, 국회 전문위원들이 내는 법안의 검토보고서가 굉장히 중요한 역할을 해요. 그런데 이렇게 신중하지 않게 그리고 과거에 또 냈던 것하고는 정반대 입장으로 이렇게 내는 것에 대해서 저는 정말 개탄을 금할 수가 없습니다. 답변하기 어려우면 왜 그랬는지 나중에 저한테 와서 해명하세요.

위원장 홍일표

수고하셨습니다. 그 부분은 어차피 소위에서 논의할 때도 또 얘기가 되겠지만 전문위원께서 잘 검토하셔서 거기에 대한 내용을 다른 위원님들도 알 수 있게 그렇게 해 주시고. 전문위원의 검토는 위원님들 결정할 때 참고 사항이니까요. 물론 실제로는 우리가 의존하는 경우가 많이 있지만 그것에 꼭 얽매일 필요는 없다고 생각을 합니다.

우원식 위원

아니, 위원장님 그렇게 말씀하시면 곤란하고요.

저도 법안소위를 하는데 전문위원 의견대로 국회에서 국회의원들이 법안을 다루지는 않지요. 그런데 이렇게 국회 전문위원제도를 둬서 법안 검토의견을 내라고 하는 것은 이것은 국회가 갖고 있는 권위에 해당하는 문제고 또 그것이 상당히 특별히 다르지 않으면 존중되어져야 되고 그런 것 아니겠습니까?

그런 점에서 검토보고서 내는 것을 정말 신중하게, 우리 사회가 어떤 방향으로 가는 게 맞는지에 대한 일관된 태도가 있어야 되는데 사람에 따라서 다르고 또 한 사람이 시기에 따라서 달라지고 이것은 정말 있을 수 없는 거다 그런 이야기입니다. 그런 전문위원제도는 국회가 갖고 있을 이유가 뭐가 있습니까?

위원장 홍일표

예, 알겠습니다.

아니, 그래서 실제로는 의존을 많이 하고 있다고 말씀하시지 않았습니까? 그러나 궁극적인 결정은 위원님들이 하는 거니까 그렇게 생각해 달라 이런 말씀이고요.

위에 길게 소개한 국회 회의록에서는 '검토보고서'가 동일한 사안에 대해 전혀 상이한 결론을 '보고'하면서 의원에게 질타를 받고 있는 장면이다.

과연 무엇을 어떻게 '검토'한 것이란 말인가? 이렇게 때에 따라, 경우에 따라 조삼모사(朝三暮四), 조령모개(朝令暮改)식으로 결론이 달라진다면, '검토'란 말은 철저하게 무색해질 수밖에 없다. 그것은 '검토보고'일 수 없다.

특히 산자위와 같이 분야별 전문성이 필수적인 위원회에서 이러한 문제점이 종종 드러난다. 분야별 외부 전문가를 개방직으로 기용해야 할 필요성이 분명하게 입증되는 장면이다.

한편 상기한 인용문에 소개한 위원장의 발언대로 본래 국회 전문위원의 검토보고란 그저 "(의원에게) 참고사항일 뿐으로 (의원으로서는) 얽매일 필요가 없다"는 것이어야 할 터이다.

하지만 "(의원들이) 실제로 (검토보고에) 의존을 많이 하고 있다"는 위원장의 고백에서도 드러나듯, 현재 우리 국회에서 국회의원들은 전문위원 검토보고에 '의존'하고 있다.

그러나 보다 정확한 진실을 말한다면, 의원들이 '의존'하는 차원을 넘어 검토보고서가 의원들이 발의한 법안의 운명을 결정짓는 '결정문' 혹은 '판결문'의 위상으로 군림하는 것이 오늘 국회의 현실이다.

'직무'는 방기하지만, 여전히 빛나는 특권

국회 특수활동비가 '미성(微誠), 작은 정성'?

말썽 많았던 국회의 특수활동비는 '미성(微誠)', 즉 "작은 정성"이라고 쓰인 봉투에 담겨 전달되었다는 언론 보도가 있었다.

'미성(微誠)'? 실소가 나오지 않을 수 없다.

우리 국회는 언제나 불신의 끝판왕이었다. 그간 단 한 번도 불신 1위의 자리를 놓치지 않았다. 국민들에게 국회가 큰 골칫거리가 된 지는 이미 너무 오래되었다. 참 대단한 국회다.

어떻게 국회를 바꿔야 하는가를 놓고도 갑론을박이다. 그중에서도 선거제도의 개혁이 많이 거론된다. 선거제도는 민주주의의 토대로서 마땅히 민의에 정확히 부응하는 방식으로 개혁되어야 한다.

현 입법 시스템의 본질적 한계

그런데 우리 국회에서 천재일우로 선거제도의 개선이 이뤄진다고 해도 본질적인 문제가 여전히 존재한다.

바로 아무리 훌륭한 덕성을 지닌 사람이나 국민을 위해 봉사하려는 왕성한 의욕에 넘치는 사람이 국회에 진입해도 지금과 같은 국회 입법 시스템에서는 할 수 있는 일이 그다지 많지 않다는 사실 말이다. 이러니 "초등학생을 국회의원으로 앉혀놔도 못할 게 전혀 없다." 혹은 "완전히 날로 먹는 국회"라는 비아냥거림까지 나오게 되는 것이다.

지금 우리 국회에서 국회의원의 본업인 입법 과정 중 대부분의 과정을 의원이 아니라 국회 공무원들이 수행하는 상황이다. 특히 '법안검토'는 입법 과정 중에서도 가장 핵심적인 요소로서 이 과정을 의원이 아닌 다른 사람이 '대리'한다면 국회의원은 자신의 본업인 입법 업무를 사실상 '방기'하는 것이다!

국회의원의 입법 활동은 기껏 법안발의에서 멈추는 것이며, 이후 상임위원회와 본회의에서의 통과 절차만 남는다. 세계 어느 나라에서도 이러한 시스템을 가진 의회는 존재하지 않는다. 이런 식의 국회를 국회라 말하기도 쑥스럽게 된다. 사회 문제로 부각되었던 '사무장 병원' 혹은 '사무장 약국'과도 닮아 있다.

이러한 객관적 조건에서 아무리 비범한 의지와 탁월한 능력을 지닌 의원이라고 할지라도, 정작 그 능력을 발휘할 공간과 기회가 구조적으로 그리고 근본적으로 차단, 배제된다. 결국 본업으로부터 '이탈'된 의원들의 업무는 겉돌게 되어 무력화되고, 오로지 상대 당에 대한 반대의 전면에 나서는 투사 정객이 되거나 아니면 연예인처럼 소셜미디어에서 튀려는 노력만이 빛나게 된다.

국회 특수활동비 봉투에 적힌 '미성(微誠)'

세계 어느 나라 의회든 의원이란 모름지기 법안을 검토하고 정당 내에 조직된 소그룹에서 정책전문가들과 법안과 정책과 씨름하면서 연구하고 검토해야 한다. 그것이 바로 의원의 본분이며, 국민의 대표로 뽑힌 선출직으로서의 의무이다. 하지만 우리의 의원들은 본업을 수행해야 할 바로 그 '직무'를 상실하였다.

그렇게 '직무'는 상실했지만 특권은 여전히 빛난다.

이렇게 왜곡된 상황은 필연적으로 각종 문제를 일으키게 되어있다. 이와 관련해 한 현역 의원의 증언은 우리를 적잖이 슬프게 한다.

"상임위원장을 했던 모 의원이 직접 한 말이다. '업무추진비와 판공비 때문에 상임위원장 했던 거다. 그걸로 빚 많이 갚았다'는 말을 직접 했다. 특수활동비는 봉투에 현금 담아서 갖다 드리는 돈과 같다. 영수증 필요 없이 쓰는 돈이다. 당대표, 원내대표 되면 월 7000만원 지급된다. 당대표, 원내대표, 국회 상임위원장을 서로 하려는 것은 명성과 실익이 있기 때문이다. 상임위원장에 오르면 평의원들과 삶이 달라진다. 정당 원내대표 임기가 왜 1년으로 됐는지 아냐? 과거에 다 2년이었다. 어느 날부터 당내 민주화 되고 나서 한 사람에게 가는 이익이 너무 크다. 그래서 1년 된 거다."[7]

피감기관 예산, 즉 국민 혈세에 의한 해외 출장을 비롯하여 오늘 우리가 목격하는, 그리하여 많은 국민들이 혐오하는 국회의 모습은 대부분 본업과 특권 간의 왜곡된 현상으로부터 비롯되었다.

국회 특수 활동비 봉투에 적힌 '미성(微誠)', '작은 정성'이라는 글자는 '국회의원 무력화' 혹은 '통제'에 대한 은유로 해석되어야 마땅하다. 특수 활동비는 일종의 전리품으로 볼 수 있지만, 그 이면에는 '국회의 무력화'와 '통제'라는 그림자가 아른거린다. 다른 상임위와 달리 '힘이 세다'는 법사위 소속 의원들이 그 '지위'에 비하면 고작 '푼돈'에 불과할 월 60만 원씩 수령하고 있었다. 궁금해진다. 이 국회 특수 활동비는 그리고 그 대상자와 액수는 과연 누가 결정하는 것일까? 이 지점에서 몇 년 전 TV드라마에서 나왔던, 왕까지도 우습게 아는 비선 비밀지휘조직, '밀본(密本)'이라는 괴이한 어휘까지 연상된다.

'갑중의 갑'인 국회 전문위원

전문직에 종사하는 한 지인으로부터 자기들 협회가 의원이 아니라 '실제로 힘을 가진' 국회 전문위원에게 로비한다는 말을 들었다. 이런 말들은 여러 곳에서 적잖게 들을 수 있었다.

국회 전문위원은 특히 행정부에 대해 '갑중의 갑'으로 군림한다. 즉, 행정부 각 부처의 공무원들은 국회의원이 아닌 '검토보고 권한'을 가진 전문위원들에게 각종 법안과 정책, 예산 그리고 국정감사 등 보고

7 "배지 달고 2년만 지나면 국회의원이 멍청해지는 이유", 「오마이뉴스」, 2018년 7월 4일.

하러 쫓아다녀야 하고, 이들에게 잘못 보이면 검토보고서에서 좋지 않게 반영되기 때문에 이들에게 전전긍긍 로비를 해야만 한다. 장관이 밤에 양주를 들고 국회 공무원을 찾아온다는 것은 국회 주변에서 흔하게 듣는 얘기다.[8] 상임위에 전문위원이 새로 임명되면 소관 부처 공무원이나 공공기관 관계자들이 줄을 서서 '업무보고'를 한다.

더구나 국회법 제42조 제4항은 "전문위원은 위원회에서 의안과 청원 등의 심사, 국정감사, 국정조사 기타 소관사항과 관련하여 검토보고 및 관련 자료의 수집·조사·연구를 행한다."로 규정하고 있고, 제5항은 "전문위원은 제4항의 직무를 수행함에 있어 필요한 자료의 제공을 정부·행정기관 기타에 대하여 요청할 수 있다."고 규정하고 있다. 이로써 국회의원을 보좌하는 기능을 해야 하는 국회 공무원이 대의권(代議權)에 관여하여 권한을 행사할 수 있도록 하는 근거가 마련되었다.

대의권 그리고 입법권이 빛바랜지는 이미 오래되었다.

입법, 이 정도는 해내야

가령 행정입법을 어떻게 통제할 것인가는 계속 논란이 끊이지 않는 문제로서 국회의 오랜 과제이기도 했다.

몇 년 전에는 '세월호 특별법'의 정부 시행령이 '세월호 특별법'에 저촉된다는 지적에 따라 국회법 개정이 이뤄지면서 이에 대한 위헌논란

8 한 보좌관은 행정부 공무원들이 (최소한 과거에) 국회 소관 상임위의 국회공무원들을 '고급 술집'에서 접대하면서 네트워크를 만들고 정보도 얻는다는 말을 들었다고 전했다.

이 불거지고 박근혜 전 대통령의 거부권이 행사된 적이 있었다.

그러나 한마디로 말하자면, 당시 문제가 되었던 국회법 개정안은 위헌이 될 수 없다. 오히려 법률의 취지나 내용에 따르지 않은 시행령, 즉 행정명령이야말로 위헌이고 위법하다고 할 것이다. 해당 국회법 개정안은 행정부의 행정명령 제정권을 침해하지 않는다. 행정명령 제정권이란 국회의 입법권과 대등하게 볼 수 있는 행정부의 고유권한이 아니다. 헌법 제75조는 대통령령과 같은 행정명령이 '법률에서 구체적으로 범위를 정하여 위임받은 사항'에 대해 제정될 것을 요구하고 있다. 따라서 행정부의 행정명령 제정권은 국회가 법률에 의해 위임할 때 위임해 준 범위 내에서만 성립하는 '파생적 권한'에 불과하다.

따라서 해당 국회법 개정안은 위헌이 아니라 오히려 '행정명령에 의한 지배'에서 '법에 의한 지배'를 회복시키는 '법치주의의 회복' 과정으로 평가되어야 마땅할 것이다.

본래 근대 법치국가에서 국민의 권리와 의무에 관한 규정은 국민이 선출한 의회에서 법률 형식으로 입법하도록 요구되었으나, 시간이 흐르면서 행정부에게도 입법권을 위임하여 행정부의 입법권을 현실적으로 인정하기에 이르렀다. 이를 행정입법이라 칭하는데, 각국은 이 행정입법에 대한 통제 장치를 마련하고 있다.

이와 관련하여 타이완의 입법원은 '입법원직권행사법(立法院職權行使法)'에서 "행정명령은 심사 후 법률에 위반, 변경 혹은 저촉될 경우 입법원회에 보고하고 결의를 거쳐 해당 기관에 정정 혹은 폐지할 것을 통지한다. 해당 기관이 2개월 내에 정정 혹은 폐지해야 한다. 해당 기관이 기한을 넘기고도 정정 혹은 폐지하지 않을 경우 해당 명령은 효력을 상실한다."고 대단히 명쾌하게 규정하고 있다.

우리 국회로서도 좋은 본보기로 삼을 만하다. 이런 입법 과제를 능히 이뤄낼 수 있어야 우리 국회도 국민의 신뢰를 얻어나갈 수 있을 것이다.

지금 국회와는 달랐던 제헌의회 선배들

국회, 처음부터 이런 것은 아니었다

1948년 8월 25일 오전 9시 반, 제헌의회 제48차 본회의가 열려 반민족행위처벌법을 비롯한 법안을 논의하였다. 특별법기초위원회 김웅진 위원장이 반민족행위처벌법의 제목부터 시작하여 제1조, 제2조, 제3조……. 각 조문마다 차례차례 낭독하고 이어 모든 의원들이 발언권을 얻어 논의하고 토론하여 마지막에 조문에 대한 투표를 하였다.

이렇게 하여 가령 제2조 조문이 투표 끝에 결정되기까지는 2시간도 넘게 기나긴 논의가 이어졌다. 그러나 모든 의원들이 활발하게 자신의 주장과 의견을 개진하고 토론하였다. 그러고도 시간이 모자라 다음날 다시 동일한 시각에 속개하도록 하였다.

유진홍 의원 지금 제2조를 가지고 벌써 두 시간이나 토론했습니다. 법원 정신이라는 것은 현행범 범죄자의 징계요, 장래를 경계하는 것이 법의 원 정신입니다.

… 중략 …

김장열 의원 제2조 말단에 「재산의 전부 혹은 일부를 몰수한다」는 문구를 「재산 및 유산의 전부 혹은 2분지 1 이상을 몰수한다」로 수정하는 것을 동의합니다.

… 중략 …

이석주 의원 2조도 역시 1조와 같이 준엄한 처벌을 하지 않으면 우리 민족정기를 살리지 못할 것으로 저는 생각합니다. 왜 그러냐 하면 1조는 매국적이고 2조는 매국적이 아니라고 하지만 수작(受爵)한 사람이 어디 있습니까? 지금에 와서 그 재산을 반만큼 몰수해서 그 자들을 그대로 둔다면 그 자들이 그 재산의 위력을 가지고서 우리 조선 민족정기를 말살하고 독립을 방해한 그 효력이 얼마나 컸는지 생각해보면 앞으로 그 재산의 힘을 가지고 무슨 장난이 있을지 그것을 생각해보십시요. 그러므로 그 재산을 2분지 1 이상을 몰수한다는 것은 당연합니다. 그러므로 저는 수정안을 찬성합니다.

부의장 김동원 가부 묻겠습니다. 이 동의를 잠깐 낭독할텐데 자세히 듣고 표결해주십시오.

(기록원 낭독 - 제2조 중 '재산의 전부 혹은 2분지 1 이상'으로 수정할 것)

부의장 김동원 2조에 대한 수정안입니다. 수정안을 낭독해드렸는데 거기 대해 묻겠습니다.

(거수 표결)

재석 145, 가가 88, 부가 15, 그 수정안은 가결되었습니다.

이석 의원 제2조에 대해서 말씀드릴 것이 있습니다.

부의장 김동원 제2조는 전부 수정 통과되었습니다.

이석 의원 아닙니다. 일부만 수정되었지 전체 수정된 것이 아닙니다.

부의장 김동원 그러면 지금 수정 동의한 이 말씀하세요. 제2조는 전체 수정한 것인지 전부 수정한 것인지 어떻게 되었습니까?

김장열 의원 그 재산권 전체를 말한 것입니다.

부의장 김동원 제3조를 낭독할 테니까 들으세요.

「일본 치하 독립운동자나 그 가족을 악의로 살상 박해한 자 또는 이를 지휘한 자는 무기 또는 5년 이상의 징역에 처하고 그 재산의 전부 혹은 일부를 몰수한다」

여기에 대해서는 수정안이 있습니다. 김명동 의원 외 12인의 수정안이 있습니다. 나와 말씀해주시오.

이날 특별법기초위원회 김웅진 위원장은 반민족행위처벌법의 제목부터 시작해 제1조, 제2조, 제3조, 각 조문을 차례차례 낭독했다. 이어 수많은 의원이 발언권을 얻어 논의하고, 토론했다. 그리고 마지막엔 조문에 대한 투표를 했다.

지금이라면 상상하기 어려운 모습이다. 하지만 이미 '선배 국회의원'들은 스스로 법안을 검토하고 토론하고 결정했다. 지금의 국회의원들은 선배들을 본받아 대의권 그리고 입법권을 제대로 행사할 수 있을까? 한 가지 분명한 사실은 현재 입법시스템으로는 요원하다는 점이다.

입법, 의원 스스로 '검토'하고 '낭독'하라

'관료들은 전문성 있다'는 잘못된 신화

월 150만원씩 수령한 법사위 수석전문위원

2018년 7월 5일에 참여연대가 공개한 2011~2013년 국회 특수활동비 지출결의서 내역은 오늘날 국회가 가진 '전근대성'을 그대로 보여줬다. 수많은 언론들은 전직 국회의장이 얼마를 받았는지, 국회 내 상임위원장들이 얼마를 받았는지 다뤘다. 또한 국회 법제사법위원회(법사위) 소속 국회의원들이 다른 상임위 소속 의원들과 달리 월 50만원 씩 수령했다는 사실도 비중있게 보도했다.

그런데 흥미로운 대목이 있다. '새로운 사실'이 제대로 보도되지 않은 경우다. 어떤 언론도 국회사무처 법사위 수석전문위원의 특수활동비 수령액이 매달 150만 원씩이었다는 것을 주목하지 않았다. '다른 상임위 소속 의원보다 권한이 세다'고 평가받는 법사위 위원의 수령액보다 3배 더 많다는 팩트가 있는데도 말이다. 이는 법사위 위원과 수석전문위원, 양자 간의 위상 혹은 권력 차이의 반영이거나 최소한 그 역할의 중요성에 대한 인식 반영일 것이다.

전에 국회 상임위원장을 역임했던 한 의원은 필자에게 "'뭐든 희망하시는 일을 말씀하시면, 힘써드리겠다'라는 수석전문위원의 말에 '이 사람들이 완전 자기들이 주인이고 우리(국회의원)는 그저 왔다갔다하는 객(客)으로 아는구나'라는 생각이 들었다"라고 말했다.

"전문위원은 정책 결정의 실질적인 주체"

국회 전문위원이 갖는 힘의 원천은 그들의 '검토보고' 권한에 있다. 국회의원이 법안을 발의하면 해당 상임위원회에서 발의된 법안을 심사하게 되는데, 국회법 상 전문위원의 검토를 반드시 거치게 돼 있다. 국회법 58조에 1항에 따르면 "위원회는 안건을 심사할 때 먼저 그 취지의 설명과 전문위원의 검토보고를 듣고 대체토론[안건 전체에 대한 문제점과 당부(當否)에 관한 일반적 토론을 말하며 제안자와의 질의·답변을 포함한다]과 축조심사 및 찬반토론을 거쳐 표결한다"라고 명기돼 있다.

국회에서 통과된 법안 검토보고서의 지적 내용을 위원회 회의 과정의 발언과 통과법안의 수정 부분을 비교한 한 논문은 그 두 내용 간에 높은 인용· 일치율로 미루어 상임위 전문위원의 영향력이 지대하다고

논술하고 있다.[9]

한편 국회에서 일하는 입법관료 스스로 검토보고의 영향이 크다는 점을 알고 있다. 2010년 12월 상임위 입법조사관 121명을 대상으로 한 조사에서 조사대상의 90.8%가 법안 검토보고서가 중요한 참고자료로서 국회 상임위원회 심사과정에 영향을 끼친다고 답했다.[10]

특히 한 국회 수석전문위원이 재직 당시에 쓴 논문은 아예 국회 전문위원의 역할이 지원 차원이 아니라 실질적 주체라는 점을 강조하고 있다.

이 논문에 따르면, 국회 과학기술정보통신위원회에 제출된 총 44개 조항으로 이뤄진 한 법률안에 과학기술정보통신위원회의 전문위원이 19개의 검토 조항을 보고하였고 결국 법안은 11개 조항을 수정하였다. 그런데 이 11개 수정안 모두 전문위원이 적성한 검토보고에서 주장한 그대로 수정되었다는 사실을 기술하면서 "전문위원은 소속 위원회 입법 활동의 단순한 지원 차원을 넘어 정책 결정의 실질적인 주체로서 결정적 역할을 수행한다."는 결론을 내리고 있다.[11]

사회에 잘 알려지지 않은 '은폐되고, 견제 받지' 않은 권력은 위험할

9 장봉아, "국회상임위원회 공무원의 입법과정상 영향력 분석: 법안 심사 회의록과 검토보고서의 일치 여부에 대한 사례를 중심으로", 서울대학교 석사논문, 2004.

10 배용근, "국회 상임위원회 전문위원 검토보고서의 영향요인과 발전방안", 「의정논총」제6권 제1호, 2011

11 김춘엽, "논변 모형을 통해 본 법률 제정 과정에서의 전문위원 검토보고의 영향력에 관한 연구", 「한국인사행정학보」제5권 제2호, 2006.

수 있다. 2017년 8월 22일 국회 운영위원회에서는 국회사무처가 질타의 대상이 되기도 했다. 당시 국회사무처에서는 수석전문위원 2명이 성추행·횡령 혐의로 면직 처리되기도 했으며 국회사무처 직원 간 음주폭행 사건도 발생하여 이에 대한 비판적 여론이 들끓었다.

최저임금법 개정 사례에서 드러난 검토보고의 한계

그렇다면 이토록 영향력이 큰 검토보고는 제 역할을 하고 있을까?

구체적인 사례를 살펴보기로 한다. 최근 국회에서 사회적으로 큰 파장을 낳은 법안이 있다면 단연 '최저임금법 일부법률개정안'이 손꼽힌다. 이 법안이 통과되기 전부터 노동계와 시민사회는 법안 처리를 반대해왔다.

그런데 '최저임금법 일부법률개정안'에 대한 국회 전문위원의 검토보고 내용을 살펴보면 단지 임금의 개념에 대해 언급한 것이 전부였다. 최저임금법이 개정된 뒤 생긴 사회적 갈등과 논란을 봤을 때, 진정한 의미의 '검토보고'라면 마땅히 이 법안이 사회적으로 마칠 파장까지 충분히 검토했어야 할 일이다.

한국 사회에는 단순히 입법관료의 검토보고에 의해 처리되어서는 안 되는 법률과 쟁점들이 너무나도 많다. 그리고 이러한 문제들을 보다 심층적으로 토론하고 논의하기 위하여 국민의 대표자로서 국회의원이 선출되는 것이다. 또한 이들 국회의원들의 활동을 효과적으로 지원하기 위해 정당이 존재하고 그 정당 소속의 정책위원들이 존재하는 것이다.

그럼에도 법안 처리의 길목에 국회 입법관료는 일종의 게이트키핑(gatekeeping)의 역할을 한다. 국회사무처는 전문위원 임용자격에 관한 규칙에서 전문위원의 자격기준(국회에서 10년 이상 재직하고 2급 이상의 공무원이 돼 2년이 경과한 자로서 입법심사와 조사에 관한 지식과 경험이 있는 자 등)을 정해놨지만, 그 본질은 변하지 않는다. 그들은 선출되지 않은, '행정사무'의 역할을 갖고 있는 공무원일 뿐이다.

특히 전문위원의 업무상 전문성에는 의문부호가 제기될 수밖에 없다. 물론 전문성이란 '개인이 조직에 들어오기 전 그가 사회화 과정을 겪으면서 취득하는 특정 분야에 대한 전문적 지식'을 의미하는 통상적인 의미로서의 '개인적 전문성' 외에도 '조직에 들어와 업무를 수행하게 됨으로써 그 업무를 통하여 획득하게 되는 전문적 지식'을 뜻하는 '업무상 전문성'의 측면이 존재한다.

그러나 현재 국회 전문위원의 경우, '개인적 전문성'의 측면만이 아니라 '업무상 전문성'의 측면에서도 순환 보직 근무의 관행으로 인해 깊은 전문성을 확보하기 어렵다. 실제 지금은 퇴직한 한 수석전문위원은 불과 몇 년 사이에 각기 다른 세 곳 상임위원회의 수석전문위원을 맡았다.

'관료들은 전문성 있다'는 그릇된 신화

흔히 공무원들은 대단한 전문성을 지니는 존재로 이해된다. 적지 않은 언론매체들이 그러한 시각으로 기사를 쓰고 있으며, 심지어 진보 쪽에 있는 정당들의 관계자도 예를 들어, "(정치인들이) 전문성으로 무장한 공무원을 상대하기 위해서는 ……." 등의 논리를 계승한다. 그러나 이러한 논리는 혹시 부분적으로나 특수한 상황에서 타당할 경우도 있겠지만 대부분의 경우에는 잘못된 '선입견'이다. 무엇보다 공무원들은 '전문성'을 기준으로 선발된 것이 아니라 단지 공무원시험을 통해 선발되었을 뿐이다. 더구나 우리나라 공무원들은 대부분의 경우 2년을 단위로 순환 근무하게 된다. 결국 전문성을 축적할 기회가 근본적으로 차단될 수밖에 없다.

우리 사회에 널리 퍼져 있는 "관료들은 전문성이 있다"는 시각은 우선 정보를 독점하고 있는(최소한 정보 접근성이 압도적으로 용이한) 공무원들의 객관 조건으로부터 비롯될 수 있다. 또 절차나 수속 등의 행정 업무 분야에서 공무원들이 전문성의 장점을 지니고 있다고 한다면 그러한 시각이 그런대로 타당성을 지니고 있다고 말할 수도 있다. 하지만 그 밖의 관련 분야의 전문지식이나 분석력 등 순수한 의미의 '전문성' 측면에서 관료집단은 근본적으로 결여되어 있거나 혹은 대단히 미흡할 수밖에 없다.

공무원들이 높은 전문성을 지니고 있다는 '잘못된' 선입견은 우리 사회의 강고한 관료주의를 유지시켜주는 주요한 이데올로기로 작동되고 있다.

'국민을 너무 힘들게 하는 국회'

지금 국회는 '국민에게 힘이 되는 국회'라는 슬로건을 내세우고 있다.

하지만 그렇게 생각하는 국민이 얼마나 될까. 스스로의 특권을 줄이겠다고 그토록 다짐하더니 그러나 실천의 모습은 전혀 보이지 않는다. 그러면서 지칠 줄 모르는 정쟁과 내로남불, 외화내빈의 말잔치만 난무한다.

'국민을 힘들게 하는 국회'라는 말이 훨씬 정확하고 설득력 있다.

거듭 강조하지만, 본업을 수행하지 않고 방기하는 조직은 왜곡되고 부패할 수밖에 없다. 국회의원의 본업인 입법을 스스로 올곧이 수행하게 될 때, 국회는 시민의 진정한 대표로서 정상적으로 작동하고 발전하는 출발선에 다시 설 수 있을 것이다. 그러기 위해서는 전문위원 제도의 개혁이 절실하다.

의원이 직접 검토해야 협치도 가능

다음의 표는 2018년 6월 27일 진행된 독일연방의회 법사위 제19차 회의 일정 공지사항이다. 원래 독일의회에서 위원회 법안심의는 비공개이지만 중요사안에 대한 공청회는 공개된다. 이 회의는 낙태광고금지제한에 관한 형법개정법안 공청회를 겸한 법안심의회의다.

a) 법안은 자유민주당*FDP가 발의한 법안이고, b) 법안은 좌파당*Linke가 발의한 법안이다. 옆의 박스에서 Berichterstatter/in는 검토보고자를 의미한다. Abg.는 의원(Abgeordnete/r)의 약자이다.

Tagesordnung - Öffentliche Anhörung

Einziger Tagesordnungspunkt

a) Gesetzentwurf der Abgeordneten Christian Lindner, Stephan Thomae, Dr. Marco Buschmann, weiterer Abgeordneter und der Fraktion der FDP

Entwurf eines ... Gesetzes zur Änderung des Strafgesetzbuches – Einschränkung des Verbots der Werbung für Schwangerschaftsabbrüche

BT-Drucksache 19/820

Federführend:
Ausschuss für Recht und Verbraucherschutz

Mitberatend:
Ausschuss für Gesundheit

Berichterstatter/in:
Abg. Ingmar Jung [CDU/CSU]
Abg. Dr. Johannes Fechner [SPD]
Abg. Jens Maier [AfD]
Abg. Stephan Thomae [FDP]
Abg. Friedrich Straetmanns [DIE LINKE.]
Abg. Katja Keul [BÜNDNIS 90/DIE GRÜNEN]

b) Gesetzentwurf der Abgeordneten Cornelia Möhring, Christine Buchholz, Doris Achelwilm, weiterer Abgeordneter und der Fraktion DIE LINKE.

Entwurf eines ... Gesetzes zur Änderung des Strafgesetzbuches - Aufhebung des Werbeverbots für Schwangerschaftsabbrüche

BT-Drucksache 19/93

Federführend:
Ausschuss für Recht und Verbraucherschutz

Mitberatend:
Innenausschuss
Ausschuss für Familie, Senioren, Frauen und Jugend
Ausschuss für Gesundheit

Berichterstatter/in:
Abg. Ingmar Jung [CDU/CSU]
Abg. Dr. Johannes Fechner [SPD]
Abg. Jens Maier [AfD]
Abg. Stephan Thomae [FDP]
Abg. Friedrich Straetmanns [DIE LINKE.]
Abg. Katja Keul [BÜNDNIS 90/DIE GRÜNEN]

19. Wahlperiode — Seite 1 von 3

여기에서 알 수 있듯이, 검토보고는 각 당의 의원들이 수행하고 있다. 의원명은 기민당/기사당, 사민당, 대안독일당, 자민당, 좌파당, 녹색당의 순서다.

수년 전에 필자가 한 인터넷매체에 국회 검토보고제를 비롯해 기고문을 연재하고 있을 때 국회사무처의 한 간부가 해당 매체에 이메일을 보내 필자를 '비방'하면서 필자의 기고 게재 중단을 종용한 일이 있었다. 그 간부는 문제의 이메일에서 국회의원이 검토보고를 직접 수행해야 한다는 필자의 글을 다음과 같이 반박하고 있다. "전문위원의 법안에 대한 검토보고제도를 문제시하면서 법안을 제출한 국회의원이 검토보고를 해야 한다고 했는데, 검토보고제도는 그 법안의 타당성 여부, 문제점, 심사방향 등을 검토하여 보고하는 것인데, 이를 법안을 제출한 사람이 하도록 해야 한다는 것은, 검토보고제도의 취지를 잘 알지 못하고 있다는 것을 시사하는 것이라 하겠습니다." 타인에 대한 명예훼손과 언론자유에 대한 심각한 훼손을 차치하더라도, 문장 자체부터 전혀 다듬어지지 않는 등 완성도가 현저히 떨어지는 그의 주장은 의회에서의 검토보고의 본질과 의미에 대한 인식 결여, 현재의 관행에 대한 근거 없는 맹신을 잘 드러내고 있다.

협치, 과연 어떻게 가능할까?

한국 정치를 걱정하는 사람이라면 모두 '협치'를 말하고 주문한다. 그러나 '협치'란 그저 단순히 당사자들과 참여자들이 생각을 바꾼다고 이뤄질 성질의 것이 아니다.

잠시 우리에게 '상식'으로 굳어져버린 방식을 바꿔 생각해보자. 바로 이 지점에서 국회의 본령인 입법과정 그 자체를 다시 '검토'해야 한다.

우리의 국회 구조를 한마디로 말한다면, 일하는 시간은 없고, 싸우는 시간은 많다. 그러나 만약 우리 국회가 독일 의회의 전문 검토보고 의원처럼 입법과정의 처음부터 마지막까지, 즉 법안의 발의부터 검토 그리고 심의와 의결까지 다른 교섭단체 의원들과 함께 진지하고 열성적으로 접촉하고 논의하게 된다면 사정은 크게 바뀌게 된다. 왜냐하면 그렇게 될 때 의원들은 다른 정당의 소속 의원들과도 자연스럽게 논의하고 토론하며 필연적으로 상호 소통하고 타협할 수밖에 없게 되기 때문이다. 특히 이러한 활동은 일상적이고 상시적으로 이뤄지기 때문에 이 과정에서 우리가 말하는 '협치'도 충분히 가능해질 것이기 때문이다.

외화내빈, 빛 좋은 개살구로 갈수록 문제가 되고 있는 법안발의 남발 현상 역시 다른 나라 의회의 경우처럼 당연히 정당 내부에서 의원들과 당 소속 정책전문위원의 논의를 거쳐 충분히 사전 검토되어야 한다. 그렇게 되면 법안발의가 남발되어 상임위원회가 한 차례 회를 열 때마다 법안이 수십, 수백 건 첩첩산중 쌓임으로써 정작 필수불가결한 법안에 대한 심의와 의결이 원천적으로 봉쇄되는 기현상도 방지할 수 있다.

중국의 전국인대도 법안 검토는 '대표'가 직접

그렇다면 왜 국회의원들은 국회 전문위원 검토보고의 문제를 고치려고 하지 않는 것일까? 먼저 그 사실 자체를 모를 수 있다. 특히 초선의원의 경우에는 그럴 가능성이 상당히 높다. 그러나 대부분의 경우에는 알고 있지만 실제로 고칠 의사는 별로 없다고 봐야 할 것이다. 문제점을 알고서도 눈을 감는 것이다.

의원들은 비록 자신들 대신 공무원들이 법안을 검토하는 것이 자신의 권한을 크게 축소, 훼손시키는 것이지만, 우선 사람들이 전혀 모르고 있고 또 실제 그 일을 자기가 직접 하려면 시간상 능력상 힘들고 귀찮고 어려운 일이기 때문에 사실 본심은 안하고 싶은 것이다. 그래서 겉으로 하는 척만 하면서(더구나 사람들은 대개 여기에 속아 넘어간다!) 실제로는 자기가 해야 할 일을 결국 모두 공무원에게 떠맡기는 것이다.

우리가 입만 열면 '독재국가'라면서 단칼에 무시하는 중국에는 전국인대(全國人代)[12], 즉 전국인민대표 조직 중에 '전문위원회'라는 위원회가 존재한다. 그러나 우리처럼 국회 공무원이 담당하는 그러한 전문위원회가 아니다. 바로 대표자, 즉 전국인민대표 중에서 전문가 출신의 대표들로 구성된, 명실상부한 전문위원회이다.

이제 이런 악순환의 고리를 끊어내야 한다.

그리하여 무능한 그리고 의지가 없는 사람이 처음부터 국회의원이 되고자 생각조차 할 수 없는 그런 국회가 되어야 한다.

12 여기 '전국인대'는 흔히 '전인대'로 칭해지지만, 중국에서는 반드시 '전국인대'라 부른다. 명칭은 관계자들의 시각과 요구에 따르는 것이 우선이라고 생각한다.

법안발의 세계1위 우리 국회, 자랑스러운 일인가?

압도적 세계 1위, 우리 국회의 법안 발의건수

20대 국회 전반기, 즉 2016년 5월부터 2018년 5월까지 2년 동안 우리 국회의원들이 발의한 법안 수는 무려 1만 2,968개였다. 하루에 거의 20개씩의 법안이 발의되고 있다. 지난 20년 동안 법안발의는 자그마치 22.6배 증가하였다. 놀라운 숫자들이다.

숫자만 놓고 본다면, 참으로 입법을 본업으로 하는 의회의 모범 사례라 할 것이며, '일하는 국회'의 전형으로 전 세계에 자랑해야 마땅할 국회다. 그러나 이렇듯 경이로운 '실적'에도 불구하고 국민들의 시선은 차갑기만 하다.

우리 국회의 법안발의 건수는 어느 선진국과 비교해도 가히 압도적 차원이다. 프랑스 의원들이 2012년부터 2017년까지 5년 동안 발의한 법안은 총 1,834건이었다. 프랑스에서 대체로 1년에 정부 발의 법안은 30~50건, 의원 발의 법안 수는 200~300건 정도이다. 그리고 의원이 발의한 법안은 고작해야 10개 법안 정도만 의결된다.

한편 독일 의원들은 2005년부터 2009년 4년간 431개의 법안을 발의했다. 독일 의회에서는 의원 개인에 의한 법안 발의가 상상 외로 적다. 대신 정부 제출이 주류를 이룬다. 왜냐하면, 연립정부를 다수 여당이 지배하므로 정부가 제출한 법안이 곧 다수 여당의 법안이기 때문이다. 또 일본 의원들은 2009년부터 2012년에 253건의 법안을 발의하였다.

18대 국회 법안 발의 1위는 홍준표 의원

최근 몇 년 동안 계속하여 폭염이 기승을 부리자 폭염에 관련된 법안만 해도 9개나 발의되었다. 이와 관련된 '재난 및 안전관리 기본법 일부 개정 법률안'은 최근 몇 년간 무려 45개 법안이 발의되었다. '최저임금법 일부개정법률안'도 2016년부터 총 46개나 발의되었으며, '민간임대주택에 관한 특별법 일부개정법률안'도 1, 2년 새 29개 법안이 제출되었다. 의원들에 의해 가장 많이 발의된 법안은 '조세특례제한법'으로서 2017년~ 2018년의 2년 동안에 무려 292건이나 발의되었다. 이 법안은 두말할 필요도 없이 전형적인 선심성 법안이다.

18대 국회가 시작된 2008년 5월 30일부터 2012년 2월 16일까지 법안을 가장 많이 발의했던 의원은 바로 홍준표 의원으로서 총 215건의 법안을 대표 발의하였다.

현재 국회를 감시하고 의원들의 활동을 평가하는 시민단체들은 대부분 어느 의원이 법안을 많이 발의했느냐의 양적 지표만을 기준으로 삼아 '우수의원'을 선정하고 있다. 더구나 각 정당 공천기준에서도 법안발의 건수는 중요한 지표로 활용된다.

이렇듯 만연된 '건수주의'로 인하여 법안 발의는 넘치고 넘친다. 이로 인해 인력과 예산의 낭비 역시 날로 극심해가고, 정작 중요하고 필요한 법안이 도리어 통과되지 못하는 경우도 허다하다. 현재 제출된 법안에 대한 국회의 관행은 이른바 선입선출(先入先出), 즉 "먼저 발의된 법안을 먼저 검토한다."는 방식인데, 따라서 아무리 국민이 원하고 긴급을 요하는 법안이라도 우선순위에 놓이지 못한다. 회기 내내 끝내 통과되지 못하고 회기만료로 자동 폐기되는 법안이 적지 않다. 심각한 입법 왜곡이다.

법안 통과를 위해 국회의원이 국회 공무원에 잘 보여야하는 구조

법안발의의 남발 현상은 왜곡된 입법 프로세스와 밀접한 관련을 갖고 있다. 우리 국회의 입법 절차에서는 의원이 법안을 발의하면 그 뒤 국회 공무원이 그 법안에 대하여 '검토'한다. 이렇게 하여 의원은 법안에 대한 꼼꼼하고 힘든 '검토' 과정을 직접 자신이 할 필요가 없으므로 아무런 부담감 없이 발의할 수 있다. 그래서 사회적으로 어떤 큰 일이 터지면 언론의 관심과 주목을 받을 수 있는 한두 가지 아주 간단한 내용만으로 법안을 '구상'해 발의하는 경우가 대단히 많다. 자연히 법률 제정안과 전부 개정안은 매우 적고, 일부개정 법률안이 태반이다. 이를테면 '당해(當該)'이라는 글자를 '해당(該當)'으로 바꾸는 식의 매우 단순한 자구 수정에 그치는 법안 발의도 수두룩하다. 정부 법안을 '커닝'하거나 이미 폐기된 법안 또는 의원 발의안을 서로 베끼는 일도 허다하다.

그런데 세계 의회사상 그 유례를 찾을 수 없이 매우 '특수하게' 운용되는 우리 국회에서 법안의 통과 여부는 사실상 국회 공무원인 전문위원들의 손에 달려 있다. 실제 전문위원이 '문제가 있다'고 '검토'한 법안은 통과되기 어렵다. 그래서 일반인들의 상식과 전혀 달리, 국회의원들이 자신이 제출한 법안을 통과시키기 위해 오히려 국회 공무원에게 잘 보이려고 노력하는 경향조차 나타난다.

주객전도, 희화화된 우리 국회의 현 주소다.

기본이 흐트러지면 하는 일이 모두 뒤틀어져

기본이 흐트러지면, 모든 일이 뒤틀리게 되는 법이다.

다른 나라 의회처럼 법안에 대한 '검토'를 국회의원 스스로 수행한다면, 같은 정당 소속 의원의 법안 발의는 자연스럽게 교통정리가 되어 이러한 법안발의 남발 현상을 방지할 수 있게 된다.

독일 의회의 경우, 의원의 법안발의는 대부분 소속 교섭단체에 의해 수행되며, 자체 내 전문 인력의 지원을 받아 입안된다. 또한 자구 수정 등 일부 혹은 부분 개정의 법안은 지양되어 최대한 종합적으로 검토, 정비하여 제출된다.

〈생각해보기〉

'기준'과 '원칙'이 있는 사회를 위하여

사회란 다양한 개인과 집단들로 구성되어 있기 때문에 어느 한 사회가 원활하게 그 기능을 발휘하기 위해서는 무엇보다도 의사소통의 체계가 정립되지 않으면 안 된다.

어느 사회든 그 구성원들은 일정한 규범에 의하여 제정된 언어를 수용하여 강제적으로 따르게 되는데, 이 의사소통의 매개인 언어를 바로 규약의 체계, 즉 코드(code)라고 한다. 개인은 이 사회적 규약에 토대를 둔 언어에 근거하여 언어생활을 영위하게 되며, 이러한 언어의 국가 사회적 규범을 지배하는 것이 바로 '표준(標準)'이다.

우리 사회에서 '기본'과 '원칙'이 제대로 지켜지지 않고 있으며, 심지어 경시되고 무시되고 있다는 점은 오늘 우리 사회가 안고 있는 갖가지 문제를 야기시키는 근본적인 요인이라 말할 수 있을 것이다.

'기준(基準)'이나 '표준(標準)'의 의미를 지니고 있는 영어 'standard'

는 원래 '군기(軍旗)'라는 뜻으로서 중세시대 전쟁에서 병사들이 전투를 벌이는 가운데 가장 높은 곳에 꼿꼿하게 박아놓고 병사들로 하여금 결전을 치르도록 하는 의미가 있었다. 이 군기가 쓰러지면 병사들은 더 이상 전진을 하지 못하고 패퇴해야만 했다. 따라서 'standard'라는 단어는 전쟁터의 용사들이 적의 어떠한 공격에도 굴하지 않고 꼿꼿이 버티는 자세에 적용되어, '최후의 저항, 반항, 확고한 입장'이라는 의미를 지니고 있었다.[13]

결국 '기준', 혹은 '표준'이라는 의미를 지니는 'standard'는 사회의 최후의 버팀목이라는 뜻을 내포하고 있다. 그러므로 이 '기준'이 무너지게 되면 전체 사회가 붕괴한다는 것을 의미하게 된다.

'기준'과 '원칙'을 나타내는 'principle'의 어원은 라틴어 'principium'으로부터 비롯된 것으로 그 의미는 '시작', 또는 '근원'이다. 사실 '법'을 뜻하는 'law'의 어원도 'origin'으로서 '근원'이다. '규칙'을 말하는 'rule'의 어원은 "똑바로 가다"에서 비롯되었다. '시작' 또는 '근원'이 없으면, 아무 것도 존재할 수 없다. 이렇듯 '기준'이나 '원칙'은 '근원' 혹은 '똑바로 가는 것'으로부터 '시작'되는 것이다.

공자가 필생의 사업으로『춘추(春秋)』를 기술한 목적은 바로 '천하의 표준'을 삼고자 함에 있었다. 공자는 노나라의 사구(司寇)로 일했는데, 제후들에게 시기를 받았고 대부들에게 배척을 당하였다. 그는 끝내 자기의 말이 채택되지 않고 자신의 학술은 실행될 수 없음을 알고『춘추』

13 김현권, "언어를 둘러싼 표준 이야기",「기술표준」제75호, 2008년.

를 통하여 역사의 시비(是非)를 평론함으로써 '천하의 표준'으로 삼아 제왕을 비판하고 제후를 질책하였으며 대부(大夫)는 성토하였는데, 그 목표는 왕도(王道)를 달성하는 데 있었다.

실로 사회의 '원칙'과 '기준'이 무너지면 그 사회는 결코 존립할 수 없게 되며, 스스로 근저로부터 붕괴되는 것이다.

지켜야 할 진정한 '가치'와 '권위'를 결여하고 무엇을 '보수'해야 할지도 모르는 보수, 그리고 지향해야 할 진정한 '가치'와 '대안'을 확신 있게 제시하지 못하는 진보 모두 먼저 스스로 뼈아픈 반성으로부터 다시 시작해야만 한다.

해외의 한 사례를 소개해본다. 최근 국회의원의 이해충돌 문제로 우리 사회가 떠들썩했었다. 그런데 우리의 국회에 해당하는 타이완 입법원의 〈입법위원행위법〉은 제5장을 보면, "이익의 회피" 편을 두어 "입법위원이 행사하는 직권이 관련되거나 혹은 처리하는 사무로 인하여 부당하게 본인과 그 관련인의 금전, 물품 혹은 기타 재산상의 가치를 증가함으로써 이익을 획득하게 되는 경우 마땅히 회피해야 한다."라고 규정하고 있다.

물론 우리 국회에는 이러한 규정이 없다. 사실 따지고 보면, 국회에서 발생한 이해충돌 관련 논란도 그 후과이다. 애초 국회에서 '김영란법'을 논의할 때 이해충돌방지 규정을 슬그머니 누락시켰다는 점에서 자업자득이기도 하다.

우리 사회는 너무 쉽게 기본을 무시하고 원칙은 너무 가벼이 여긴다. 그저 빨리빨리, 대충대충의 적당주의, 임시미봉책으로 이뤄지는 일이 다반사다. 더구나 이러한 경향은 너무도 많아서 아예 일상화되었고, 냉철하게 말하자면 이러한 현상이 우리의 일반적 조건, 즉 '상태(常態)'로 되어버린 현실이다. "기본과 원칙 인지감수성"의 철저한 부재라 할 수 있다. 본질 문제를 말하고 기본과 원칙을 주장하는 것은 언제 어디에서나 전혀 인기가 없다. 그러므로 기본과 원칙의 문제는 언제나 기피되며, 지식인들은 애써 눈을 감는다.

'기본'과 '원칙'이 사라진 사회에서 그 사회를 지탱하고 유지시켜주는 '정신'이 존재하기 어렵다. '시대정신' 혹은 민족의 '정신'의 존립 근거 역시 사라지게 된다. 이렇게 '정신'이 결여된 사회 그리고 국가는 공허해지고 지향점을 상실한다. '정체성(Identity)'이 사라진 이러한 사회는 혼란과 왜곡으로 가득 차게 되고, 사회의 모든 구성원들은 내일에 대한 꿈을 잃은 그 자리에는 거꾸로 좌절감과 절망감으로 대체된다.

'기본'의 실종, '빨리빨리주의'의 탄생
– 세종의 '정신', 세조에 의해 단절되고 대체되다

'빨리빨리'라는 말이야말로 우리 사회를 한마디로 표현해주는 용어라 할 것이다. '기본'과 '원칙'은 경시되고, 항상 '대충대충'과 임시방편이다. 무슨 사건이 터지면 마치 세상이 당장 오늘이라도 뒤집어질듯 모두 이구동성 떠들지만, 며칠만 지나면 언제 그랬냐는 듯 벌써 아무도 얘기하지 않는다. 언제나 다람쥐 쳇바퀴 돌 듯 이렇게 다시 반복된다.

과연 우리는 언제부터 이런 사회가 되었을까?

이렇게 된 데에는 뭔가 전환점이 있고, 계기가 있지 않을까?

우리 역사를 곰곰이 성찰해볼 때, 조선시대 세종을 계승한 문종의 뒤를 이어 세조가 정변을 일으킨 사건은 우리 역사에서 그리고 지금 우리 사회에 이르기까지 매우 중요한 의미를 지닌다고 생각된다.

이 사건이야말로 '기본'에 대한 경시 및 '원칙'의 상실 그리고 '빨리빨리주의'로의 대체라는 전환점의 의미에서 "세종의 흐름"이 세조에 의해 단절되고 대체되는 중요한 분수령으로 작동했다고 분석할 수 있다.

세종은 정책 결정과 시행에 매우 신중했다. 한 가지 정책을 결정하는 데 20년이 걸린 적도 있었다. 이를테면 당시 농민에 대한 세금은 '손실답험법(損失踏驗法)'에 따라 관리나 감사가 해당 지역에 나가 그 해의 곡물 산출량을 조사해 올리면 그 기준에 따라 세금으로 거두어들일 미곡의 양을 결정하였다. 문제는 조사의 정확성과 '야합'이었다. 관리가 해당 지역 양반과 친분이 있을 경우 비리의 온상이 되기도 했기 때문이었다. 또한 토지의 비옥도와 지역별 날씨 그리고 산출량에 관계없이 일률적으로 적용되는 것에 문제가 있었다.

세종은 중국의 법제를 연구하고 조선의 현실을 고려하여 의정부와 호조 등과 여러 차례 논의를 거쳐 '공법(貢法)'을 만들고자 하였다.

세종은 이 문제에 무려 20년에 걸쳐 연구하고 논의를 하였다. 하지만 이 제도를 시행하려 하자 신하들이 시기상조라며 막고 나섰다. 이에 세종은 공법상정소(貢法詳定所)를 설치하여 제도를 계속 보완하도록 하였다. 특히 토지가 척박한 지역의 주민에게 과도한 세금이 매겨지지 않도록 보완하도록 하였다. 세종은 이와 함께 산출량이 많고 신법에 대한 여론의 호응정도가 높았던 전라도와 경상도의 한 고을 씩 두 고을에서 시범적으로 시행하라고 명령하였다. 2년 뒤에는 충청도까지 실시하도록 하였다. 세종은 이렇게 전라, 경상, 충청의 3도에 시행하도록 명하면서도 신중을 기하기 위하여 오늘날로 말하면 일종의 '주민투표'를 실시하도록 하였다.

"각 고을 수령들과 여러 사람의 뜻을 참작하고, 자기의 의견도 합하고, 각기 경내 인민의 바라는 것과 두 가지 법 가운데에 행해서 폐단 없는 것과 마땅히 행할 수 있는 조건을 다시 생각하고 의논을 더하여 밀봉해서 아뢰라."[14]

1430년 3월, 세종은 총 17만 2,806명의 신민(臣民)을 대상으로 공법에 대한 찬반 여부를 조사하게 하였고 그 결과 찬성은 9만 8,657명이었고 반대는 7만 4,149명으로 나왔다.

여론조사와 어전회의에서 찬성 의견이 높았지만 세종은 곧바로 신법을 실시하지 않고 보류하면서 척박한 토지에 무거운 세금이 책정되지 않도록 제도적으로 정비하였다. 그러면서 흉년이 들었을 때 발생할 수 있는 문제점을 계속 보완해갔다. 이와 동시에 대신들에 대한 설득 작업도 계속 추진하여 그 동안 반대해오던 황희와 맹사성 등도 공법 시행에 찬성하게 되었다.

14 세종실록 25년 7월 19일.

그리고 세종 26년, 세종은 풍·흉작에 따라 연분(年分) 9등으로 구분하고, 토지의 비옥도에 따라 전분(田分) 6등으로 분류하는 방식을 내용으로 하는 수정된 공법을 마침내 정식으로 시행하도록 하였다.

"모 아니면 도", '세조 방식'의 주류화

필자는 우리 조선 역사에서 세종-문종-단종으로 계승되지 못하고 세조가 정변을 일으켜 왕위를 계승한 이 사건을 우리 민족사의 결정적인 비극의 분수령이라고 감히 판단한다. 필자는 오늘날까지 우리 사회에 만연한 '빨리빨리주의', 적당주의, 독점, 파당주의 등등 폐단이 세조의 정변에 의하여 역사의 물줄기가 바뀌었던 바로 그 사건과 연관성을 갖는다고 생각한다.

흔히 문종은 문약한 무능한 군주로 묘사된다. 그러나 문종은 사실 가장 세종을 닮았던 군주였다. 세종을 닮아 토론을 좋아하고 신중한 성격이었으며, 박학다식하고 관심사가 다양하였다. 그렇기 때문에 세종은 자신을 가장 닮았던 문종을 후사로 정했던 것이었다. 문종은 부친 세종의 정책을 계승하고 정리하는 관리형 국왕을 지향했다. 비록 그 임기가 너무 짧아 치적이 잘 나타나지 못했지만, 예를 들어 군사정책만 살펴보더라도 전쟁사를 모든 『동국병감』을 편찬하고 수양대군에게 진법을 새로 정리시켰으며, 화차를 개발하는 등 병기의 개량에도 힘을 쏟았다. 그는 매사에 성실하고 노력하는 자세로 임했다. 흔히 단종은 그저 비극적인 어린 왕으로 묘사된다. 그러나 단종은 어려서부터 할아버지 세종과 아버지 문종으로부터 제왕교육을 받았고, 본래 학문을 좋아했다. 그리고 어린 나이에도 불구하고 제법 배짱도 있었다.

어쨌든 문종은 세종의 고민과 정책을 잘 이해했지만, 세조는 그러하지 못했다. 특히 세조는 복잡한 것을 매우 싫어했다. 간단히 설명하자면, "이것 아니면 저것", "모 아니면 도"라는 식이었다. 복잡한 논쟁이 발생한 배경과 근본적인 문제를 전혀 고민하지 않았다. 세조는 의정부의 정책결정권을 폐지하고 재상의 권한을 축소했으며 6조의 직계제를 부활시켜 독점적 왕권을 강화했다. 그러면서 철저하게 자신을 옹립한 소수의 공신집단을 중심으로 권력을 운영하였고, 그들에게 온갖 특혜를 베풀고 비리를 묵인하였다.

어쩐지 오늘날의 모습과 흡사하다.

다만 문종은 병약했고 그로 인하여 단명했다. 또한 자신과 그리고 자신의 아들, 즉 단종을 뒷받침해줄 배후 지원세력으로서의 처가 세력이 미약했다. 아마 이것은 후계자의 지위를 공고하게 만들어줬어야 할 세종의 미흡했던 문제점이기도 했다.

국회가 시민의 진정한 대표로 거듭나기 위하여

전문위원 검토보고, 어떻게 개혁해야 할까?

서두에 언급했듯, 미국 의회는 우리의 국회와 달리 의원 개개인이 소속 정당에 대하여 상대적으로 독립성을 가지고 자신의 선거구민에 대한 대응성(對應性)을 주요한 고려 대상으로 설정하는 조직이며, 반면 국회의원에 대한 정당의 영향력은 미미하다. 즉, 미국 의회는 개별의원 중심으로 운영되어 정당 간 경쟁과 갈등이 많지 않다. 따라서 미국식 의회시스템은 의원 개개인의 자율성을 강화하고 이들의 전문성을 제고하려는 방식을 취한다.

이와 달리 독일의 경우에는 의원들의 국회 진출이 정당에 의해 좌우되며, 정당 간에는 거의 모든 정책에 있어 대립한다. 의원들도 소속 정당의 정책에 순응하며, 당론에 배치되는 발언을 하기 어렵다. 이러한 의미에서 우리의 정치 현실은 미국보다 독일의 그것에 더 닮아있고,

따라서 독일 의회의 시스템이 우리 국회의 문제점을 개선해나가는 데 더욱 적실성을 갖게 될 수 있다고 평가될 수 있다.

독일에서 연방의회의 운영은 정당에 의해 좌우되는데, 이 정당은 계층제적 통제 중심으로 되어 있다. 이러한 구조에서 독일 정당의 정책 전문성은 주로 정당의 전문성에서 좌우된다. 이렇게 하여 자연히 정당의 전문성을 제고하는 논의들이 중요하게 되고, 이에 따라 교섭단체 정책연구위원들의 역할이 대단히 활성화되고 있다.

독일의 입법과정은 정당을 통하여 매개되며, 의회의 정책결정은 정당에 의하여 주도되고 있다. 그러나 사안마다 의원총회를 소집 운영하기에는 시간과 노력이 너무 많이 들고 또 참여 의원이 많으면 심도 있는 논의가 될 수 없다.

이에 대한 개선책으로 독일 의회는 입법 활동과 정책전문성을 실질적으로 지원할 수 있는 시스템을 발전시켜 왔다. 즉, 위원회에서 정당간에 협상을 하기 전에 각 정당이 상임위원회별로 특정 주제에 대하여 깊이 있는 토론과 연구의 진행을 통하여 전문성을 높이는 시스템을 운영하고 있는 것이다.

이를 위하여 독일 의회는 각 정당 내 상임위원회마다 소그룹이 운영되고 소그룹 소속 의원들과 교섭단체 정책 연구위원들이 매주 화요일마다 만나서 해당 상임위의 의제를 사전에 토론하고 조율하게 되는데, 일반적으로 한 주제 당 6주에서 6개월까지 연구한다. 이렇게 특정 주제를 정기적이고 지속적으로 논의하기 때문에 의원 개개인의 전문성도 향상되고 각 정당의 전문성도 당연히 증대되며 이는 의회의 전문성 제고로 이어진다. 소그룹에서 채택된 사항은 대부분 그대로 정당 전체의 견해로 채택된다.

교섭단체 정책연구위원은 연방의회 소속이며, 이들의 채용, 보수 등은 교섭단체가 관할한다. 이들은 대부분 행정부에서 경험을 쌓은 전문가가 대부분이며, 대외적으로 높은 평가를 받는다.

'검토보고'의 잠정적 대안

우리 국회에서 어느덧 관행으로 되어버린 국회 전문위원의 검토보고 제도가 당장 사라지게 되면 어떻게 될까?

국회의원들이 수십 년 동안 법안 검토과정을 방기하고 있었기 때문에 만약 지금 모든 것을 한꺼번에 바꾸게 된다면, 갑자기 그 일을 국회의원들이 모두 직접 수행하기에는 여러 혼선이 야기될 수도 있다.

이러한 사정을 감안하여 검토보고 및 전문위원 관련 법률 조항이 폐지되기 전까지는 우선 '잠정적으로' 당분간 검토보고 업무를 국회 전문위원이 수행할 수 있을 것이다. 하지만 여기에서도 그 낭독 및 발언과 발표는 반드시 의원이 수행해야 한다. 왜냐하면 국민이 부여한 입법권이란 어디까지나 국민이 선출한 의원의 책임 하에 주도되고 통제가 되어야 하기 때문이다. 이때 법안 검토의 발표는 상임위에서 협의를 거쳐 상임위 위원장 혹은 간사 혹은 법안 제출의원이 담당할 수 있다.

또한 현재의 전문위원 제도는 장기적으로 정당에 소속되는 정책위원 제도로 전환한다. 완전 전환까지는 우선 잠정적으로 1급 수석전문위원은 정당 소속으로 하고 현재도 보좌관이 국회 공무원으로서 별정직이라는 점에 비춰 상임위 소속 입법조사관을 별정직화하는 방향을 모색한다.

우리 국회의 상임위 정책연구위원에 대한 발상 전환
_ 전문위원을 정당 소속으로

세계 어느 나라 의회든 상임위원회란 정당 간 정책경쟁의 장(場)이다. 그러므로 상임위원회를 지원하는 입법조직 역시 정당의 개입은 자연스럽고 필연적이다. 그리하여 상임위를 지원하는 전문가 조직은 미국식처럼 정당 소속이거나 독일식처럼 교섭단체 정책연구위원이 중심이 될 수밖에 없다.

현재 우리 국회의 상임위 전문위원 제도는 임시미봉책에 불과하다. 더구나 현재의 국회 전문위원은 정책전문가로 보기 어렵고, 결국 행정지원관료가 위원회를 장악하는 결과를 초래하였다.

이제 발상을 근본적으로 전환하여 전문위원을 정당에 소속시켜야 한다. 그리하여 최종적으로는 정당이 전문위원을 모두 가져가도록 한다.

우선 1단계로 수석전문위원을 정당에 소속시킨다.

수석전문위원은 별정직 1급이므로 정당 소속에 커다란 무리가 없다(이 점에 관련하여 현재 정당 소속이면서도 국회 별정직공무원 신분으로 상임위에서 활동하고 있는 교섭단체 정책연구위원의 경우에 준하여 적용할 수 있다 – 국회법 제34조).

2단계로 6개월 내지 1년여 시차를 두고 2급 전문위원도 정당에 소속시킨다. 물론 현재의 교섭단체 정책연구위원은 모두 상임위에 배속시킨다.

다시 3단계에서 위원회 지원 조직의 대부분을 정당에 소속시킨다.

최종적으로 국회의 각 상임위원회 지원 정책전문위원을 총 200명 정도로 구성한다. 이렇게 되면 각 정당들은 국회에서 예산이 지출되는 약 100명의 정책전문가를 보유하게 된다.

이는 상임위 활동을 활성화하는 방안일 뿐 아니라 정당의 정책 전문성을 강화하는 중요한 방법이고, 나아가 의회의 전문성 제고로 이어지며, 결국 이 땅의 의회민주주의 발전으로 연결된다.

현재 우리나라 정당의 가장 중요한 과제 중의 하나는 바로 정책정당의 실현이라 할 것이다. 그런데 이 방법으로써 정책정당에 성큼 다가갈 수 있게 된다.

정당이 살아야 정치가 살고 민주주의도 살 수 있다.

〈생각해보기〉

'국회(國會)'라는 명칭보다는 '민회(民會)'가 타당

전에 우리 국회를 방문했던 독일의 저명한 입법학자 카르펜(Karpen) 교수는 국회의사당 본회의장 한복판의 국회 마크를 보며 그 가운데 새겨진 것이 나라 '국(國)' 자라는 사실을 알고 '國' 자를 시민, 대중을 의미하는 '民' 자로 대체하는 것이 마땅하지 않느냐고 한 바 있었다.

엄밀하게 말하자면, '국회(國會)'의 '나라 국(國) 자'가 사용되어서는 안 된다.

본래 '국회(國會)'라는 단어가 처음 나타난 곳은 중국 고전『관자(管子)』로서 "국가의 회계(會計)"라는 뜻으로 쓰인 용어이다.

현대적 의미로서의 '국회'라는 용어가 처음 나타난 곳은 1861년 출판된 중국의『연방지략(聯邦志略)』이라는 책이다. 이 책에서 '국회'라는 용어가 'Congress'의 번역어로서 채용되어 일본으로 유입되면서 일반화되었다. 한편 우리 한국에서는 일본을 방문한 수신사의 기록인『일사집략(日槎集略)』(1881년)에 그 용례가 처음 나타나고 있다.

오늘날 미국이나 영국, 독일 등 나라에서는 '국회'라는 용어를 사용하지 않고 '의회'라는 용어를 사용하고 있다. 오직 일본 그리고 일본이 만들어낸 용어를 계속 사용하고 있는 한국과 타이완만이 '국회'라는 용어를 사용하고 있을 뿐이다.

'국가의 대표'가 아닌 '시민의 대표'로서의 국회,
'國' 자를 사용해서는 안 된다

'의회(議會)'라는 용어는 라틴어로부터 비롯되었다. 본래의 의미는 "담화(談話) 방식의 변론"으로서 처음에는 '대표들의 집회'라는 형식으로 나타났다. 국가마다 그 명칭이 달라 영국은 의회(議會: Parliament), 프랑스는 삼부회 (三部會: Etats gen raux), 스페인은 코르테스(Cortes), 러시아는 두마(Duma) 등으로 칭해지고 있다.

원래 'Congress'는 'come together'로부터 온 단어이고, 'Parliament'는 프랑스어 'parler'에서 비롯된 단어로서 '말하다'의 의미를 지니고 있다. 'Etats gen raux'는 '세 나라의 대표'라는 의미이며, 'Duma'는 '둥근 천장이 있는 재판정'이라는 뜻을 지니고 있다. 여기에서 의회라는 용어의 어원이 '모이다', '대표', '말하다', '재판정' 등이며, 결국 이러한 개념들이 의회의 '내용'임을 알 수 있다.

그런데 현재 우리가 사용하고 있는 '국회'라는 용어는 '국(國)' 자를 사용하고 있음으로써 견제대상으로서의 '국가' 이미지를 거꾸로 차용하여 마치 '국가의 대표'라는 이미지를 가지게 되었다. 이로 인하여 결국 '시민으로부터 벗어나 거꾸로 시민을 지배하는' 권력의 이미지를 제공하게 되었다.

원래의 '실질'과 의미를 반영하여 "시민 대표의 회의체"라는 의미의 '민회(民會)'로 바꾸거나 '공민(公民)'의 회의체라는 의미로 '공회(公會)'라고 바꾸는 것이 타당하다. 그리하여 정부 권력(=국가 권력)이나 대통령을 견제하는 3권 분립의 한 축으로서 '국가의 대표'로서의 의미가 아니라 반드시 '시민의 대표'라는 의미를 나타내야 하는 것이다.

만약 이러한 '민회(民會)'라든가 '공회(公會)'라는 용어에 거부감이 강하다면, 가치중립적인 용어로서 최소한 다른 나라에서 보편적으로 사용되고 있는 "의논하고 회의한다."라는 의미의 '의회'로 바꾸어야 할 것이다. 우리에게 너무 익숙하게 관행화된 두 글자로 된 단어 사용에서 벗어나 아예 '대표(자)회의'이나 '대표모임' 등으로 원래의 의미를 고스란히 담는 방안이 바람직하다.

'국가 신민(國家 臣民)' 개념으로서의 '국가(國家)'와 '국민(國民)'

사실 우리 사회에서 '국민'이라는 용어는 지나치다 싶을 정도로 많이 사용되고 있다. 모든 사람들이 "국민의 이름으로"를 내세우고 있고, 특히 정치인들은 아예 신념화된 것인지는 모르겠으나 앉으나 서나 항상 언제나 '국민'이라는 말을 입에 달고 산다.

그런데 이 '국민'과 대비되는 것이 바로 '공민(公民)' 혹은 '시민'이라는 개념이다. '공민(公民, citizen)'이란 정치에 참여할 수 있는, 즉 참정권(선거권과 피선거권)을 가졌으며 동시에 국가권력에 대한 감독권을 지닌 사람들을 지칭한다. 이 '공민'의 '공(公)'이란 우리나라에서 '국민 전체' 혹은 '국가'의 '전체'라는 측면만을 강조하여 사용되고 있지만, 기실 "한 사람 한 사람이 개인으로서 자각을 하고 사회에 참여한다."는 주체적인 개인주의의 인간관이 강력하게 반영되어 있다.

우리가 흔히 말하는 이른바 '전체(全體)'는 책임과 의식을 지닌 개인 한 사람 한 사람으로부터 성립된 것이다. 이에 반하여 '공민(혹은 시민)'이라는 개념은 역사적으로 절대 왕정을 타파하는 과정에서 무능하고 부패한 절대 권력에 맞서는 '자유인의 정치적 실존 방식'으로 형상화되었다. 그리하여 '공민'이라는 개념은 자신의 사적 이익과 함께 공공의 이익도 동시에 추구하는 존재였다.

결국 '공민' 혹은 '시민'이란 '국가 또는 사회의 능동적 구성자' 또는 '국가 또는 사회를 만드는 개인들'로서의 '공민'의 참여는 국가의 주요 정책에 대한 결정 과정에서 보편적인 수단이 되었고 민주적 행정의 중요한 특징 중의 하나가 되었다.

'국가(國家)'라는 용어는 원래 제후가 다스리는 '국(國)'과 경대부(卿大夫)가 다스리는 '가(家)'의 총칭으로서 "특정한 경계(境界)를 가진 지배지(支配地)와 지배민(支配民)"을 의미하고 있다.

중국 고대 주(周) 왕조는 정치와 혈연이라는 두 가지 기준에 의하여 '가(家)'와 '국(國)'이 일체화된 종법권력 체제를 구축하였다. 일본에서는 율령(律令) 용어에서 '국가'란 곧 천황을 의미해왔다.

결국 '국가'란 단지 가족의 질서가 확대된 개념이며, 자율적인 시민 사회의 존재는 상정되지 않는다. 오로지 특정한 영토 내에 살고 있는 신민(臣民)이라는 개념이 있을 뿐이다. 신민은 사회라는 집단적 활동에 참여할 수 있는 권리와 의무를 모두 지닌 '공민' 혹은 '시민'과 동일한 의미가 아니다.

따라서 '국민'이라는 용어는 국가에 속하는 개별적 인간들을 총칭, 수동적이고 피동적인 존재를 의미하며, 따라서 주체적이고 능동적인 존재를 드러내지 못하고 있다. 우리가 일상생활에서 어느 특정한 용어를 사용하게 되면 그로 인하여 어떤 특정한 범주의 개념이 설정되며, 또 역으로 그렇게 설정된 특정의 개념 범주로 인하여 사람들로 하여금 심리적으로 특정한 행동을 하도록 유도한다.

이를테면 '국민', '국가'라는 '국가주의'가 깃든 용어의 사용으로 인하여 공개적으로 그리고 잠재적으로 국가라는 '전체'에 개인들을 끊임없이 피동화시키고 그것에 대한 소속감과 함께 충성심을 부여하고 고취하도록 만드는 역할을 하게 된다.

이처럼 '국(國)' 자를 많이 사용하는 것은 우리나라가 아직도 전체적으로 총체적인 국가주의의 틀에서 아직 벗어나지 못하고 있음을 여실히 반영하고 있는 구체적인 척도라 할 수 있다.

참고로 '국(國)' 자는 '口' 자와 '或' 자로부터 온 글자이다. '口'는 강역(疆域)을 의미하고 있다. 처음에 '국(國)' 자는 '口'라는 글자가 없는 채 '或' 자로만 사용되었었다. 그런데 '或'이라는 글자는 '창 과(戈)'와

'口'가 합쳐진 글자로서 "설문해자(說文解字)"의 풀이에 의하면 "或 자는 '방(邦)'의 뜻이다(或者, 邦也)"라고 풀이하고 있다.

'口'는 경계(境界) 혹은 국토(國土)의 의미이고, 창(戈)으로써 그것을 지킨다는 의미로서 모두 "(일종의) 사유재산을 지키다"는 의미를 지니고 있다. '或' 자는 목축시대에 사용되었고 '口' 자는 농업시대에 사용되었는데, 후대에 합쳐져서 한 글자로 되어 "창(戈)으로써 방어하며 성벽이 있다"는 의미를 지니고 있었다.

II

'국회적폐' 청산이 국회개혁의 출발점

국회는 독재 권력의 '국회적폐' 족쇄로부터 벗어나야

어쩌면 국회의원은 '연민의 정'을 품고서 바라봐줘야 할 존재라 할 수 있다.

대부분의 사람들에게는 웬 말 같지도 않은 소리냐며 버럭 화를 내실 얘기이지만, 지금까지 우리 국회가 걸어온 역사를 살펴보자면, 이 말에도 역설적인 설득력이 있다.

'국회 무력화'는 역대 군사정권의 최대 관심사

우리 현대사에서 국회는 역대 독재정권의 눈엣가시였다.

국회의 권한을 약화시키고 허수아비로 만들고자하는 시도는 이승만 정부 때부터 국회프락치 사건 등을 비롯하여 지속적으로 존재해왔고, 그 움직임은 박정희 · 전두환 군사정권에 들어서서 더욱 강화되었다. 실제 이들 군사정권의 가장 큰 관심사는 바로 국회였다. 1961년의

5·16 쿠데타를 비롯하여 1972년 유신 선포 그리고 1980년 전두환의 5·17 계엄확대는 모두 "모든 정치활동의 금지"를 선포하면서 일차적으로 국회의 움직임을 일체 봉쇄하는 것부터 시작하였다.

박정희 군사정권은 특히 유신헌법에 의하여 대통령 직선제를 폐지하고 이른바 '통일주체국민회의'에서 대통령을 선출하는 대통령 간선제로 변경하였다. 또 대통령이 국회의원의 3분의 1을 '유정회(유신정우회)'라는 이름으로 임명하고 대통령이 헌법의 기본권을 중단시킬 수 있는 긴급조치 등을 시행할 수 있게 하였다. 그리고 국회 해산권과 모든 법관의 임명권을 대통령이 가지게 되는 등 사실상 대통령 1인이 혼자서 입법, 행정, 사법의 3권을 장악하였다. 또한 대통령 임기도 6년으로 연장하고 중임 및 연임 제한도 철폐하여 사실상 종신집권이 가능해졌다. 그리고 국회의 국정감사와 국정조사를 폐지하고 대통령에게 헌법개정권과 국회 해산권도 부여하였다. 나아가 유신 헌법은 대통령을 행정, 입법, 사법의 삼부(三府) 위에 군림하는 '국가 영도자'로서의 '국가원수(元首)'로 규정하였다.

전두환 군사정권은 박정희 군사정권의 충실한 계승자로서 국회 권한의 약화라는 과제는 지속적으로 정권의 최대 관심사였고 제1의 역점 사업이었다.

국회를 옥죄고 있는 군사정권의 적폐

한마디로 말해, 지금의 국회는 독재 권력, 더욱 구체적으로는 군사정권이 얽어놓은 족쇄에 포획되어 있다.

실제 초선으로 여의도에 입성하면 처음 몇 달 동안은 인사할 곳도 많고 보고도 많이 받아야 하고 가볼 곳도 많고 등등……. 이렇게 정신없이 지내다가 1년쯤 되어야 비로소 일들이 보이기 시작한다. 상임위원회의 업무 역시 그렇다. 하지만 상임위에서 나름 성실하게 법안을 심사하여 의결해봤자 '제2원(院)'으로 불리는 법사위에서 백년하청 묶어 놓을 수도 있고, 때로는 아예 내용까지 수정해버린다. 의원 위에 의원 있고, 상임위 위에 법사위 있는 꼴이다.

법사위의 이러한 '제2원'으로서의 높은 위상은 박정희 유신정권에서 완성되었다. 또 그렇게 1년이 지나고 2년이 되어 막 상임위 일이 손에 익는다 하는 순간, 이제 상임위를 바꿔야 한다. 의장 역시 임기 2년이다. 사실 2년이라는 시간은 정말 금방 흘러가버린다. 2년 임기란 실제 의식만 치르다가 보내기 딱 좋은 기간이다. 세계의 어느 의회에도 존재하지 않는 이러한 상임위 위원의 2년 임기제는 이승만 정권 때부터 시작되었다.

한편 매년 10월이면 국감의 계절이다. 많은 비판을 받고 있는 국감이지만, 의원 입장에서는 결코 소홀히 할 수 없는 일이기에 국감 두 달 동안 그리고 국감 준비에 한두 달을 꼬박 매달려야 한다. 그런데 세계 어느 의회에도 국정감사 제도란 존재하지 않는다.

국회의원에게 입법이란 문자 그대로 본업이다. 세계 어느 나라 의회든 이 원칙에는 예외가 있을 수 없다. 왜냐하면 그 입법권한이야말로 의회와 의원이 존재하는 근본적인 이유이기 때문이다. 그러나 우리의 국회에서는 의원이 법안을 발의하게 되면 그것으로 끝이다. 의원이 그 법안을 충실하게 제정하기 위해 아무리 열심히 노력해보려고 해도 실제로 그렇게 할 수가 없다. 법률에 의해, 구체적으로 국회법의 규정에 의해, 법안에 대한 모든 검토 권한이 모조리 국회 공무원들에게 넘어갔기 때문이다. 가히 '비(非)의회적 제도'라 불러도 결코 지나침이 없다. 이러한 '비의회적' 제도는 당연히 세계 어느 나라 의회에서도 발견할 수 없다. '국회 공무원에 법안 검토 권한을 부여한' 오늘의 이러한 제도는 국회를 실질적으로 무력화시키고 통제하고자 한 박정희, 전두환 독재 권력의 의도가 그대로 관철된 것이다.

그래서 국회란 외부에서 보면 할 일이 너무 많아 보이지만, 정작 본업과 관련해서는 할 수 있는 게 실제로 별로 없는 상황이다.

이렇게 하여 결국 국회는 겉만 번지르르하고 소리만 요란한 빈 깡통이 되어버렸다. 다른 측면에서 보자면, 국회는 군사독재 권력이 의도한 바대로 족쇄로 채워져 있는 곳이다.

따라서 지금 국회 개혁의 핵심은 역대 군사정권이 국회를 무력화하고 통제하기 위해 왜곡시킨 제도적 족쇄 장치들을 철저하게 해체하는 데 있다. 그 제도적 족쇄 장치 중에서 가장 핵심적인 큰 문제는 바로 앞장에서 설명했듯 의회제도의 기본과 원칙 자체를 근본적으로 뒤흔들어 교란시키고 있는 국회 전문위원의 검토보고 제도이다. 이외에도 국회 운영상의 족쇄 정치인 법사위의 체계·자구 심사 권한, 상임위 위원의 2년 임기제도와 국회의장 2년 임기제 그리고 국감제도 등이다.

이제 군사정권이 왜곡시킨 이러한 비정상적인 제도들을 폐지 혹은 개혁함으로써 의회제도의 보편적 규범을 복원시켜내야 한다. 그것이 곧 국회가 진정 의회다운 의회로서 정상적으로 발전할 수 있는 길이다. 그리고 그렇게 될 때 우리 국회도 불신의 깊은 늪을 벗어나 비로소 국민의 신뢰를 획득할 수 있다.

한편 국회의 전문위원 및 검토보고 제도는 국민과 국민의 대표인 국회의원의 관계를 중간에서 관료집단이 차단하고 있는 시스템으로 볼 수 있다. 우리 사회에서 국민의 대표와 국민 사이에는 관료집단이 존재한다. 행정부에서는 대통령과 국민, 지자체에서는 지자체 단체장과 지역주민 그리고 국회에서는 국회의원과 국민의 중간에 모두 관료집단이 존재하면서 대표와 국민의 관계를 이들 관료집단이 차단하고 있다.

특히 국민에 의해 직접 선출되는 대표인 국회란 당연히 국민을 위해 국민의 공복(公僕)인 관료집단을 감독하고 견제해야 한다. 관료집단을 감독하고 견제할 제도적 장치가 대단히 미흡하고 또 그럴 역량을 보유한 세력이 부재한 우리의 현실에서 그나마 유일하게 가능성이 있는 존재가 바로 국민이 선출한 '국민의 대표'인 국회이다. 하지만 지금 국회는 앞에서 누누이 지적한 바와 같이, 오히려 자신들이 입법 관료에 의하여 철저히 포획되어 있는 현실이다. 더구나 스스로 그러한 상황에 안주하고 나아가 그것을 향유하고 있다는 점에서 매우 심각한 문제다.

이승만-박정희-전두환으로 이어지는 독재 권력이 왜곡시켜놓은 '국회 적폐'를 청산하는 것은 국회 개혁의 시작점이자 그 본질이며 핵심이다.

세계 어느 의회에도 없는 법사위의 체계·자구 심사 권한

우리 국회에서 법사위의 힘은 막강하다. 바로 법사위가 모든 법률안의 체계·자구 심사 권한을 가지고 있기 때문이다. 그래서 법사위는 모든 상임위원회 중에서도 '상원 아닌 상원' 혹은 '제2원(院)'이라 칭해지기도 한다.

그간 우리 국회에서는 이 문제를 둘러싸고 법사위의 '월권' 논란이 끊이지 않았다. 법사위는 마음만 먹으면 얼마든지 법안을 스톱시킬 수 있고, 때로는 소관 상임위에서 의결한 법안 내용 자체를 수정하여 상임위 간 갈등이 빚어진 경우도 종종 발생했다.

실제로 2013년 국회 환경노동위원회는 불산가스 등의 유해물질 배출 기업에 대해 해당 사업장 전체 매출액의 최고 10%의 과징금을 부과하는 내용의 유해화학물질관리법 개정안을 만장일치로 통과시켰지만 법사위는 규제 기준을 대폭 완화하여 5%의 과징금 부여로 낮췄다.

뿐만 아니라 단일 사업장의 경우 매출액 대비 2.5% 이하의 과징금을 매기도록 했다. 이에 대해 환경노동위원회 소속 의원들은 법사위가 재계의 입법로비에 무릎을 꿇고 자구 체계를 벗어나는 월권을 했다며 크게 반발하였다.

제헌의회; “자구 정리를 법사위에 부탁할 수 있다”

그런데 법사위의 체계·자구 심사 조항이 처음부터 오늘날처럼 철옹성의 룰로 군림했던 것은 아니었다. 제헌의회 국회법의 해당 조문은 단지 “제3독회를 마칠 때에 수정결의의 조항과 자구의 정리를 법제사법위원회 또는 의장에게 부탁할 수 있다.”라고 규정되어 있었을 뿐이었다.

그 뒤 1951년에 개정된 국회법은 “위원회에서 입안 또는 심사한 법률안은 법제사법위원회의 심사를 경유하여야 한다. 단, 법제사법위원회는 법률안의 체계와 형식에 대한 심사를 하여 소관위원회에 회송한다.”라고 규정하여 처음으로 ‘법사위 심사’ 규정이 출현했다. 하지만 당시의 해당 조항에 대한 개정안 제안 취지는 “본회의 시간을 절약하기 위함”이었다. 그리고 이러한 ‘법사위 심사’는 본회의 3독회 체제 중 본회의 1독회 전에 이뤄지는 보조적 기능에 지나지 않았다.

법사위의 체계·자구 심사에 공식성이 부여된 것은 2공화국 국회법에서였다. 1960년 9월 26일에 개정된 국회법은 “위원회에서 법률안의 심사를 끝내거나 또는 입안한 때에는 법제사법위원회에 회부하여 체계와 자구에 대한 심사를 거쳐야 한다.”라고 규정하였다. 다만 당시에

도 여전히 본회의 3독회 체제 하에 본회의 2독회에서 축조심사가 이뤄졌기 때문에 본회의에 부의되기 전에 행해지는 법사위의 체계·자구 심사는 그 의미와 역할이 상대적으로 작은 것이었다.

유신정권이 확립한 법사위의 체계 · 자구 심사 권한

오늘날과 같이 법사위의 체계·자구 심사 기능이 막강해진 시점은 바로 1973년 유신정권에서 이뤄진 국회법 개정이었다.

박정희 정권은 1963년에 이어 1973년에 다시 국회법을 개정하여 그간 본회에서 시행하도록 규정되어왔던 축조심사 기능을 소관 상임위에 이전시켰다. 동시에 위원회 심사를 거친 안건에 대하여 질의를 할 수 없도록 규정함으로써 이제 법사위의 체계·자구심사 기능은 극대화되었다. 이렇게 하여 법사위를 '제2원' 기능을 보장했을 뿐 아니라 유신정권의 유정회에 의해 보장된 집권 다수당의 본회의 '문지기' 역할을 담당할 수 있게 제도화한 것이다(서복경, "법제사법위원회 '제2원 기능'의 역사적 기원에 관한 연구", 「의정논총」 제10권 제2호, 2015년).

독재 권력에 의한 국회 무력화의 적폐를 개혁해야

의회 상임위원회에서 소관 위원회의 결정을 다른 위원회가 존중하는 이른바 '위원회 소관주의(Jurisdictionalism)'는 중요한 의회 규범 중 하나이다. 우리 국회처럼 법사위가 여타 상임위에서 이미 심사, 의결한 법안에 대한 체계·자구 심사를 함으로써 위원회 위에 옥상옥으로 군림하는 것은 위원회의 평등성 원리 그리고 국회의원의 평등 대표성 원리에 대한 심각한 침해에 해당된다.

세계 어느 의회에도 우리와 같은 법사위의 이러한 '제2원' 권한은 존재하지 않는다. 예를 들어, 미국 의회에서는 각 상임위원회 내에 '축조심사회의(Mark up)'가 구성되어 여기에서 수정안 작업과 체계·자구 심사의 기능을 수행한다. 즉, 체계·자구 심사는 세계 모든 나라 의회에서 너무도 당연하게 각 상임위원회에서 위원회 소속 의원들이 스스로 수행하고 있는 것이다.

지금 우리 국회는 독재 권력에 의한 국회 무력화와 통제의 유제(遺制)에 포획되어 있다. 이 '유제'를 '독재 잔재'라고 부를 수 있다. 하지만 엄밀히 말하자면, 단순한 '잔재'가 아니다. 왜냐하면 독재 권력이 만든 그 제도와 시스템들은 거의 변화됨 없이 현재까지도 거의 원형 그대로 유지되고 운용되고 있기 때문이다.

물론 국회의원들 스스로가 이러한 유제나 잔재, 혹은 적폐에 계속 안주해온 측면이 강하다.

국회가 그 적폐의 틀과 관행을 개혁하지 않고 안주하는 한, 국회에 대한 국민들의 불신은 더욱 심화될 수밖에 없다. 법사위의 체계·자구 심사 문제 역시 독재권력 유제의 중요한 한 요소로서 이 땅의 정치발전과 민주주의 전진을 위해 반드시 개혁되어야 할 우리 시대의 중요한 과제임에 분명하다.

국회, 이승만-박정희가 만든 상임위 2년 임기제를 버려야

국회법 제40조는 국회의원의 상임위원 임기를 2년으로 규정하고 있다.

처음부터 그랬던 것은 아니다. 당초 제헌의회 때 상임위원 임기는 의원의 임기와 같이 4년이었다. 그랬던 것이 1953년 1월 22일 국회법 개정에 의한 이승만 정권의 국회 무력화 과정에서 1년으로 단축되었다가 다시 1963년 11월 26일 박정희의 제3공화국에서 2년으로 연장되었다. 그러나 제3공화국 당시 본회의 중심 체제를 상임위 중심 체제로 전환한 것은 의회기능 강화의 목적이 아니라 독회제도 폐지 등 행정부안의 신속한 국회 통과를 목적으로 하고 있었다. 특히 이 상임위 중심 체제는 말이 상임위 중심이었지 의원의 정책전문성은 전혀 고려되지 않은 채 상임위 중심체제에서는 극히 기형적인 "임기 중 상임위원 개선(改選) 제도"였을 뿐이다. 이 점에서 "임기 중 상임위원 개선제도"는 권위주의 정권에 의한 의회 무력화의 도구였다고 평가할 수 있다.[1]

현재 국회의장 임기도 2년이다. 국회의장 임기도 제헌의회 때는 4년이었다. 그러나 1951년 3월 15일 당초 임기 4년이던 국회의장 임기를 "국회 운영의 원활을 기하기 위해" 1년 임기제로 개정하고자 했다. 이 개정안은 심지어 "토의시간만 허비하는 전원위원회 제도 폐지"를 제안하기도 했다. 결국 반발에 부딪혀 의장 임기는 2년 임기로 수정되었다.

국회의원의 업무 전문성은 어떻게 높아질 수 있는가?

우리 국회에서 의원들의 업무 전문성에 있어서의 취약성은 많은 사람들의 비판을 받고 있는 대목이다. 그러나 더욱 큰 문제는 그 취약성이 개선되기는커녕 오히려 제도적으로 관행적으로 더욱 심화되고 있다는 점이다.

의원의 업무 전문성이란 임기 동안 혹은 선수(選數)를 쌓으면서 "동일한 상임위원회를 유지"함으로써 업무 전문성을 축적하는 것이다. 미국 의회의 경우 의원의 업무 전문성은 상임위를 중심으로 업무 전문성이 축적되고 있으며, 일본의 경우에는 집권당 내 위원회를 중심으로 전문성이 축적된다. 미 의회에서 상임위원회는 의회와 행정부 간의 정책결정의 중심무대로서 따라서 자연스럽게 상임위를 중심으로 한 정책형성은 의회 활동의 중심으로 되었다. "한 상임위 내에서의 선임 순위가 위원장이나 간사로 되는 가장 중요한 기준"이라는 미 의회의 불

1 박찬표, "한미일 3국 의회의 전문성 축적구조에 대한 비교연구", 「한국정치학회보」 제30권 제4호, 1997.

문율, 즉 '선임우선제'는 위원회 내의 승진에 대해 모두가 동의할 수 있는 자동적이고 공평한 원칙이었다.

한편 일본은 자민당 일당독재가 고착화되는 과정에서 법안과 예산 심의가 의회 위원회가 아니라 자민당 내 정책결정기구인 정무조사회로 되었고, 이 정무조사회의 각 부회(部會)가 의회 위원회 역할을 대신하였다. 그리하여 일본에서는 오랫동안 동일 위원회와 부회를 유지하면서 관청과의 인적 네트워크 및 영향력을 확보하면서 이른바 '족(族)의원'의 위치를 확보하게 됨으로써 관련분야의 정책전문가로 자리잡았다.

그러나 우리 국회는 의원들이 2년마다 상임위를 변동할 뿐 아니라 상임위 배정 뒤 임기 2년 중에도 수시로 상임위를 변동하고 있다. 실제 역대 국회의원 임기 중 상임위 변동률은 50%를 상회한다. 심지어 최근에는 여야를 막론하고 상임위원장을 1년씩 '쪼개기'로 맡는 것이 관행화되고 있다. 또한 현역의원이 재선될 경우 전임기의 상임위를 그대로 유지하는 비율도 40%를 넘지 못한다. 미국 재선의원의 90%가 전임기의 상임위를 그대로 유지하는 것과 전혀 딴판이다.[2]

임기 중 상임위의 빈번한 변동과 재선 시 상임위 변동은 의원의 업무 전문성 축적에 결정적 저해 요인이다. 상임위 변동으로 소관 업무

2 더구나 우리 국회는 1963년에 김종필에 의해 도입된 당정협의체제가 행정부 주도 하의 정부여당 협의기구로 오늘날까지 존속하면서 의회와 상임위 위상을 크게 제약하는 요인으로 작동되어왔다.

및 관련 행정부처 역시 변경되고, 의원은 물론 보좌진도 새로 업무를 파악해야 한다. 뿐만 아니라 국민들도 어떤 문제를 해결하기 위해 의원과의 통로를 어렵사리 뚫어 놓아봤자 그 다음 만나면 이미 소속 상임위가 바뀌는 바람에 다시 다른 의원을 알아봐야 하는 고충을 겪어야 한다.

의원들의 업무 전문성은 의회 발전의 중요한 토대이다. 우리 국회의 정상화와 발전을 위해서는 한 의원이 동일 위원회에서 오랫동안 활동함으로써 업무 전문성을 축적해야 한다. 상임위원 임기는 의원 임기와 일치되어야 하며, 또한 재선 시에 전임기와 동일한 상임위를 유지하도록 해야 한다.

우리의 국회는 너무 오래 이승만-박정희 체제의 관행에 머물러 있다. 이제 권위주의 정권이 국회 무력화를 위해 만들어놓은 국회 상임위 2년 체제를 벗어나야 한다.

'적대적 공존', 그 나눠먹기의 시작

본래 우리 국회도 상임위원장은 다수당이 독점하고 있었다. 그리고 그것은 어느 국가 의회든 의회의 일반적 형태이다. 그런데 우리 국회는 1987년 6월 항쟁으로 탄생된 이른바 '87 체제'의 여소야대 4당 체제 정국에서 상임위원장을 의석 비율에 따라 배분하게 되었다. 긍정적 측면에서 평가하자면, 이는 의회 상임위 활동에서 독점을 해소하고 공존과 균형 그리고 타협의 공간을 제공했다는 의미를 부여할 수 있다. 하지만 부정적인 측면에서 평가한다면, 여야 나눠먹기의 전형적 형태라 할 수 있다.

당시 여소야대 4당 체제에서는 교섭단체 정책연구위원 조항도 신설되어 각 당이 정책연구위원을 '나눠 갖게' 되었다. 그리고 줄곧 여당의 몫이었던 국회도서관장 자리도 제1야당의 몫으로 가져가기로 되었고, 이 관행은 지금에 이르기까지 이어져오고 있다. 이 과정은 당시 제1야당으로 올라선 평민당의 의도가 관철되었다고 평가될 수 있다. 물론 이는 DJ의 구상과 '철학'이 반영된 셈이었다. 이러한 DJ식 정치는 "상인적 현실감각"에 대한 강조에서 드러나듯, 독점된 권력을 분배하고 균점하는 계기로 작동되었다는 장점도 있었지만 '나눠먹기', '기득권의 공존' 혹은 개량주의라는 단점 역시 그대로 드러나고 있었다. 그리고 이는 우리 국회의 고질적 폐단이기도 한 여야 간 '적대적 공존'의 토대로 기능해온 측면을 부인할 수 없다.

결국 장기적으로 살펴본다면, 이러한 일련의 상황들은 우리 국회의 중요한 폐단인 "나눠먹기" 혹은 "적대적 공존"이 관행적으로 구축되는 중요한 계기였다고 평가할 수 있을 것이다.

〈생각해보기〉

기관장 임기, 지금보다 '훨씬' 길어야

감사원장의 임기는 독일은 12년이고 미국의 경우 15년이다.

기관장의 임기 문제는 현재 우리나라에서 중요하게 인식되지 못하고 있으나 사실 대단히 중요한 문제이다. 기관장의 임기가 장기적으로 보장되어 있을 때 해당 조직은 장기적인 플랜을 가지고 체계적으로 발전될 수 있으며 조직의 효능성도 증대된다. 임기가 제대로 보장되어 있지 않고 짧을 경우, 위로는 기관장이 임명자의 눈치를 보게 될 수밖에 없고, 아래로는 사실상 관료집단의 포위에 휘둘릴 수밖에 없다. 더구나 기관장이 자기 사람으로 데려갈 수 있는 사람은 고작 한두 명인 경우가 태반이다. 국회사무처만 해도 사무총장이 '규정상' 자기 사람으로 데려갈 수 있는 사람은 달랑 비서실장 한 명뿐이다. 정부의 장관도 대동소이하고, 지자체 단체장 역시 오십보백보다. 창해일속(滄海一粟),

그야말로 넓은 바다에 한 톨 좁쌀이다. 정부의 각종 규제법들도 사실 행정부의 담당 계장, 과장, 국장, 차관보 등 몇 사람이 만든다. 그것이 사실상 끝이다. 대체로 장차관은 너무 바빠서 구체적인 내용들을 살펴볼 시간도 없다. 그러니 아무리 개혁이란 것을 해보려고 한들 이미 처음부터 근본적으로 불가능하다.

2년 임기제, 나눠먹기의 망국병

그런가하면 국회의장 임기도 2년이다. 이 역시 4년 임기를 나눠 두 사람이 '나눠먹기'하는 것이다. 한마디로 2년 임기란 처음 6개월만 이른바 '영(令)'이 서는 것이다. 1년만 지나면 곧바로 레임덕이 시작된다. 이렇게 하여 그야말로 되는 일이 없다. 그냥 수박 겉핥기, 하는 척 시늉뿐이다. 장관 임기는 더 심하다. 2년은 고사하고 1년 남짓이 대부분이다.

그리고 중요한 사실은 이러한 과정에서 결국 관료들이 만사를 주도할 수밖에 없다는 점이다. 결국 기관장은 조직을 전혀 장악할 수 없게 되고, 장기적으로 조직 발전이 근본적으로 불가능하게 된다.

미국 의회도서관장의 평균 임기는 20년에 가깝다. 심지어 제8대 관장이었던 허버트 푸트남(Herbert Putnam)은 관장으로 무려 40년을 재직하였다. 만약 우리나라에서 그랬다면 틀림없이 독재라고 비난하면서 난리법석이 날 일이지만, 미국 의회도서관은 이렇게 임기가 긴 관장들의 장기적 철학과 계획 아래 체계적으로 성장, 발전할 수 있었다. 미국이나 독일의 감사원장 임기는 각각 15년, 12년이고, 프랑스는 아예 종신직이다. 또 미국 대법관 임기 역시 종신직이다. 미국에서 헌법

해석에 있어 권위 있는 전거로 활용되고 있는 『Federalist Paper』는 대법관 종신제의 장점에 대하여 다음과 같이 천명하고 있다.

"정의를 실현하는 법원은 헌법과 개인의 권리를 보장하기 위하여 타협하지 않고 그 원칙을 고수해야 한다. 그런데 일시적으로 재직하는 법관에게는 이와 같은 성격을 기대하기 어렵다. 법관의 일시적인 임명은 법관의 독립이라는 중요한 요소에 치명적인 사항이다. 만약 법관임명권이 행정부나 입법부에 위임될 경우에는 임명권을 갖고 있는 부에 부적절한 순종의 위험이 있으며, 두 부 모두에게 임명권이 주어진다면 한 부가 불만에 빠질 위험이 있고, 만약 시민이나 시민에 의해 선출된 사람에게 직접 임명권을 부여한다면 대중적인 인기에 영합하려는 경향이 만연할 것이다"(Federalist Paper, 495).

한편 독일의 연방장관은 자신이 책임지고 있는 부처에 대하여 독자적으로 정책을 결정한다. 연방수상을 비롯하여 누구도 연방장관에게 명령하거나 징계할 권한이 없다. 독일에서 정책집행은 대부분의 경우 연방수상이 아닌 각 부처 장관의 책임 하에서 추진된다. 연방장관은 의회, 즉 국민에게만 정치적 책임을 지며, 한번 임명되면 특별한 정치적 과오가 있지 않는 한, 대부분 연방수상과 임기를 같이 한다. 수많은 장관의 이름이 끝없이 명멸하는 우리와 전혀 상이한 풍경이다.

우리나라에서 기관장 임기가 이렇게 짧은 것은 바로 "관료가 주인되는 나라"의 주요한 토대로 작동되고 있다. 전술한 바처럼, 동양의 역사에서 제왕이 유능한 신하의 권한이 커지는 것을 방지하기 위해 운용했던 중요한 수단은 바로 임기를 짧게 하는 방식이었다. 그리하여 황제와 아전이 천하를 공치(共治)하는 현상이 나타난 것이었는데, 현재도 대통령과 관료들의 공치로도 볼 수 있다. 다만 대통령은 단임하고 계속 바뀌니 결국 관료가 지배하는 사회로 귀착될 수밖에 없다.

현재 우리나라 공무원들은 부패 방지를 명분으로 하여 2년 주기로 순환 근무한다. 이로부터 전문성과 책임성은 사라진다. 그러니 위든, 아래든 도무지 책임지는 사람이 없어진다. 이렇게 하여 책임 정치는 완전히 실종되었고, 책임 행정 역시 자취를 감추고 말았다. 결국 상층의 '나눠먹기'와 공무원의 '순환근무'에 의한 이러한 '2년 주기론'은 이제 가히 망국병이라 할 수 있다.

적임자를 기용하고 그 임기를 최대한 길게 해야 한다.

일찍이 공자(孔子)에게 노나라 애공(哀公)이 "어떻게 하면 백성이 따르겠습니까?" 하고 묻자, 공자는 이렇게 대답했다.

"좋은 사람을 기용하여 나쁜 사람을 다스리면 곧 백성들이 따를 것입니다. 반대로 나쁜 사람을 기용하여 좋은 사람을 다스리면 곧 백성들이 따르지 않습니다."

그러나 우리의 현실에서는 나쁜 사람을 기용하여 좋은 사람을 억압하고 쫓아낸다.

아전 독재와 문서 정치

중국의 전통 정치에는 관(官) -관리와 리(吏) -아전의 구분이 있었다.

원래 중국의 관리 제도에는 이 양자가 구분되지 않았으나 한족을 차별한 몽골의 원나라 시대에 정부 고위직은 모두 몽골인이 담당할 때 중국인을 서리(胥吏)로 뽑아 보좌하도록 한 뒤로 명나라 시대부터 관리와 아전의 구분은 보편화되었다.

잘 알다시피 아전 혹은 서리는 관리로 승진할 수 없었다. 이들은 정부 기구의 가장 하위의 계급으로서 사실 관부(官府)의 정식 관원으로도 인정받지 못했지만 동시에 반드시 관부의 허가를 얻어야만 했다. 그리고 사회적 지위가 낮아 일반적으로 멸시를 받는 존재들이었다. 하지만 이들 아전들이 정치에 미치는 영향은 대단히 큰 것이었다. 이들은 인명을 살릴 수도 죽일 수도 있었고, 세금을 더 걷을 수도 덜 걷을 수도 있었으며, 어떤 공사든지 중단시킬 수도 있었고 아니면 더 크게 짓도록 할 수도 있었다. 반면 과거를 급제하여 중앙에서 파견된 고위관리들은 오직 상층 관리들을 다스리기 위한 직위였고, 모든 사무는 이들 아전에게 넘겼다.

이러한 현상은 지방정부에서 특히 극심했다. 아전들은 지방의 실제 정황에 매우 정통했고 관아의 하부 행정 역시 오직 아전들만이 이해하고 처리해낼 수 있었으므로 지방으로 파견되는 관리들은 이들에게 의존할 수밖에 없었다. 중앙 정부에서 파견된 '독서인'들은 도무지 이들과 비교될 수 없었다. 시(詩)나 부(賦)와 같은 '탁상공론'만으로 시험을 보는 과거제도를 합격한 '독서인'들은 대부분 실무적인 행정능력을 갖출 수 없었고, 그러므로 현지 아전들에게 의존할 수밖에 없었다. 이렇게 하여 '관약이강(官弱吏强)' 현상이 일반화되었다.

각 아문의 각종 조문들도 모두 아전들이 제정하였다. 조례의 제정은 대부분 이들의 의지가 조정(朝廷)의 의지로 전화되었고, 지방 관리의 임명은 대개 이부(吏部) 서리가 결정하였다. 특히 이들은 오랜 기간 특정한 한 곳의 지방에 근무하기 때문에 지방 토착세력과 반근착절, 결탁하여 당우(黨羽)를 조장했다. 오늘날까지 이러한 현상은 어렵지 않게 목격할 수 있지만, 사실상 실제적인 일체의 사무에 있어 이들 아전들이 전문가였고, 따라서 그 처리는 전적으로 이들의 손에 달려 있었다. 명말청초의 대학자인 황종희(黃宗羲)는 이러한 현상을 빗대어 "천하에 아전(吏)의 법만 있고 조정의 법은 없다"고 풍자하였다. 그리하여 사실상 '아전 독재'였다.[3]

그러나 승진도 할 수 없는 이들 하급관리들은 사회적으로 온갖 천대를 받았다. 그리고 이들 스스로도 등급이 낮고 천하다고 자인하면서 체면을 차리지 않고 갖은 부패와 악폐를 저질렀다.

수나라와 당나라 시대 이래 황권(皇權)을 강화시키는 중요한 정책은 우선 중앙에서 각종 방법으로 재상[4]의 권한을 축소시키고 다음으로 지방에서는 각종 방식으로 지방장관을 권한이 없도록 하는 것이었다. 그 중 가장 중요한 방법은 지방장관의 임기를 엄격하게 제한함으로써 그들로 하여금 근본적으로 지방 정무에 숙달하지 못하도록 하는 것이었다. 특히 아전들의 경우, 본래 사회적 지위가 낮고 또 독서인(讀書人)

3 程念祺, '科擧制度廢除一百年之回眸',「學術月刊」, 2005, 11.

4 재상(宰相)의 재(宰)는 본래 요리사라는 뜻이고, 상(相)은 사의상례(司儀相禮)라 하여 제사를 모시는 사람의 뜻으로서 고대 시대 가신(家臣)이나 노복(奴僕)의 신분에서 비롯되었다. 유력자 개인과 국가의 구분이 불분명한 가운데 유력자가 홍기하여 국가를 수립하면서 개인 가신이나 노복이 중추적 신하, 즉 재상으로 전환한 것이다.

들처럼 대의명분이나 대중에 대한 호소력을 가지고 있지 못하여 영원히 황제와 어깨를 겨누면서 세력화할 수 없는 존재들이었기 때문에 황제는 기꺼이 이들 아전들과 천하를 함께 통치하였다.[5]

흔히 과거 중국에서는 법이 없고 중국인들은 법을 몰랐다고 쉽게 평가하지만, 사실 중국 정치의 전통적인 잘못은 이렇듯 너무 법을 잘 알아서 발생하였고, 무슨 일이든 법조문의 '규정'만에 따라 처리하고 조문조문 글자마다 아래위로 따졌기 때문에 대체로 일의 처리는 늦었다.

중국의 저명한 역사가인 첸무(錢穆: 1895~1990)는 이러한 아전 정치의 측면은 일종의 '문서 정치'라고 지칭하면서, "이는 중국의 전통적인 정치가 문(文)을 숭상한 폐단이라 할 수 있다. 역설적으로 한나라 시대 정치가 잘 된 것은 문이 적었던 데 있었다."라고 강조한다.[6]

5 程念祺,, 위의 논문.

6 錢穆, 『中國歷代政治得失』, 九州出版社, 北京, 2012.

'개념의 혼동'으로 만들어진 국정감사, 이제 폐지할 때

우리 국회의 대표적인 이미지 중의 하나가 바로 국정감사다. 그야말로 국회의 큰 '행사'다. 그런데 이 국정감사 제도가 세계적으로 우리 국회에만 존재하고 있다는 사실은 거의 알려져 있지 않다.

국정조사(국정감사가 아니라) 제도는 영국 의회에서 1689년 아일랜드 전쟁의 실패 원인을 조사하고 그 책임을 추궁하기 위해 특별위원회가 구성되어 조사활동을 전개한 것이 시초가 되었다. 하지만 세계 대부분의 국가에서 국정조사권은 인정되고 있지만 국정감사제도는 다른 나라 의회에서 존재하지 않는다.

1948년에 제정된 우리 제헌헌법의 제43조는 "국회는 국정을 감사하기 위하여 필요한 서류를 제출케 하여 증인의 출석과 증언 또는 의견의 진술을 요구할 수 있다."고 규정하였다.

그리고 같은 해 제정된 국회법에서도 국정감사와 관련된 내용을 규정하였다.

"국회는 의안 기타 국정에 관한 사항을 심사 또는 조사하기 위하여 의원을 파견할 수 있다(제72조)."

"국회로부터 심사 또는 조사하기 위하여 정부 기타의 기관에 대하여 필요한 보고 또는 기록의 제출을 요구할 때에는 이에 응하여야 한다(제73조)."

"국회는 의안 기타 국정에 관한 사항을 심사 또는 조사하기 위하여 증인의 출석을 요구할 때에는 따로 정하는 규정에 의하여 여비와 일당을 지급한다(제74조)."

여기에서 알 수 있듯이, 국회법에서는 헌법과 달리 '감사' 대신 '심사' 혹은 '조사'라는 용어를 사용하고 있고, 정례적으로 실시한다는 내용이나 감사의 대상과 주체에 대한 별도의 규정을 두지 않음으로써 사실상 국정감사와 국정조사의 구분을 하지 않았다.[7]

국정감사는 유신헌법에 의해 폐지되었다가 1987년 이후 부활하였

7 이러한 '감사'와 '감시' 그리고 '조사' 용어 혼동과 관련하여, 제헌헌법 기초자인 유진오 박사는 국정감사와 조사를 혼용하여 설명하며 국정감사를 영국에서 기원한 것이라 하여 국정조사의 의미로 파악하고 있었다. 즉, 제헌헌법 제43조 규정에 대하여 유진오 박사는 "국회가 국정을 감시하기 위하여 제반의 조사를 하는 것은 당연한 기능이라 할 것이며, 본조는 국회의 이 당연한 기능을 선명(宣明)하는 동시에 국회가 국정을 감사할 때의 증인을 소환하여 증언 또는 의견의 진술을 요구할 수 있음을 명백하게 한 것이다. 국회의 국정감사기능은 처음 영국에서 시작되어 점차 각국에 보급된 것인데, 종래 각국에 있어서의 국정감사의 실제를 보면……."라고 해석하고 있다. 여기에서 알 수 있듯이, 유 박사는 국정감사를 영국에서 기원하여 각국에서 인정하고 있는 국정조사의 의미로 이해하고 있다. 김효전, "입법부의 정책통제 기능; 국정감사권과 조사권을 중심으로",「대한변호사협회지」제150호, 1989.

고 헌법 제61조에도 다시 명문화되었다. 국회의 힘을 강화하고 그 권위를 높이기 위해서였다.

그런데 엄격히 말해, '감사'와 '감시' 그리고 '조사'는 상이한 의미를 지닌 용어로서 정확하게 구별되어 사용해야 한다. 국회는 국민의 대표로서 행정부에 대한 감시와 통제 기능을 수행하는 것이지 직접 감사기능을 수행하는 것은 행정부의 자율권을 침해하는 것으로 권력분립 원칙에 위배된다. 더구나 현행 헌법상으로도 행정부 감사는 원칙적으로 감사원이 하도록 규정되어 있다. 그러므로 국정감사는 폐지되어야 한다는 견해가 나온다.[8] 그에 따르면, 국회의 정부 감시 기능은 상임위원회 활동을 활성화시켜 상시적으로 이뤄지게 하면 된다는 것이다.

근본적으로는 미국 의회처럼 의회 내에 회계감사원을 설치하는 방안이 바람직하다. 미국 회계감사원은 연방정부의 예산 지출과 운영에 대한 감사를 임무로 하며, 연방 정부의 예산을 사용하는 모든 사업과 활동을 조사할 수 있는 권한을 가지고 있다. 회계감사원의 감사결과는 수시로 모든 상하원 의원과 행정부에 제출된다. 그러므로 미국 의원들은 우리처럼 매년 국정감사를 하지 않아도 이 감사보고를 통해 각 부처의 운영상황을 손금 보듯 파악할 수 있다.

국회의원은 연예인이 아니다

8 이관희, "우리나라 국정감사、조사 제도의 개혁방안", 「헌법학연구」제11권 제3호, 2005.9.

국정감사가 진행될 때면 장관이 수시로 불려 다니고 국회 복도까지 공무원들로 북새통, 아수라장이 되어 국정 마비 현상을 초래할 정도다. 미국에서는 엄격한 권력분립에 의해 원칙적으로 의회의 장관출석 요구권이 없다.

그동안 사람들은 국정감사장에서 국회의원들이 피감기관에 호통을 치고 엄청난 자료 제출을 요구하는 모습을 너무도 많이 목격해왔다. 감사보다는 정쟁의 연속이고 건수 위주며 '특권 과시의 현장'이다. 지난 해 국감에서도 태권도복을 입고 나오거나 한복 경연을 시연하고 고양이를 특별증인으로 신청하는 등 어떻게든 튀어보려는 연기정치의 희화화된 공연장이었다. 그러니 졸속감사에 수박겉핥기식 감사라는 비판이 끊이지 않으며, 이는 결국 국회의원들의 이미지를 더욱 추락시키고 정치 불신을 더욱 가중시킨다. 국회의원은 연예인이 아니다.

또한 국감이라는 이 과정을 통하여 전문위원을 비롯해 행정부에 대한 '갑'으로서의 국회 관료들의 권한 역시 필연적으로 더욱 강화된다.

'개념의 혼동'로 탄생된, 세계 어느 의회에도 없는 국정감사 제도, 이제 폐지하는 것이 정도(正道)다.

'국회법'을 버려야 국회가 산다

헌법 제64조 제1항은 "국회는 법률에 저촉되지 아니하는 범위 안에서 의사(議事)와 내부규율에 관한 규칙을 제정할 수 있다."고 규정하고 있다.

헌법은 국회의 의사와 내부규율을 '법률'이 아니라 '규칙'의 형식으로 규율해야 한다는 점을 명시적으로 규정하고 있는 것이다.

실제로 미국, 독일, 영국 등 서구 국가 의회들은 의회 내부의 조직과 의사절차를 '법률'이 아니라 '의회 규칙'이라는 형식으로 정하고 있다. 즉, 대부분 국가의 의회에서는「의회법」, 혹은「국회법」이 없는 것이다. 왜냐하면, 시민에 의해 새로 선출된 새로운 입법자로서 새로운 회기의 의회에 대한 '형성적인' 권한을 갖고 자기 규율을 정해야 한다는 취지에 부응하여,「의회법」대신「의사규칙」을 제정하여 운용하는 방식을 채택하고 있는 것이다.

미국 하원의 경우, 의회가 새로 시작될 때마다 전기(前期) 의회의 '규칙'을 개정하기 위하여 규칙위원회가 구성된다. 다만 매 회기 의사규칙이 개정되기는 하지만, 그 변화의 폭은 일반적으로 제한적이다. 상설위원회인 규칙위원회는 다수당이 다수를 차지하며, 하원 지도부의 강력한 수단으로 작동한다.

'국회법'이란 형식은 한국과 일본뿐

우리나라가 「국회법」을 제정한 것은 역시 일본의 「국회법」을 그대로 '이식'하고 답습하여 모방했기 때문이다. 우리의 제헌 국회가 가장 먼저 가결한 법률은 바로 「국회법」이었다.

근본적으로 얘기하자면, 입법자인 국회는 4년마다 그 의회기가 바뀌고 그 구성원이 바뀌면서 의회의 '불연속성'에 처하게 된다. 그래서 이전의 처리되지 못한 법안들도 폐기되는 운명에 처한다.

그런데 우리 국회처럼 이전 의회기(예를 들어, 19대)의 입법자들이 해당 의회기 국회를 위해 만든 의사규칙을 국회법의 형태로 굳힘으로써 다음 의회기(예를 들어, 20대) 및 그 의원들에 자동적으로 적용되도록 강제하여 '연속성'을 부여하는 것은 정당하다고 보기 어렵다.

다만 우리 국회가 항상 의사절차를 둘러싸고 크고 작은 논란을 거듭해온 사실에서 알 수 있듯이, 의회제도 자체가 불안정한 우리나라의 특수성을 보완하는 의미에 있어서 국회법의 존재가 의회 안정화라는 기능을 그나마 수행해왔다고 평가할 수 있을 것이다.

경직성 강한 '국회법' 대신,
매 회기마다 '의사규칙' 새로 제정해야

하지만 지금의 「국회법」은 국회의 구성과 조직에 관한 기본 원칙 외에 국회 운영의 일반 원칙까지 모두 포괄하고 있다. 이는 경직성이 강한 국회 구성 및 조직 문제와 정치적 수요 및 상황에 의하여 가변성이 큰 국회 운영의 일반 문제가 하나의 법질서 하에 놓이게 됨을 의미한다. 이에 따라 「국회법」 자체의 관리에 난점이 초래될 뿐만 아니라 세밀하고 구체적이어야 할 국회 운영에 관한 규정이 가이드라인만 제시하는 수준에서 벗어나지 못하는 원인이 된다.

특히 그간 우리 국회는 독재 권력에 의해 끊임없이 왜곡되고 비정상화되어왔다. 그리고 그것은 곧 지속적인 「국회법」개악을 통한 제도적 무력화의 과정이라 할 수 있다. 그리하여 최소한 「의사규칙」에 비하여 경직성이 대단히 강한 이 「국회법」은 그간 우리 국회에서 변경할 수 없는 철옹성의 관행적 질서로 작동되어왔고, 한편으로는 국회 스스로 그 틀에 그대로 안주하면서 우리 국회의 왜곡과 비정상화가 지속되었다. 그 결과는 바로 오늘날의 국회에 대한 국민들의 극심한 불신으로 표출되고 있다.

만약 다른 나라 의회처럼 새로 구성된 국회가 새로운 '의사규칙'을 규정하는 시스템이라면 매 회기마다 이러한 독재 권력의 사슬을 끊어낼 수 있는 기회가 부여될 수 있었다. 그러나 「국회법」이라는 형식과 틀로써 국회 운영을 결정해온 우리 국회는 이러한 기회조차 상실하고 말았다.

전진을 하기 위해서는 먼저 정상적인 경로가 필요하다. 우리 국회의 정상적인 발전을 위해서는 헌법이 규정한 바에 따라, '국회법'이 아니라 세계 의회의 보편적 모델인 '의사규칙' 형식이 바람직하다.

사실 '대의기구로서의 핵심사항 및 기본 원칙을 규정하는' 국회법에 국회 소속 공무원인 전문위원의 '전문 조항'을 두고 있다는 사실 자체가 이미 커다란 문제의 소지를 가지고 있다.

또한 현재의 국회법은 제21조에 국회사무처 조항을, 제22조에 국회도서관, 제22조의 2항에 국회 예산정책처, 제22조 3항에 국회 입법조사처 조항을 두고 있다. 그런데 국회법이란 국민의 대의기구로서의 핵심사항과 기본 원칙을 규정하는 것으로서 사무처와 도서관 등의 국회 내 입법지원기구를 국회법에서 별도의 조항으로 두고 있는 것은 잘못이다. 원래는 아래 (자료1)의 1960년 국회법에 국회도서관 조항이 처음 규정되었는데, 이때의 조항 규정이 (자료2)의 형식보다 더 합리적이다.

(자료1)

第24條(國會圖書館) 議員의 調査研究에 資하기 爲하여 따로 法律의 定하는 바에 依하여 國會에 國會圖書館을 둔다(1960년).

(자료2)

第22條(國會圖書館)

① 國會의 圖書 및 立法資料에 관한 業務를 처리하기 위하여 國會圖書館을 둔다.

② 國會圖書館에 圖書館長 1人과 기타 필요한 公務員을 둔다.

③ 圖書館長은 議長이 國會運營委員會의 同意를 얻어 任免한다.

④ 圖書館長은 國會立法活動을 지원하기 위하여 圖書 기타 圖書館資料의 蒐集·整理·보존 및 圖書館奉仕를 행한다.

⑤ 이 法에 정한 외에 國會圖書館에 관하여 필요한 사항은 따로 法律로 정한다(1988년).

참고로 일본의 경우를 살펴보면, 일본 국회법 제130조에 "의원의 조사연구에 자문하기 위하여 별도로 정한 법률에 의하여 국회에 국립국회도서관을 둔다."라고만 규정하고 있을 뿐이다.

또한 국회법 제42조에 별도로 '전문위원과 공무원'을 규정하고 있는 조항 역시 대의기구로서의 핵심사항과 기본 원칙을 규정하는 국회법의 취지상 부합되지 않는다.

따라서 국회 소속 입법지원기구인 국회도서관, 입법조사처, 예산정책처 규정을 비롯하여 전문위원 등 국회소속 공무원에 대한 규정은 국회법이 아니라 하위 규정인 시행규칙으로 규정하는 것이 마땅하다.

III

국회, '구성'이 잘못되어 있었다

민의를 반영하지 않는 국회 구성

"'다수는 결정의 원리이고, 비례는 대표의 원리'라는 금언이 있다.

어떠한 결정이 필요할 때는 우선 다수파와 소수파가 타협을 시도하고, 타협이 불가능할 때는 최종적으로 다수결에 의할 수밖에 없다. 이렇게 다수결은 결정의 원리이다. 그런데 의견이 60대 40으로 갈려 있다면, 그 60이 전체를 대표할 수는 없다. 이러한 경우 6대 4의 비율로 대표가 선출되어야 하며, 이것이 바로 비례대표의 원리다."[1]

지금의 선거제도는 '야바위판'에 가깝다

일본에 "깨어있는 시민"들이 적지 않고 시민운동 역시 상당한 정도로

1 남재희, "해방후에서 미·중 대결시대까지… 한국정치의 향방은?", 「프레시안」 2019년 6월 10일.

활성화되어있지만, 그럼에도 불구하고 결국 변함없이 자민당의 일당 천하로 되고 있는 것은 바로 왜곡된 선거제도 때문이다.

일본 자민당은 2012년 선거에서 지역구에서 전체 유권자 24.7%의 지지를 얻는 데 그쳤으나 비례대표를 포함해 총의석의 61.2%(480석 가운데 294석)를 차지했다. 특히 승자독식의 소선거구제로 운용되는 지역구 선거에서는 무려 전체 지역구 의석의 79%를 차지했다. 또 2017년 선거에서 자민당은 33%의 득표율에 그쳤지만 전체 의석 수의 61%를 독차지하였다. 국민들의 손에 의하여 선출하지만, 사실 국민의 의사와 전혀 다른 결과가 나오게 된다.

이러한 선거제도는 한마디로 선거라는 외양을 빌린 사실상의 기만이요 사기로서, 심하게 말한다면 '사기극'이고 '야바위판'에 가까운 것이다. 더구나 승자독식 소선거구 제도란 유권자로 하여금 자신이 던진 표가 사표(死票)가 되는 것을 방지하기 위하여 '당선 가능성이 높은' 거대 양당 후보에게 의도적으로 표를 몰아주는 분명한 경향이 있다. 그렇기 때문에 근본적으로 양당제를 유도하는 제도인 반면 소수당에게 철저히 불리하다.

지금의 선거제도는 이렇게 하여 유권자의 심리를 근본적으로 그리고 제도적으로 강제하고 왜곡시키게 된다. 가령, 현재 미세먼지, 지구 온난화 등의 심각한 환경 재앙이 발생하고 있다. 우리나라에도 전문적으로 환경 의제를 제기하고 실천할 정당이 반드시 필요하다. 그러나 지금의 승자독식 소선거구제 제도에 의해 원내에 진입한 정당들은 환경 의제를 단지 여러 의제 중 하나로서 그저 생색내기 백화점식으로 나열하는 데 그칠 뿐이다. 이제 우리도 독일의 녹색당처럼 환경의제만을 줄기차게 주창하고 실천하는 '환경당' 의원이 반드시 있어야 한다. 그러나 이러한 '환경당'이 승자독식 소선거구제라는 기존 틀을 뚫고 원내에 진입하기란 사실상 불가능하다. 그러므로 이제 연동형 비례대표제가 반드시 도입되어야 한다. 물론 극우정당의 원내 진출도 가능할 수 있다. 왜냐하면 극우적 성향을 지닌 유권자들도 적지 않기 때문에 그들의 의사도 의회에서 반영될 수밖에 없다. 이것이 곧 민의를 정확하게 반영하는 민주주의다.

시민의 의사, 즉 지지율과 의석 수가 비례하지 않은 채 '승자독식', '과다 대표'로 왜곡되고 있는 지금의 선거제도는 그간 우리 정치지형과 민의를 왜곡시켜온 가장 큰 요인 중의 하나였다. 이렇듯 왜곡된 선거제도를 그대로 두고서 민주주의를 자부할 수 없다.

지금 선거제도의 개혁은 '1인 1표'나 '여성투표권 부여'가 민주주의를 향한 인류의 오랜 역사에서 점하는 비중과 동일한 정도로 중요한 의미를 지닌다.

과연 국회는 누구를 대의(代議)하고 있는가?

흔히 현대 사회에서 직접민주주의는 실현 불가능하므로 대의제도로 대체되었다고 설명된다.

그렇다면 과연 우리의 국회는 지금 국민의 의사를 올바르게 대의(代議)하고 있을까?

이를테면, 18세 연령 선거권 문제도 실현되는 듯 보였으나, 결국 당리당략에 의한 정쟁 끝에 무산되었다. 국민 의사의 대의를 명분으로 내세우는 국회로서 할 일은 아니다. 최소한의 견제장치가 될 수 있는 국민소환제나 시민의회는 아예 국회 문턱에도 가지 못한다. 도리어 국회는 제왕적 대통령제의 폐단을 명분으로 하여 이제 자신의 제왕적 권한을 행사하고자 한다. 분권형 개헌 추진은 제왕적 대통령의 권한을 국회로 넘겨받아 그 막강한 권력을 각 정파가 나누겠다는 발상이다.

이렇게 하여 국회는 '국민 주권'을 부정하고 오로지 '국회 주권'의 길을 추구하고 있다.

자전거로 출퇴근을 하는 독일 의원들의 이야기는 비교적 잘 알려져 있다. 그들에게 의원으로서 무슨 특권을 가지고 있느냐 물으면, 그들은 의원이 되어 많은 정보를 접할 수 있고 입법과 정책의 권한을 행사하는 것 자체가 특권이지 무슨 다른 특권이 필요 있느냐 반문한다. 미국 의원들 중에도 손수 운전을 하는 의원들이 많다. 이에 비해 사실상 운전기사까지 제공되는 우리 의원들의 경우에는 "상류층으로의 편입"이 자연스럽게 이뤄진다. 이러한 "상류층으로의 편입"은 국민들과의 거리를 그만큼 멀게 만들고 대의 역시 더욱 불가능해진다.

대의(代議)하지 않는 대의기관, 민의와 부합되지 않는 국회 구성

본래 영국에서 '군주 주권'에 저항하고 귀족들에 의한 통치를 도모하기 위하여 발생했던 대의제도는 '군주 주권'만이 아니라 국민이 주권을 갖는 '국민 주권론'도 부정하면서 결국 '의회 주권론'으로 결론지어졌다. 이렇게 하여 국가의 진정한 주권자인 국민은 대표자의 선출에 있어서만 주권자일 뿐, 정작 구체적인 국가 의사의 결정과정에서는 소외되는 극단적인 대의 제도가 확립되었다.

오늘날 우리의 대의제도는 발생 초기의 이러한 대의제도의 한계를 그대로 계승하고 있을 뿐 아니라 오히려 그 한계를 심화시키고 있다. 특히 현재의 선거구제는 국민들의 민의를 정확하게 반영하지 못하고 오히려 민의를 왜곡하고 정당의 독과점을 심화하는 주범 역할을 강화시키고 있다. 한 표라도 더 많이 얻은 후보가 당선되는 현 선거제도에서 선출된 후보에게 던지지 않은 50% 혹은 때로는 60%도 넘는 사표(死票)를 제도적으로 반영할 수 있는 보완책은 전혀 없다. 더구나 선출된 의원 수에 비례하여 비례대표 의원을 임명함으로써 민의의 왜곡은 더욱 심화되고 정당의 독과점은 확대된다.

결국 현재의 선거제는 민의를 제대로 반영하지 못하고 오히려 민의를 왜곡시킨다. 그것은 정당의 독과점을 심화시킴으로써 국회 구성 자체를 심각하게 왜곡한다. 그리하여 민의에 배치되고, 그리하여 '원천적으로' 대의할 수 없는 국회가 구성된다.

더구나 국회의원 선거가 결국 이러한 독점적 정당이 공천하는 후보끼리의 '독점적' 선거로 진행되므로 국민의 선택권은 그만큼 제한되고 대의(代議)는 그만큼 취약해지며, 그 결과 정당의 독과점은 더욱 확대 재생산된다.

그리하여 현재의 선거제도는 민의의 올바른 반영을 거부하는 것이다. 그것을 진정한 의미의 선거제도라고 우리는 부를 수 없다.

올바른 선거제도 없이, 민주주의는 불가능하다.

현재의 선거제가 존속하는 한, 국회 구성은 왜곡되고 독과점적 정당 구조는 영속될 수밖에 없다. 대의하지 않는 대의기관으로서의 국회는 국민 주권을 부정하고 오직 오로지 자신들의 이익을 보장하기 위한 국회 주권의 길로 치닫게 된다.

오늘 참된 국민주권주의를 실현하고자 한다면 그리하여 민주주의를 진정으로 발전시키고자 한다면, 선거제 개혁은 그 선결적 과제일 수밖에 없다.

언론인 남재희 전 국회의원은 이렇게 말한다.

"우리나라 의회정치의 수준이 낮은 중요한 요인 중의 하나는 소선거구 종(從)다수에 따른 의원 선거제에 있다. 비례대표제를 택하고 있는 나라의 의회에서는 정책 토론의 수준이 높다. 하지만 소선거구 종다수선거제 국가에서는 선거구의 문제가 전면으로 부상하거나 정책 토론이 뒤로 물러나고, 인기몰이 선동 선전이 전면으로 부상하기가 쉽다. 한국 의회 정치의 질적인 수준 향상을 위해서도 비례대표제의 확충이 요청된다.

우리나라도 국회의원 선출에 있어서 완전 비례대표로 하는 것이 이상이고, 그러한 과정에서 비례대표를 대폭 확장하여야 할 것이다. 유럽의 거의 모든 나라에서 채택하고 있고 전 세계적으로 다른 나라에도 확산되고 있지만, 의회의 선거는 비례대표에 따르는 것이 가장 합리적이다."[2]

하승수 변호사(비례대표연대 공동대표)는 필자와의 서면 인터뷰에서 비례대표제 선거개혁을 강력히 주장했다.

"지금처럼 지역구에서 많이 이긴 쪽이 국회의원 선거에서 승리하는 선거제도에서는 정당은 정책보다는 정쟁에 몰두할 수밖에 없다. 정쟁을 통해 자신의 지지층을 결집시키고 상대방 지지층을 흩트려놓는 것이 유리하기 때문이다. 개별 국회의원들은 지역구 관리만 잘 하면 되기 때문에 국회에서의 의정활동에 소홀하게 된다.

이 구조를 깨기 위해서 '연동형 비례대표제' 도입이 필요하다. 정당이 받은 득표율대로 국회의석이 배분되어야, 정당이 정책에 집중하게 된다. '연동형 비례대표제'로 선거제도가 바뀔 경우, 선거에서 이기려면 정당득표율을 올려야 한다. 그런데 유권자들이 정당을 보고 찍을 때에는 그 정당의 정책을 보기 때문에 정당이 정책에 소홀할 수 없다. 그리고 개별 국회의원들도 지금처럼 지역구 관리에만 몰두할 수 없다. 자기 정당에서 부여받은 의정활동을 제대로 하지 못하면, 그 정당의 지지율을 깎아 먹는 국회의원이 되기 때문이다. 비례대표제는 비례성, 즉 표의 등가성을 보장하기 위해서도 필요하지만, 정당을 강화하고 정책이 중심이 되는 정치를 만들기 위해서 반드시 필요하다."

2 남재희, 앞의 글.

"소수를 유지함으로써 성역을 유지한다"

의석 수 핑계로 선거제 개혁 거부? 기득권 지키겠다는 것

지금 우리의 국회는 해야 할 일은 하지 않으면서 정작 하지 말아야 할 일만 하고 있다는 것이 국민들의 '확고한' 생각이다. 그래서 국회는 항상 국민들의 불신 대상, 부동의 1위다. 이러한 불신을 바탕으로 아예 의원 수를 반으로 줄이자는 '포퓰리즘'의 견해도 여전히 강력하다. 사정이 이러하니, 적지 않은 국민들이 "보기도 싫은" 국회의원의 정원을 늘려 선거제를 개혁하느니 차라리 선거제 개혁을 포기하자는 생각을 하게 된다.

하지만 그것은 한마디로 지금의 국회를 그대로 유지하고 용인하는 결과가 된다. 우리 사법부는 양승태 전 대법원장의 사법농단으로 시끄럽다. 그렇다고 하여 대법관을 줄이면 과연 대법원의 문제가 해결될 것인가? 그러나 대법관은 오히려 대폭 증원해서 국민을 위하여 일하도록 해야 하는 것이 올바른 해결방안이다. 독일은 연방법원, 연방행정법원, 연방사회법원, 연방재정법원 소속 법관은 총 300명을 넘고, 이탈리아는 약 250명, 프랑스와 오스트리아의 최고법원의 법관도 각 100명을 상회하고 있다. 반면 우리나라 대법관은 단 14명에 불과하다. 그와 동시에 대법관이 누리는 특권은 대폭 줄여야 한다.

지금 국회 의원 수를 늘려서는 안 된다는 국민 여론을 앞세워 이를 핑계로 선거제 개혁을 거부하는 것은 오직 기득권을 지키겠다는 의도에 지나지 않는다. 촛불집회를 거치면서 연동형 비례대표 선거제도 개혁은 많은 사람들이 공감하는 실천 과제였다. 지금이 잘못된 선거제를 바꿀 수 있는 천재일우의 기회이고, 만약 이 기회를 또 놓친다면 앞으로 언제 이 잘못된 선거제도를 바로잡을 수 있을지 장담할 수 없다.

국민은 어떤 국회를 원하는가?

오늘날 선거제 개혁과 법안의 의원 직접 검토는 국회 개혁의 두 핵심이다.

국민들을 실망시키고 좌절시키는 '연기(演技) 정치의 범람, 날만 새면 이어지는 정쟁, 명분 없는 해외 시찰 등등의 국회 모습은 모두 본업인 입법대권을 직무유기하는 데에 그 기원을 두고 있다. 근본적으로 농사를 짓지 않고서 농민이라 말할 수 없고 소설을 쓰지 않는 사람을 소설가로 부를 수 없듯이, 입법 직무를 유기하고서 언필칭 국회의원이라 칭할 수 없다. 또 본분을 다하지 않는 사업가가 성공할 수 없듯이, 본분을 게을리 하는 국회에게 정상적인 역할 수행을 기대하는 것은 나무에 올라가 물고기를 잡겠다는 연목구어(緣木求魚)요 말라버린 가지에 새싹이 피는 것을 기대하는 것과 같다.

쉽게 말해서 국회 개혁의 핵심이란 특권을 줄이고 국민들이 부여한 임무를 성실하게 수행할 수 있도록 만드는 것이다. 이제 제발 불요불급한 해외여행 좀 그만 나가고, 정치싸움 그만 해야 하며 쪽지 예산도 없어져야 한다. 그리고 "속빈 강정, 소리만 요란한 빈 깡통"에 불과한 법률안 발의 세계 1위 같은 것을 자랑 말아야 한다. 대신 다른 나라 의원들처럼 법안 검토를 공무원에게 맡겨놓지 말고 본인들이 직접 수행해야 할 것이다. 국민과 국가를 위해 새벽부터 밤늦게까지 회의실 불을 밝히며 치열하게 논쟁하고 토론하는 그런 국회를 만들어야 한다.

국민의 의사를 정확히 반영하여 국회 의석 수가 구성되고, 의원들이 법안을 직접 검토하여 국민들이 부여한 입법의 본업에 몰두하는 국회로 된다면, 어느 국민이 국회를 혐오할 것이며 국회의원 정원을 줄여야 한다고 하겠는가?

국회의원 수는 축소하고 비례대표제는 폐지?

국회가 제 역할을 하지 못해 국민들의 혐오의 대상이 된지는 이미 오래다. 더구나 그 혐오의 정도는 대단히 격렬하다. 국회의원이 보기 싫으니 확 줄여야 한다는 여론이 주류이고 나아가 아예 국회를 없애자는 주장도 서슴지 않는다.

그러나 과연 이러한 주장은 옳은 것일까?

예를 들어, 인구 천 명당 의사 수는 OECD 평균이 3.2명인 데 비해 우리나라는 1.8명에 불과하다. 2008년 우리나라 변호사 수는 9,647명으로 인구 5천 명 당 1인 수준으로 영국과 독일의 1/10 수준이며 미국에 비하면 1/20 수준이다. 또 우리나라 법관 정원은 2013년 10월 말 현재 2,739명으로서 인구 10만 명당 5.37명에 불과하다. 유럽의 경우, 모나코의 54.5명을 비롯하여 우리나라와 유사한 법제를 가지는 독일이 24.5명, 스위스 16.5명, 프랑스 11.9명 등이다. 심지어 폴란드나 체코, 러시아도 우리의 4배에서 6배의 수준의 법관을 확보하고 있다.

이렇게 '소수'의 인원에 의하여 그 '특권 향유의 시스템'이 완강하게 유지되고 있기 때문에 국민들은 양질의 서비스를 향유하기 어렵고 비용은 높아진다. 이러한 상황에서 만약 의사와 변호사를 줄이게 된다면 국민들은 양질의 서비스를 더욱 받을 수 없게 되고 그로 인해 비용은 더욱 높아만 갈 뿐이다. 오히려 의사와 변호사를 늘려서 그들로 하여금 서로 경쟁을 통해 국민들에게 양질의 의료 및 법률서비스를 보다 더 잘 하게 만들어야 하는 것이 정답이다.

지금 중요한 것은 의원 수가 아니다

연동형 비례대표제를 둘러싼 선거제도 개혁은 현재 정치권의 큰 현안이다. 그런데 언젠가부터 '의원 수의 문제'가 커다란 걸림돌로 작동하고 있다. 연동형 비례대표제를 도입하기 위해서는 의원 수를 늘려야 하는데, 국민 대다수가 의원 수 확대를 반대하고 있다는 이유를 내세워 선거제도 개혁 자체가 무산될 위기에 내몰리고 있는 형국이다. 이제 의원 수의 문제는 선거제도 개혁을 반대하는 중요한 명분으로 작동하고 있다.

유럽에 있는 아이슬란드는 인구가 약 33만 명에 불과하지만 국회의원 수는 63명이다. 국회의원 한 명당 5,238명의 국민을 대표하고 있다. 그런가하면 북유럽의 스웨덴은 국회의원 1명 당 2만 7,977명을 대표하고, 노르웨이는 의원 1인당 3만 769명을 대표한다. 이에 비해 우리나라는 국회의원 1명이 무려 약 17만 명의 국민을 대표하고 있다. 프랑스의 경우, 의원 수는 총 576명로서 의원 1인이 대표하는 인구수는 6만 9,683명이고, 독일은 의원 수가 709명으로 의원 1인당 인구수는 12만 2,501명이다.

제헌헌법 제정 당시의 1948년에 우리나라의 국회의원 수는 200명이었지만, 당시의 인구는 약 2천만 명에 불과했다. 현재 우리 인구는 5천만 명을 넘어 제헌의회 당시보다 인구가 2.5배 증가했다. 그러나 의원 수는 0.5배 증가했을 뿐이다.

"소수를 유지함으로써 성역을 유지한다"

우리 사회에서는 "'소수'를 유지함으로써 '독점적 특권'을 유지한다"는 그릇된 권위주의적 상식이 존재하고 있다.

예를 들어, 독일 대법관이 300명을 넘어서는 등 대부분 유럽국가의 대법관 수는 100명 수준이지만, 우리나라의 대법관은 14명에 불과하다. 이렇게 대법관 수를 소수로 유지하는 중요한 이유 중의 하나는 바로 대법관을 소수화함으로써 대법관의 권위와 특권을 극대화하려는 것이라는 지적이 끊이지 않았다. 또 과거 외무고시 역시 적은 수를 선발하여 고위 외교관의 귀족화와 특권화를 꾀한다는 비판을 받았다.

쉽게 말해, '소수의 순혈주의'를 유지함으로써 '성골과 진골'의 특권을 유지하고 재생산한다는 것이다. 특권과 독점을 극복하고 정상적 국가가 되기 위해서는 이렇듯 특권화된 '소수의 성역'을 허물어야 한다. 대법관 수는 현대사회의 다양한 수요에 부응하여 당연히 대폭 증원돼야 마땅하고, 지금 논란이 되고 있는 국회의원 숫자 역시 이러한 측면에서 이해해야 하는 부분이 있다.

중요한 것은 숫자가 아니다. 오늘날 국회의 가장 핵심적인 문제는 어떻게 진정성 있게 국민을 대표하고, 국민에게 위임받은 직책을 책임감 있게 수행하는가의 문제이다. 그런 국회를 만들기 위한 첫걸음은 바로 국민의 의사를 정확히 반영하는 의회를 구성할 수 있는 선거제도의 도입이다. 민의가 왜곡되어 의회가 구성되고 승자독식으로 많은 국민의 뜻을 근본적으로 봉쇄하는 현 선거 제도야말로 우리 정치의 후진성을 초래하는 핵심적인 요인이기 때문이다.

아무리 불신의 대상이긴 하지만, 그렇다고 하여 '의원 수의 문제'는 선거제도 개혁의 당위를 넘어설 만큼 중요한 의미를 가질 수는 없다.

오히려 역설적으로 지금 특권화되고 성역화된 국회의 높다란 문턱을 대폭 낮춰 그 수를 늘리고 특권은 대폭 낮추는 방법을 진지하게 고려해야 한다.

겉으로 보이는 것이 모두 진실은 아니다

지금 국회의원 수를 줄이자는 이유는 한 마디로 국민 세금이 아깝다는 것이다. 국회의원에 대한 극심한 불신에 비춰 충분히 이해할 수 있는 대목이다.

그런데 우리 사회에는 반드시 필요한 기관이더라도 상당한 비용이 들어간다는 이유로 무조건 반대하는 경향이 적지 않다. 이 문제는 냉정히 검토해볼 필요가 있다.

미국 의회에 회계감사원이 설치되어 있다. 처음 이 기구가 설치될 때 비용이 적지 않게 소요되기 때문에 반대하는 사람들이 매우 많았다. 그러나 이 회계감사원 활동을 통한 예산절감, 비용절약, 지출연기, 수입증대 등 재정적 이익은 엄청났고, 1998년도에 그 재정적 이익은 197억 달러에 이르렀다. 이는 회계감사원이 사용하는 예산(약 4억 달러)의 1달러 당 49달러에 해당하는 셈이다. 정부의 효율은 극대화되고 부패는 발붙이기 어렵게 되며, 물론 의회의 역량과 신뢰 그리고 권위는 높아진다.

지금 국회의원을 줄이자는 주장은 핵심을 상당히 비켜간 것이고, 현상과 본질에 대한 혼동에서 비롯된 것이다. 눈앞의 나무만 보고 정작 숲을 보지 못하고 있다.

비례대표야말로 대의민주주의의의 핵심

아예 비례대표를 폐지하자는 주장까지 있다. 더구나 이 주장은 상당히 많은 사람들이 지지하고 있다.

물론 지금 우리나라의 비례대표 의원들의 현실은 문제투성이라 할 만큼 개선해야 할 점이 너무 많다. 비례대표 의원으로 된 인물들 중 정당 실세의 주변인물이거나 아니면 선거용으로 갑자기 영입된 유명인들이 포함되는 등 비례대표제가 본래 지닌 취지와 완전히 역행하는 경우가 다반사다. 하지만 이러한 경향은 비례대표 본연의 문제가 아니라 현실에서 시행하는 중에 나타나는 문제들이다. 당연히 비례대표만이 아니라 모든 공천 과정은 지금과 같이 몇 사람 실세가 '밀실'에서 일방적으로 결정하는 '하향식'이 아니라 투명하고 공개적으로 진행되어야 하며 '상향식' 절차가 반드시 필요하다. 기초지역위원회부터 지역위원회에 그 토대를 두면서 각종 선거 후보자가 당원의 손으로 선출되는 서유럽의 정당 시스템을 지향해 나가야 한다. 현상과 본질을 혼동해서는 안 된다.

오히려 스웨덴과 같은 나라에서는 의회가 모두 비례대표로만 구성된다. 스웨덴만이 아니라 덴마크, 오스트리아 등 24개국이 모두 비례대표로만 의회를 구성하고 있다. 사실 소선거구 승자독식 선거제도는 비단 거대 정당에게만 유리한 것이 아니라 기성 정치인들에게 압도적으로 유리하다. 참신한 정치신인이나 전문성을 지닌 인사는 정당의 공천에서도 밀려나고 사실상 유명세와 인기도로 평가되는 지역구 선거에서도 기성 정치인에게 밀려나기 쉽다. 더구나 지역구 선거는 반드시 지역개발 사업을 남발하는 선심성 공약 위주로 전개되고 있으며, 이러한 과정에서 잘 알려진 바와 같이 이른바 "쪽지예산"도 횡행할 수밖에 없게 되고(이 점에서도 현역 기득권 정치인이 훨씬 유리하다), 결국 극심한 예산낭비에 환경파괴의 토건 사업이 속출한다.

사실 지자체 단체장과 지방의회가 이미 존재하고 있는데 여기에 다시 지역구 국회의원이 존재하는 것은 어느 의미에서는 옥상옥이다.

비례대표는 오히려 지금보다 훨씬 확대되어야 한다. 그 길이 대의제의 본래 취지와 더욱 부합한다. 우리 모두 함께 진지하게 성찰해볼 문제이다.

의원 수 유지에 석패율 도입? 지금보다 더 나쁘다
– 왜 하필 일본식 선거제도를 본받고자 하는가?

선거제 협상에서 의원 수가 쟁점으로 되고 있는 가운데, 2015년 중앙

선관위가 제안했던 "권역별 비례대표제와 석패율 제도"가 '부활'의 조짐을 보이고 있다. 실제로 정치권에서 의원 수를 유지한 채 지역구를 축소하고 대신 석패율을 도입하는 방안을 모색하고 있다는 보도도 나오기도 하였다.

"현역의원의 기득권 보장", 일본식 석패율 비례대표 제도

석패율 제도란 1위 후보와의 득표율 차이가 적게 나면서 패배한, 즉 석패한 후보를 우선 구제한다는 취지에서 도입된다고 설명된다. 언뜻 상당히 설득력이 있는 제도인 것처럼 들린다.

석패율 제도를 도입하고 있는 대표적인 국가는 바로 일본이다. 일본은 소선거구와 비례대표를 중복 입후보할 수 있기 때문에 소선거구 비례대표의 '병립제'로 칭해진다. 여기에서 소선거구에 입후보하는 후보자는 그 선거구가 포함된 권역의 비례대표 선거에 입후보할 수 있고, 소선거구에서 낙선해도 비례대표 순위에 따라 비례대표로 될 수 있다. 즉, 소선거구에서 낙선할 경우 당선자의 득표에 대한 득표 비율로 비례대표 당선자를 결정하게 된다. 그리하여 결국 비례대표 상위 순번에만 오르게 되면 당선은 "따놓은 당상"이 된다. 하세헌 교수의 "일본형 소선거구 비례대표 병립제의 특징과 정치적 효과" 논문[3]에 따르면, 실제 일본 비례대표 당선자의 반수 정도는 소선거구 출마자로서 2005년

3 하세헌, "일본형 소선거구 비례대표 병립제의 특징과 정치적 효과", 「일본어문학」 제51집, 2010년 11월.

선거에서 117명의 소선거구 낙선자가 비례대표로 '부활'했으며, 2009년에는 97명이 '구제'되었다.

더구나 일본에서 현역의원들이 소선거구와 비례대표에 중복 입후보하는 비율은 96% 내외로서 현역의원들의 기득권은 철저히 보장되는 반면 정치신인의 등용 기회는 현저하게 축소, 봉쇄된다. 극심한 불신을 받고 지나치게 자질이 떨어지는 정치인을 유권자들이 낙선시켜도 비례대표 상위권에 배치됨으로써 그는 거뜬히 '부활'하게 된다. 그래서 일본에서조차 비례대표제도에 의한 부활 당선이 "거물급 정치인의 보험용 선거"라는 비아냥까지 나오고 있고, 정치 신인의 정계 진출을 막는 걸림돌로 작용하고 있다는 따가운 비판을 받고 있다.

'권역별 비례대표제' 역시 거대 정당에 유리

한편 중앙선관위는 권역별 비례대표제를 권한 바 있고, 현재 주요 정당도 긍정적으로 검토하고 있다.

일본은 전국 47개 광역단체를 홋카이도, 도호쿠, 남간토, 도쿄, 북간토, 호쿠리쿠신에쓰, 도카이, 주고쿠, 긴키, 시고쿠, 규슈 등 11개 권역으로 나눠 별도의 비례대표를 선출하는 권역별 비례대표 제도를 도입하고 있다.

결론부터 말하자면, 일본에서도 권역별로 나뉜 이러한 제도에서 거대 정당은 득표율에 비해 의석 배분에서 이득을 보는 반면 군소 정당들은 손해를 보고 있다. 이에 반해 독일의 경우 주별로 정당 명부를 작성하되 각 정당의 의석 수 배분은 전국을 하나의 선거 단위로 하여 각 정당이 얻은 제2표의 득표율에 의해 결정되기 때문에 비례성이 보다 정확하다. 기본적으로 비례대표제란 선출 단위의 의원 정수가 많을수록 득표율과 의석 수의 비례성이 증대된다. 그러므로 전국 단위가 아니라 권역별로 나뉜 비례대표 제도는 비례대표제도의 도입 취지 자체를 퇴색하게 한다.

더구나 모두 인정하는 것처럼 지역분열이 심각한 우리나라에서 권역별 비례대표제는 지역분할 구도를 더욱 심화시킬 우려가 크다. 그리하여 애초의 기대와 달리 특정 정당의 특정 지역 비례대표 싹쓸이 현상을 초래하기 쉽고, 이로써 그 지역지배 구도를 더욱 심화시키고 고착화할 가능성이 높다. 이러한 점이 충분히 예측되기 때문에 실제 어느 정당에서는 한 정당이 2/3 이상의 비례대표를 독점할 수 없다는 상한선까지 제시한 바 있었다. 하지만 득표율을 부정한 의석 수의 강제 할당은 표의 등가성을 본질로 하는 평등선거 원칙과 득표율에 비례하는 의석 수 배분에 토대한 비례대표제의 취지 그리고 정당민주주의에 반하는 위헌적 발상일 뿐이다.[4]

연동형 비례대표 시행에서는 초과의석의 문제도 제기된다. 이 점에 있어서도 권역별이 아니라 전국을 하나의 선거 단위로 하는 비례대표제를 도입하는 것이 바람직하다. 뉴질랜드가 연동형을 채택했지만 초과의석이 발생하지 않은 이유는 바로 전국 단위 방식을 적용했기 때문

4 정연주, "현행 국회의원 선거제도의 비례성 증대 방안", 「법제연구」제52호, 2017년 6월.

이었다.

눈앞의 작은 이익을 버리고 민주주의의 대로를 걸어라

결국 의원 수를 유지하는 방식은 어느 경우든 현역 정치권의 기득권 보장으로 귀결된다. 의원 정수를 늘리고 연동형으로 비례성을 강화하는 방식만이 지지율과 의석 수를 정확히 반영함으로써 평등선거의 원칙, 대표의 정확성과 비례성을 담보하는 방안이다.

아무쪼록 샛길에 있는 눈앞의 작은 이익을 버리고 민주주의의 대로(大路)로 나아가 시민의 신뢰를 얻는 큰 정치를 실현해야 할 일이다.

〈독일 연방의회의 인물중심 비례선거제도〉[5]
(Das personalisierte Verhältniswahlrecht)

2002년 이래 독일연방의회의 의원정족수는 598명이다. 이 가운데 절반인 299명은 소선거구제 지역구에서 최다득표로 당선되는 직선의원이며, 나머지 절반인 299명은 비례대표의원이다.

연방의회 선거에서 독일유권자들은 두 표를 행사하는데, 이 가운데 제1표는 지역구 직선후보에게 행사하고, 제2표는 지지하는 정당에 주는 정당투표이다. 제1표는 지역구의 특정후보를 뽑는 표이기 때문에 "인물선거"라고 부른다. 하지만 정당을 위해 행사하는 제2표가 연방의회의 의석 수를 좌우하기 때문에 연방의회선거에서는 정당투표인 제2

5 이 부분은 박학모 연구위원의 글이다.

표가 결정적 의미를 지닌다.

대부분의 정당은 연방 차원의 전국조직이지만, 연방의회선거에 참여하는 각 정당은 후보들의 당선순위가 정해져 있는 지역명부를 갖고 연방의회선거에 임한다. 즉 전국의 유권자들은 모두 똑같은 정당투표 용지를 갖고 정당투표를 하지만, 각 유권자들은 서로 다른 지역명부를 보며 투표를 한다. 명부의 순번을 바꾸거나 선호도를 표시하여 투표할 수 없기 때문에 '구속명부'라고도 한다. 이상을 요약하면 독일연방의회 선거는 "구속명부식 인물중심 비례대표 선거제"라고 할 수 있다.

정당투표의 득표에 따라 이루어지는 연방의회 내 의석 배분 방식을 구체적으로 살펴보면, 독일연방의회가 비례대표제의 정신을 살리기 위해 얼마나 노력하는지 알 수 있다.

먼저 제1단계에서는 이른바 "5% 봉쇄규정"에 따라 전국적으로 유효투표수에서 5% 미만 정당득표에 그친 군소정당은 아예 의석배분에서 제외된다. 다만 최소한 3명의 지역구당선자를 낸 정당에 대해서는 예외가 인정되어 의석배분에 포함시킨다. 제2단계에서는 의석배분에 참여하는 정당들의 정당득표를 기준으로 하여 각 정당에 연방의회 598개 의석을 나누어 할당하는 작업이 이루어진다. 이른바 "생라그(Sainte-Laguë) 방식"에 따라 각 당이 연방의회에서 차지하는 의석 수가 결정된다(생라그방식의 적용례에 대해서 상세하게 설명하고 있는 논문은 정준표, 독일선거제도, 한국정치학회보, 2014〈제48집 제2호〉, 29쪽 이하).

한 정당이 연방의회에서 차지하는 의석 수가 정해지면, 제3단계에서는 이 의석이 지역명부별로 배분된다. 여기서 2013년 이전에는 주별

정당의석 수의 결정이 전국적인 정당득표수에 연계되어 결정되는 방식이었으나, 초과의석을 둘러싼 논란으로 2013년 연방선거법 개정 이후부터는 주별 정당의석 수를 주별로 분리하여 독립적으로 결정하는 방식을 채택하여 초과의석 발생을 원천적으로 차단하였다. 그리고 초과의석이 초래하는 의석 배정의 비례의 왜곡 문제는 보상 의석을 통하여 대폭 완화하였다.

따라서 지역명부 비례대표 의석의 배분은 먼저 주별 의석 수를 인구수에 비례하여 산정한 후, 이 의석을 주내 정당득표수에 따라 각 정당에 배분한다. 여기서도 의석 배분은 생라그 방식을 통해 이루어진다. 이렇게 지역명부에 할당되는 의석 수가 정해지면, 마지막으로 제4단계에서 먼저 지역구에서 직선으로 당선된 직선당선자 수를 공제한 후, 남은 의석을 지역명부의 후보들에게 순번에 따라 배분한다.

이 과정에서 직선후보가 정당득표로 얻은 비례대표 배분의석을 초과하는 상황이 발생할 수 있다. 이 경우에도 직선후보들은 물론 모두 연방의회 의원이 된다. 여기서 초과의석이 발생하게 되며, 이 초과의석 수와 이를 보정하기 위해 인정되는 보상 의석 수만큼 연방의회 의원의 정족수도 늘어나게 된다. 2017년 연방의회선거 결과 총 의석이 598석이 아니라 709석이 된 이유이기도 하다.

아래의 표는 현행 연방의회선거법의 방식은 아니나 초과의석의 발생과 이에 대한 보정으로서 보상 의석의 인정을 통해 전체적으로 비례대표의 취지를 보장하려는 독일선거제도의 이해를 돕기 위해 제시한 것이다. B정당 지역구 직선당선자가 비례대표 배정의석보다 10명이

초과의석 발생 및 보상의석에 의한 보정 방식에 대한 개관

정당	A	B	C	D	전체
소선구 직선당선자	89	*110*	66	34	299
지역명부 비례대표의석	90	100	74	35	299
초과·보상의석 비율	+10%	*+10%*	+10%	+10%	
초과·보상의석	+9	+10	+7	+4	+32
비례대표최종의석 수	99	110	81	39	331
연방의회전체의석 수	188	220	147	73	630

더 많음으로써 10%의 초과의석이 발생하였다. 그 결과 다른 정당들의 의석을 보정하기 위해 10%에 해당하는 의석보정을 인정한 결과 의원 정족수가 598명에서 630명까지 증가하게 된 것이다.

연방의회의 의석 수가 정당투표 득표율에 따라 정해진다는 점에서 연방의회선거법은 의심할 여지없이 "비례선거법"으로 규정된다. 하지만 소선거구 지역구 직선제와 지역명부(구속명부)를 채택함으로써 의원들과 유권자들 사이의 연결고리를 강화하고자 한 점에서 전체적으로 "인물 중심 비례선거법"이라고 한다. 바이마르 공화국의 "순수비례대표제"가 초래한 의원들과 유권자들 사이의 괴리를 피하기 위한 것이다.

〈생각해보기〉

미국의 위기, 양당제에 그 주요한 요인

처음 미국에 건너간 이주민들은 같이 배를 타고 와 정착한 동료들과 생활의 근거지를 형성하였는데, 이것이 곧 town이었다. 인구가 약 2천 내지 3천 명에 이르렀던 town에서 주민과 밀접한 업무는 자신들의 손에 의하여 마을집회(town-meeting)에서 직접결정 방식으로 처리되었다.

주민들이 직접 처리할 수 없는 업무는 마을에서 선출된 사람들에 의하여 처리되었는데, 그들은 주민들이 위임한 실무적인 일만 처리하였을 뿐, 공적인 일에 대한 판단은 주민들의 직접 투표로 결정하였다. town에는 주요 행정기능을 수행하는 다수의 관리들이 있었는데, 이들 역시 마을집회에서 직접 선출되었고 그 공적 업무에 충실하지 못하면 책임이 뒤따랐다.

이러한 주민 자치제도는 특히 뉴잉글랜드에서 1650년에 확고하게 정착되었고, town의 독립성 역시 확고부동하게 자리 잡았다.

세계적인 석학 노엄 촘스키(Noam Chomsky) 매사추세츠 공과대학(MIT) 명예교수는 민주당과 공화당으로 나눠진 미국의 정당 체제에 대하여 "기업의 이익을 대표한다는 측면에서 사실 1당 체제다"라고 날카롭게 지적하였다.

그는 미국을 '국가자본주의(state capitalism)' 체제로 규정하면서 이러한 체제 하에서 일반 대중들은 통제당하고 주변화 한다고 분석한다. 그리고 이와 같은 양상은 특히 미국과 같이 기업들의 주도력이 강한 사회에서 더욱 뚜렷하다면서 선거에서 홍보 대행 산업이 활개를 치는 것은 대중을 통제하고 주변화 하는 대표적인 사례라고 역설한다.

그에 따르면, 미국의 경제는 1970년대에 극적인 변화가 있었는데, 바로 금융화와 상품 수출이 강화되는 방향이었다. 여기에 부의 집중, 인구의 1%에 부가 몰리는 과격한 악순환을 조장하는 다양한 요소들이 결합되었다. 이에 따라 정치력 집중도 초래되었으며, 경제 집중을 유도하는 국가 정책들이 쏟아졌고, 그러면서 정당들은 자연스럽게 자본의 휘하에 끌려갔다는 것이다.

이 점에서 촘스키 교수는 공화당은 물론 민주당도 별로 다르지 않다면서 미국의 차별성 없는 양당의 성격을 분명히 드러내주고 있다고 분석했다.

또한 사회철학자 존 듀이(John Dewey)도 일찍이 "정치란 대기업들이 사회에 던진 그림자"라고 규정하고 이러한 상황은 "언론 등 정치 선동의 수단을 지휘하면서 은행과 부동산, 산업을 사적으로 통제함으로써 사적인 이윤을 추구하는 기업들"에 권력이 있는 한 계속될 것이라고 예측하였다.

2001년 노벨경제학상 수상자인 석학 조지프 스티글리츠(Joseph Eugene Stiglitz) 컬럼비아대학 교수는 미국 사회가 겉으로는 민주주의가 가장 잘 발전된 국가로서 공정한 사회의 모델로서 자부하고 있지만, 실제로는 '1%의, 1%에 의한, 1%를 위한' 국가일 뿐이라고 신랄하게 비판하였다.

그는 이 글에서 "미국 의회 의원 대부분은 선출되는 순간 상위 1%의 돈으로 유지되는 상위 1%의 멤버들이 되며, 무역과 경제정책의 핵심 고위관료들은 대체로 상위 1% 출신들이다. 또한 미국의 대법원은 선거비용 지출 제한을 철폐함으로써 기업이 정부를 돈으로 움직일 권리를 인정하는 판결을 내렸다."고 지적하고 있다.

차별성 없는 미국의 두 정당

이제까지 미국의 양당 제도는 오랫동안 미국정치의 장점으로 역할 해왔다.

그러나 그것은 지금 다원화되는 사회계층의 이해와 다양화되는 사회문제를 포괄해내는 데 경직성을 노정시키면서 오히려 미국 쇠퇴의 한 요인으로 작동하고 있다. 이와 달리 독일과 프랑스의 경우에는 상대적으로 광범한 대중에 토대한 사회(민주)당의 존재에 의하여 대중들의 이해가 보다 강력하게 정당정치에 반영됨으로써 그만큼 정치적 사회적 안정성을 지니고 있다고 볼 수 있다. 민주주의에서 다수결의 원칙 못지않게 소수 의견에 대한 존중 역시 중요하다. 이 점에서 독일의 정당 명부 비례대표제는 소수 정당의 존립 근거를 마련해줌으로써 사회의 다양성을 인정하고 사회의 소수 그룹을 존중하기 때문에 바람직한 제도로 평가될 수 있을 것이다.

특히 대의 민주주의의 '완벽한' 절차를 통하여 합법적으로, 그것도 두 번 계속하여 선출된 조지 부시 미국 대통령은 '민주적인' 절차를 거쳐 이라크 침공이라는 부도덕한 전쟁을 일으킴으로써 미국식 민주주의는 세계적으로 비웃음을 받기에 이르렀다. 최근 극심한 미국 정부의 재정위기를 극복하기 위하여 부자들에 대한 감세 여론이 비등한 가운데에서도 공화당 일부 의원들이 거꾸로 하층민들에 대한 감세 정책을 후퇴시키려는 시대착오적인 모습을 보이는 데에 이르러서는 과연 미국식 민주주의란 무엇인가라는 회의가 제기될 수밖에 없다.

미국에서는 개방형 경선과 선거를 치르는 과정에서 엄청난 자금이 소요되므로 특혜 정책을 위하여 돈을 제공할 능력이 있는 대기업의 정치자금 기부가 기부 액수만큼의 영향력을 발휘하도록 되어 있다. 미국 정치제도는 기업들의 로비 자금에 의하여 운용되고 있는데, 이로 인하여 정작 교육, 의료, 에너지 등 대중들의 삶에 결정적으로 중요한 사회경제 분야는 점점 관심을 받지 못하게 된다.

선거제도에 토대한 권력 장악에만 몰두하는 정당정치의 탐욕과 그로 인한 총체적 무능 역시 대단히 커다란 문제점으로 지적되어야 할 것이다. 오늘날 미국이나 영국 등의 이른바 자본주의 모범국가의 정치권은 국가 부채는 쌓여가고 빈부 격차는 확대일로이며 경제 침체는 가속화되고 있는 상황에서도 대응책을 모색하여 국가 경제를 살리려고 노력하기보다는 오로지 눈앞의 단기적인 선거 승리에 눈이 어두워 권력투쟁의 정쟁만 일삼고 있다. 그로 인하여 위기 상황은 더욱 심화되고 있으며, 이에 대한 대중적 분노는 월가 시위 등에서 잘 드러났다. 월스트리트저널(WSJ)에 따르면, 2011년 8월 실시된 여론조사 결과 미국인 응답자의 57%가 제3당의 출현 필요성을 제기하였다. 또 유권자의 절반인 51%가 제3후보에게 투표할 의향이 있다고 대답하였다. 이렇게 미국도 변하고 있다.

제프리 삭스(Jeffrey Sachs) 미국 컬럼비아대학 교수는 "레이건 정부는 부자들에게 세금을 덜 내게 하고, 군사비 등을 제외한 공공 서비스와 공공 투자를 줄였다"라며 미국 사회는 이러한 (신자유주의의) 레이거노믹스 시대 이래 상위 1%의 소득은 지속적으로 증가한 반면 나머지의 소득은 계속 정체되고 끔직한 실업에 시달렸다고 비판한다. 그는 "다가올 시대의 중요한 도전은 99%의 번영을 이룩하고 그들의 힘을 회복하는 것"이라고 주장한다.

우리가 인정할 수밖에 없는 중요한 또 한 가지 사실은 일반적으로 선거에 의하여 선출된 권력은 국가 발전과 국민의 복리를 위한 장기적이고 종합적인 전략과 정책보다는 눈에 보이는 단기적이고 현시적인 업적과 성과를 추구하는 경향성을 선호하게 된다는 점이다.

즉, 장기적인 국민생활 수준의 개선이나 국가 백년대계인 교육이나 학문의 질적 개선과 같이 눈에 확실하게 보이지 않는 정책보다는 호화청사를 비롯한 건설공사나 불요불급한 도로 건설, 나아가 엄청난 부채를 후유증으로 남기는 국제체육대회 유치 등과 같이 가시적인 성과에 집착하기 쉽게 된다는 것이다.

예를 들어, 우리나라 과거 서울 지역의 국회의원 선거에서 주민들이 뉴타운 건설이라는 단기적 탐욕에 의한 투표성향을 여실히 보여준 바에서 나타난 것처럼 개발과 건설이 아니라 환경 보호를 주창하는 후보자는 선거에서 승리하기 어렵게 된다. 결국 장기적인 국리민복에의 지향이 아니라 필연적으로 자원 및 예산 낭비와 환경파괴를 초래할 수밖에 없다. 이는 선거로 교대되는 시스템이 지니는 심각한 약점이 아닐 수 없다.

IV

국회개혁의 방향

국회의원 특권의 해체

아래에 소개하는 내용은 다른 나라 의회의 의원들이 실제로 어떻게 활동하며 의원으로서 그들의 삶은 과연 어떤 모습인가를 생생하게 잘 알아볼 수 있는 글이다. 원문의 분위기를 잘 전달할 수 있도록 수정을 최소화하여 인용하고자 한다. 차례대로 스웨덴, 영국 그리고 미국 의회 의원에 관한 글이다. 그런데, 그들의 모습은 우리와 달라도 너무 다르다.

다른 나라 국회의원은 어떻게 활동하고 있을까?

국회의원 특권 내려놓자
– 스웨덴 의원의 일상[1]

기자가 스웨덴 스톡홀롬 감라스탄에 있는 스웨덴 국회를 찾은 날, 스웨덴 국회는 당시 오후에 열리는 본회의 투표로 분주했다. 출입문 보안 검색을 통과한 뒤 서성이자 한 남성이 반갑게 기자를 맞았다. 한스 엑스트롬. 스웨덴 여당인 사회민주당(사민당)의 재선 의원이다. 국회의원이 직접 보안검색대까지 와서 기자를 맞이한 것도 우리나라에서는 보기 드문 장면[2]인 데다 배지 등 국회의원임을 알 수 있는 어떤 부착물도 하지 않은 것이 우선 눈에 들어왔다. 엑스트롬 의원의 사무실은 우리나라 의원회관 사무실(45평)의 9분의 1도 되지 않을 정도로 작았다. 한쪽 벽면을 채운 책꽂이와 책상, 그리고 4명 정도가 겨우 앉을 수 있는 소파가 전부였다. 엑스트롬 의원은 특별한 외부 일정이 없는 한 이곳에서 모든 업무를 본다고 했다. 엑스트롬 의원의 일상은 우리나라 국회의원과 별반 다를 게 없었다. 월·금요일에는 외부 기관 방문이나 당내 모임 등 정당 활동을 한다. 토요일에도 외부 활동을 한다. 스웨덴 의원들은 예외 없이 회기 중 화·수·목요일에는 반드시 스톡홀롬에 거주하면서 상임위나 본회의에 참석해야 한다. 그가 보여준 수첩에는 한

1 박태우, "국회의원 특권 내려놓자 〈상〉 스웨덴 의원의 일상", 「국제신문」 2016년 10월 16일.

2 반면 우리 국회의원은 전혀 딴판이다. 정의당 김종대 의원은 다음과 같이 지적하였다. "다른 나라 국회의원에게는 운전기사가 없다. 대한민국 국회의원이 외국 공항에 내리면 대사나 공사가 영접 나온다. 이런 국회의원은 대한민국밖에 없다"고 말했다. 그러면서 그는 "호텔 체크인 할 때도 대사관 직원이 나와서 한다. 대통령이 온 것도 아닌데……."라고 지적했다("배지 달고 2년만 지나면 국회의원이 멍청해지는 이유", 「오마이뉴스」, 2018년 7월 4일). 실제 외교부 해외 현지 직원들의 주요 업무는 이렇듯 국내 요인들에 대한 영접 업무가 가장 주요한 업무 중 하나다. 역으로 외교부 직원 개인으로서는 국회의원을 비롯한 이들 요인들과의 인맥 혹은 관계 구축이 향후 승진 등에 있어 매우 중요하므로 더욱 몰두하게 된다. 이러는 사이 현지 교민을 위한 영사업무는 늘 가장 뒤의 순위로 밀린다.

달 치 일정이 빼곡했다. 그런데 그를 도와줄 보좌진은 그와 함께하는 내내 보이지 않았다. 엑스트롬 의원은 "당에서 파견된 보좌 직원 1명이 같은 당 소속 의원 4명을 보좌한다"고 설명했다.

참고로 우리나라는 공무원 신분인 보좌직원 7명과 인턴 등 평균 9명이 국비로 월급을 받으며 1명의 국회의원을 보좌한다.

지하철과 자전거를 타는 스웨덴 의원

스톡홀롬에 거주하는 엑스트롬 의원은 통상 오전 8시 30분 무렵 출근해 업무를 본다고 했다. 지하철이 그의 교통수단이다.[3] 교통비는 국회에서 발급되는 교통카드를 통해 지급된다. 당연히 우리나라처럼 유류비가 별도로 지급되지 않는다. 엑스트롬 의원은 "다른 스웨덴 의원들도 다르지 않다"고 말했다. 사실상 '나 홀로 의정활동'이지만 입법 활동이 저조한 것도 아니다. 엑스트롬 의원은 연평균 20건의 법안을 발의한다고 했다. 스웨덴 의원들의 평균 발의안은 4년 임기 동안 평균 100여 개로 '세계에서 가장 열심히 일하는 정치인'으로 알려졌다. 법안 발의 건수로 의정활동의 충실도를 판단할 수는 없다. 다만 보좌진의 도움 없이 스스로 법안을 만든다는 점에서 '보좌진 발의'가 상당수를 차지하는 우리 국회와는 사뭇 달랐다.

3 이렇게 의원들이 버스나 지하철의 대중교통을 이용할 때 비로소 국회의원들도 대중들의 삶을 공유할 수 있을 것이다. 차량 제공과 유류비 등 차량유지비는 물론이고 수행비서라 하여 사실상 운전기사까지 제공하는 것은 지나친 특혜이며, 결국 대중들의 삶과 유리된 국회의원의 행태를 확대재생산시키는 것이다.

엑스트롬 의원이 받는 세비는 월 6만 2400 크로나, 원화로 환산하면 800만 원으로 적지 않다. 물론 스웨덴의 높은 세금(대략 월급의 30% 정도)은 국회의원 세비라고 예외는 아니다. 세비 외 회기 중 스톡홀롬에 머물렀다는 것을 증명하면 하루 1만 원이 조금 넘는 식비를 받지만 특별수당은 없다.

우리나라 국회의원들의 세비는 스웨덴 국회보다 훨씬 많은 월 1140만 원 수준이다. 여기에 회기 하루당 3만 원 이상의 특별활동비를 받고 정근수당 및 명절휴가비 명목으로 매년 네 차례 일반수당의 50~60%도 추가로 받는다. 배우자와 자녀 수에 따라 가족 수당이 추가되고 자녀학비 보조수당도 지급된다.

영국의 하원의원이 사는 법[4]

영국 하원의원은 웨스트민스터 의사당에서 1년 평균 148일을 보낸다. 이는 1년 52주 중 30주, 주당 5일을 일해야 달성할 수 있는 숫자다. 전국 각지에서 올라온 하원의원들은 가족과 헤어져 런던에서 죽도록 일만 한다. 주말이라고 지역구로 가도 가족보다는 선거구민을 먼저 만나야 한다.

기혼 초선 중 40%가 재선 때 이혼

영국 하원의원에게 유권자 한 표, 한 표는 정말 중요하다. 영국 유권

4 권석하, "영국의 3대 3D 업종 하원의원이 사는 법", 「주간조선」 2018년 4월 8일.

자는 매주 약속하지 않더라도 정해진 시간에 선거구 내의 의원 사무실로 찾아가면 어렵지 않게 하원의원을 만날 수 있다. '서저리(surgery·외과의원이란 뜻도 있다)'라는 '선거구민 면담시간'이 있기 때문이다. 영국의 하원의원은 유권자가 만나자고 하면 이를 거절할 수가 없다.

하원의원협회 격인 '한사드 소사이어티(Hansard Society)'는 초선 의원들에게 "가정과 자신을 지키기 위해서는 '노(No)'라고 할 줄 알아야 한다"고 가르친다. 그러지 않으면 초선 첫해부터 건강을 해치거나 가정이 파괴된다고 주의를 준다. 하지만 표를 먹고사는 정치인으로서 '노'라고 말하기는 결코 쉽지 않다. 통계를 보면 2005년 총선에서 당선된 초선 의원 중 기혼 의원의 40%가 5년 뒤 재선 때는 이혼했다. 2010년의 경우에는 보수당 초선 의원 17%가 당선 후 3년 내에 이혼, 별거를 겪었다.

하원의원들의 가정을 파탄 내는 요소는 부지기수다. 앞서 말했듯이 우리와 달리 의회가 상시적으로 열리는 상황에서 하원의원은 주중에는 항상 가정을 떠나 런던에서 일을 해야 한다. 1년 중 거의 5분의 4를 런던에서 보낸다. 특히 집권당 의원들은 정부 자리까지 맡아 더 바쁘다. 한사드 소사이어티의 또 다른 통계에 의하면 하원 평의원이 의회에서 근무하는 시간은 주당 69시간이다. 여기에는 지역구에서 런던, 다시 런던에서 지역구로 돌아가는 시간은 포함되어 있지 않다. 스코틀랜드 끝 에버딘에서 런던까지는 기차로 8시간이 걸린다. 일주일에 두 번 왕복한다고 치면 가정을 위한 시간은 더욱 줄어들 수밖에 없다. 거기다가 원래 영국 의회는 겸직의 전통이 있어 오전에는 생업과 관련된 일을 하고 대개 중요한 회의는 오후에 몰아서 한다. 많은 경우 심야까지 회의가 계속된다. 요즘은 시간에 쫓긴 브렉시트 협상 일정 때문에 해당 하원 분과는 새벽 2~3시까지 일하는 경우가 허다하다.

하원의원 한 달 월급 600만 원

바쁜 것보다 가정을 파탄 내는 더 중요한 요인이 있다. 바로 돈 문제다. 영국 하원의원의 세비는 연 7만 6011 파운드(약 1억 1400만 원)로 적지 않은 편이다. 영국 직장인의 평균 연봉이 2만 7600 파운드인 점을 감안하면 상당히 높은 편이다. 하지만 하원의원의 업무 강도에 견줘 보면 이는 박봉이라 하지 않을 수 없다. 그나마 여당이 되어 정부에 입각하면 수입이 많아지긴 한다. 총리는 7만 7896 파운드, 장관은 6만 9844 파운드가 수당으로 붙는다. 그렇다고 해도 정부의 행정 차관이나 국장들의 평균 연봉(15만 파운드)에 비하면 많지 않다. 일반 하원의원은 40%에 이르는 세금을 제하고 나면 한 달 월급이 고작 4000 파운드(약 600만 원)에 불과하다. 물가 비싼 영국에서 "중산층 4인 가족 생계유지비밖에 되지 않는다"는 말이 나온다. 실제 하원의원은 한 해 학비가 1만 5000 파운드에 이르는 사립학교에 자식들을 보낼 방법이 없다. 학비가 3만 파운드나 되는 명문 기숙 사립학교는 꿈도 꾸지 못한다. 하원의원이 중산층도 아니고 서민층에 불과하다는 말이 결코 과장이 아니다.

그렇다면 왜 영국 하원의원 세비는 이렇게 비현실적으로 낮을까? 물론 영국 국민들이 의원 세비가 많아서는 안 된다고 여기기 때문이지만 여기에는 영국 특유의 철학이 있다. 영국인들은 권력을 가진 사람들이 금전적 혜택까지 받아서는 부당하다고 믿는다. 권력·금권·명예 3가지 중 한 가지만 가져야 한다고 굳게 믿는 것이다. 그래서 영국의 어느 직업도 돈과 권력과 명예를 모두 가지지는 못한다. 셋 중 두 가지를 같이 갖고 있는 직업도 드물다. 하원의원의 경우 권력을 갖고 있으니 당연히 돈은 포기해야 한다는 것이 일반인들의 믿음이다.

또 다른 이유는 역사에 있다. 제대로 된 잉글랜드 의회가 형성된 13세기 대헌장 시절 이후부터 1952년 의원들에게 소액이나마 세비를 지불하기까지 거의 700년간 영국 의회 의원은 무급의 봉사직이었다. 현대에 들어오기 전까지는 상원(House of Lords)은 지배계급(귀족과 교회), 하원(House of Commons)은 직업을 가진 중산층이 구성원이었는데 모두 자기 계급과 직업의 이익을 대변하기 위해 정치를 했다. 정치가 생계유지 수단이 아니었다는 말이다. 정치는 돈을 위해 하는 일이 아니라는 인식이 정치인뿐 아니라 일반 국민에게까지 깊이 각인될 수밖에 없었다.

물가 감안하면 세비 한국의 4분의 1

처음부터 정치는 돈이나 개인 영달의 목적이 아니라는 인식이 강했기 때문에 세비 인상도 쉽지 않았다. 누구도 세비를 인상해달라고 먼저 나설 수가 없었다. 올 4월 1일부터 하원의원 세비가 겨우 1.8%(1368파운드) 올라 7만 7379파운드가 되었다. 한국 국회의원 세비는 영국 하원의원과 비교하면 절대액도 많고 상대적으로도 높은 소득이다. 영국 1인당 GDP(3만 8846 달러)를 하원의원 세비 10만 8984 달러와 비교하면 세비가 GDP의 2.8배 수준이다. 반면 한국은 1인당 GDP(2만 9745 달러)를 세비 1억4000만 원(약 13만 2575 달러)으로 나누면 4.45배에 이른다. 절대 금액도 적지만 1인당 GDP와 비교해도 영국 하원의원 세비는 한국 국회의원의 절반이 조금 넘는 수준에 불과하다. 여기다가 한국에 비해 평균 두 배에 이르는 영국의 높은 물가를 대입하면 4분의 1이 될까 말까한 수준이다.

그뿐만이 아니다. 영국 하원의원의 업무환경도 한국과 비교해 좋은 편이 아니다. 하원의원을 보조하는 직원이라고 해봤자 지역구 사무실에 3~4명, 의회에 1명이 전부다. 이들의 연봉도 최상급자인 의정 상급 보좌관이 4만 파운드(약 6000만 원) 수준이다. 나머지는 영국 직장인 평균 연봉인 2만~3만 파운드 정도다. 더욱이 영국 하원의원에게는 운전기사도 관용차도 지급되지 않는다. 그냥 지역구와 런던을 오가는 기차 교통비와 우편요금, 그리고 런던에서 머물 숙소 경비 정도를 청구할 수 있을 뿐이다. 의사당 내의 하원의원 사무실은 정말 조그맣다. 가로 3m, 세로 2m의 규모로, 겨우 책상 하나 들어갈 공간이 하원의원 사무실이다. 차를 굶일 수 있는 주전자도 제대로 놓을 곳이 없을 정도다.

놀고먹는 의원이 없는 미국 의회[5]

"삐이 삐이, 15분 안에 ○○법안의 표결이 끝납니다."

허리에 찬 삐삐가 울리면 부리나케 빌딩 지하로 내려가 경전철을

5 김창준, "놀고먹는 의원이 없는 미국 의회를 베워라", 「국민일보」 2014년 5월 27일.

타고 의사당으로 달려간다. 의원회관과 의사당을 오가는 경전철 역에는 표결 15분 전에는 의원들이 먼저 승차하도록 양보해 달라는 안내문이 붙어 있다. 왜 이렇게 할까. 표결은 반드시 의원 본인이 해야 하기 때문이다. 의원들은 삐삐와 함께 투표카드를 꼭 갖고 다닌다. 의회 상황은 TV 중계를 통해 어디서나 볼 수 있지만 표결은 현장의 전자투표기에 투표카드를 넣고 '예스(Yes)'나 '노(No)' 또는 '기권'을 표시해야 한다.

알차고 격렬한 토론

'놀고먹는 국회의원'이란 우스갯소리가 미국에도 있지만 내가 경험한 미국 국회는 전혀 그렇지 않았다. 법안 외에도 무슨 일이 그리 많은지 하루도 쉴 수 없을 정도다. 일단 법안이 상정되면 민주당과 공화당에서 법안 토론을 벌인다. 어느 법안이든 정해진 시간을 넘길 수 없고 토론 시간에는 법안과 상관없는 발언을 할 수 없기 때문에 토론이 알차고 격렬하다. 각 당의 토론을 보고 의원의 생각이 바뀌면 바뀐 대로 투표하면 된다. 당에서 찬성한다고 해서 의원 모두가 찬성할 이유는 없다. 당론이라며 의원을 압박할 사람은 아무도 없다. 당은 이념이 같아 모인 집단이지 권력 집단이 아니기 때문이다. 정당에 공천권도 없다.

본회의는 끝나는 시간이 일정치 않다. 밤 10시까지도 끝나지 않아 의사당 근처를 떠나지 못하고 기다려야 할 때도 부지기수다. 삐삐만 울리면 부리나케 달려가야 하니 도무지 개인생활을 할 수 없다. 한국에 와 보면 의원 보좌관들이 별별 수고를 다한다. 그러나 미국은 다르다. 그들도 월급을 받고 일하는 사람들이니 일이 끝나면 칼같이 퇴근을 하고 비서실장만 남는다. 나는 본회의가 끝나길 기다리면서 밀린 서류를 읽거나 잡무를 처리하며 사무실을 지켜야 한다.

10시가 넘어 비서실장마저 돌아가 버린 의원회관은 썰렁하기 짝이 없다. 적막한 빌딩에 홀로 남아 밤늦게 일을 하려면 배가 너무 고팠다. 별 수 없이 빌딩 매점에서 컵라면을 사다 전자레인지에 끓여 먹기도 했다.

3선의 의원생활 동안 일주일을 워싱턴의 국회와 캘리포니아의 지역구로 나누어 살았다. 거리가 멀다 보니, 잠을 설치고 눈이 빨개진다고 해서 '레드아이(red eye)'라 부르는 밤 비행기를 애용할 수밖에 없었다. 매주 목요일 밤이면 비행기를 타고 캘리포니아의 지역구로 갔다가 월요일 밤 비행기를 타고 워싱턴으로 되돌아왔다.

그 특권은 빛나지만, 하는 일은 너무 미약하다 – 오늘 우리 국회의 모습

학자 출신인 이상돈 의원은 의원 생활을 정리하면서 한국의 국회의원이 "미국이나 일본을 제외하면 사회적 대우나 급여 등이 여전히 세계에서 가장 높은 수준"이라며 "여기저기서 대우받고 비서를 9명씩 두고 국비로 봉급을 받으면서도 심각하게 고민하는 사람이 별로 없다. 권력

이 있다는 걸 재미로 여기는 사람도 있다. 구름 위에 사는 거라고 보면 된다."라고 질타했다.[6]

"국회의원들이 바쁜 건 사실이다. 하루 종일 다녀야 할 행사로 매일 빡빡하다. 그런데 사실 따지고 보면 그 행사들이란 게 모두 로비단체들이나 아니면 지역 행사다. 사실 남는 게 없다. 국회의원이 대단한 것 같지만, 사실 국회에서 해낼 수 있는 일도 거의 없다. 소리만 요란 빈 깡통이다. 법안은 바로 옆방 의원실에서도 하루에 대여섯 건씩 서명해 달라고 한다. 대부분 별 의미도 없는 법안들이다. 3선 정도 되면 (의원으로서) 아무 일도 할 수 없다는 것을 모두 안다. 그러나 의원은 모든 사람들이 알아서 모셔주고 또 국회의원이라도 안 하면 그저 실업자, 백수기 때문에 다른 일 할 것이 없으니 다시 선거에 나가게 된다. 국회의원이 단지 하나의 '직업'으로 되는 것이다."

오랫동안 의원 비서직으로 일한 현역 보좌관의 말이다.

정보공개운동을 실천하고 있는 전진한 씨는 우리 사회에서 가장 큰 적폐가 어디냐는 온라인매체 '오마이뉴스'의 기자에게 질문에 서슴없이 국회사무처라고 단언한 바 있다.

이제까지 국회사무처는 정보공개법에 따라 이의신청을 해도 모조리 거부해왔다. 실제 2016년 3건, 2017년 2건, 2018년 3건의 이의신청에 대해 전부 기각결정이 내려졌다. 2018년 현재 국회사무처 정보공개

6 "'이런 마약 없다' 조훈현·제윤경·이상돈 여의도서 짐싸는 이유", 「중앙일보」 2019년 6월 17일.

심의회의 경우에는 입법차장이 위원장이고, 공무원 3명이 당연직 위원으로 참여하고 있다. 외부위원은 3명뿐이고, 순전히 자기들만의 조직 구성이다. 여기에서 거의 모든 관련 정보가 관행에 의해 외부에 절대 공개되지 않았다. 그간 국회사무처는 외부에 공개를 해도 전혀 무방한 매우 단순한 정보조차도 한사코 공개를 거부해왔다. 법원에 의해 정보 공개결정이 내려져도 막무가내로 거부해왔다. 그러니 이러한 국회사무처의 모습에 정보공개운동을 전개해온 인사들은 국회가 적폐 1호라고 서슴없이 지적하곤 했다.

영국에서는 2009년 '영국의회 비용과다 청구사건(United Kingdom parliamentary expenses scandal)'이 발생했다. 일부 하원의원들이 의정활동에 필요하다는 명목으로 허위 또는 부당한 비용을 청구한 것이 밝혀진 것이다.

당시 주택수당 등의 명목으로 청구한 비용을 사적으로 유용한 사실이 드러나면서 영국의 여론은 들끓었다. 결국 6명의 장관이 사임했고, 하원의장을 포함한 46명의 국회의원이 사퇴를 했다. 여당과 야당을 불문하고 142명의 국회의원들이 차기 총선 불출마를 선언하게 되었다.

이 사건을 계기로 하여 영국 의회에서는 의회윤리법(Parliamentary Standards Act)이 제정되었고, 이 법에 따라 IPSA(Independent Parliamentary Standards Authority, 의회독립윤리국)가 만들어졌다.

IPSA 심의위원회(IPSA Board)는 외부전문가 5명으로 구성되며, 이들이 국회의원들과 보좌진들의 급여결정, 국회의원들이 청구하는 비용의 적정성 여부를 검토하고 감독하는 역할을 수행한다.[7]

한편 우리나라 국회의원 연봉이 지나치게 많다는 비판이 끊이지 않는다. 여기에는 국회에 대한 드높은 불신이 그대로 반영되어 있다. 실제로 2018년 국회의장 자문기구인 '국회의원특권내려놓기 추진위원회'가 조사한 바에 따르면, 1인당 GDP 수준 대비 의원 봉급(salary)의 격차를 기준으로 보면, 한국은 이탈리아, 일본 다음으로 격차가 크게 나타났다.

스페인, 스위스, 노르웨이, 스웨덴 등의 국가는 국회의원 봉급이 1인당 GDP 대비 3배 미만이었고, 호주, 캐나다, 영국, 아일랜드, 독일, 프랑스, 미국 등은 4배 미만이었으나 한국은 5배를 넘었다는 것이다.

우리나라에서도 영국의 의회독립윤리국(IPSA)처럼 국회에서 사용되는 예산의 집행을 감사하고 국회의원의 연봉과 각종 혜택에 대해 심의하는 독립기구가 설치되어야 할 것이다. 이 기구가 최근 논란이 되었던 해외출장에 대한 사전심의, 국회의 예산집행실태에 대한 정보공개 등의 역할을 담당할 수 있다.

영국 의회독립윤리국 심의위원회(IPSA Board)는 의장 1명을 포함한 5명의 외부전문가로 구성되며, 임기는 5년이고 3년 더 연장할 수 있다. 위원 중 1명은 반드시 고위 법관 출신이어야 하고, 1명은 감사전문가, 1명은 전직 의원 출신으로 구성된다.

"의원들이 임기 중 한 가지 일만 확실히 해내겠다고 생각하는 것이

7 이희주, "의원 윤리심사제도 개혁 해외사례에 대한 심층 분석을 통한 제도개혁 시사점 : 영국, 미국, 캐나다 사례를 중심으로", 국회입법조사처 정책연구용역보고서, 2016.

차라리 좋을 방법일 것 같다. 지금처럼 모든 일을 혼자 다 하려고 하는 것은 결국 한 가지 일조차 못하게 된다. 아무런 효과도 없는 국감도 없애고 '선택'과 '집중'으로 아주 중요한 사안 몇 가지만 청문회나 국정조사를 하는 방안이 옳다. 가장 중요한 것은 국회의원이 다 하려 하지 말고, 미국처럼 국회 내에 예산이니 회계감사, 의회조사 등 전문가들을 조직하고 그런 조직의 지원을 토대로 하여 의회 활동을 해야 한다. 요컨대 의회 내 전문가 조직을 제도화해야 한다."

앞에서 말한 보좌관의 '충언'이다.

국회 이해충돌 논란, '공직자 이해충돌방지법'이 만들어져야

'김영란법' 본래 명칭은 '부정청탁 금지 및 공직자의 이해충돌방지법'

여야를 막론하고 이른바 의원들의 '이해충돌' 논란이 불거지고 있다.

이해충돌 방지 제도란 공직자가 자신과 4촌 이내의 친족과 관련된 업무를 할 수 없도록 하는 조항으로서 미국 등 선진국의 공직자 부정부패방지법의 핵심조항이다. 미국 의회는 1962년 케네디 정부가 제정한 '이해충돌방지법'을 "20세기의 가장 위대한 법"으로 평가한 바 있다.

이해충돌 문제를 둘러싼 혼란은 국회의 자업자득

사실 우리나라의 '김영란법(부정청탁 및 금품 등 수수의 금지에 관한 법률)'은 본래 '부정청탁 금지 및 공직자의 이해충돌방지법'이라는 이름으로 논의가 시작되었다. 즉, '김영란법'이 처음 제출되었던 당시 '공직자 이해충돌 방지 규정'은 관련법안의 핵심적인 골간을 이루고 있었던 것이다.

하지만 이후 지리한 논란만 거듭하다가 결국 입법과정에서 "추상적이고 포괄적"이라는 이유로 송두리째 누락되어 빠져버렸다. 당시 국회는 '추후에' 공직자의 이해충돌방지법을 분리해 재론하기로 하였지만, 실제로는 아무런 후속 조치도 없었다. 이해충돌 문제를 둘러싼 오늘의 혼란은 전적으로 국회의 자업자득이다.

선출직을 포함한 공직자의 '이해충돌(Conflict of interest)'이란 사적 이해관계, 특히 직계 및 친인척과 이해관계가 있는 직무수행, 공정한 직무수행을 저해하는 대외활동, 업자와의 다종다양한 이해관계에서 비롯되는 모종의 거래, 소속기관 등에 가족의 채용 및 계약체결 등으로 표출된다.

미국 연방법률 제18편 제208조는 미국의 공직자는 본인은 물론 배우자와 자녀, 자신이 근무하고 있는 단체, 자신이 향후 고용될 수도 있는 단체 등과 금전적 이해관계가 있는 사안에 관하여 공직자로서 결정·허가 등의 행위를 한 경우 처벌된다고 명문화하고 있다. 고의성이 없는 경우 1년 이하의 징역형에 처해지지만, 고의성이 있는 경우 5년 이하의 징역형으로 양형이 증가한다(반면 우리의 현행 공직자윤리법에는 이해충돌 방지 의무만 있을 뿐 관련 처벌 조항은 부재한 상태로서 선언적 의미 외에 아무런 실효성을 지니고 있지 못하다).

미국만이 아니라 영국의 부정행위방지법, 프랑스의 공무원의 권리와 의무에 관한 법률, 캐나다의 이해충돌법, 호주의 연방공무수행법, 일본의 국가공무원윤리법 등 대부분의 국가들이 이해충돌방지에 대한 규정을 두고 있다.

영국 하원의 윤리규정 제10조는 "어떤 의원도 의회 내의 모든 사안을 다룸에 있어 보수를 받고 이익을 보호하는 행위를 해서는 안 된다(No Member shall act as a paid advocate in any proceeding of the House)"고 규정되어 있다. 이해 관련이 없는 집단을 위해 단순히 보수를 받는 로비스트가 되어서는 안 된다는 뜻이다. 제11조는 더욱 구체적이다. "의원은 여하한 경우에도 자신이 금전적인 보수를 받는 의회 밖의 기관이나 상업 법인의 이사, 고문, 자문, 혹은 어떤 지위를 계속해서 가질 수 있다. 또 그러한 기관이나 법인으로부터 금전적인 보상을 받는 의원이라 할지라도, 이 규정이 정하는 지침 3장에 따라 행동한다는 전제하에 사안의 이해에 영향을 미칠 수 있는 장관, 의원, 공직자와의 의회 내 절차를 위한 미팅과 협의에 참가할 수 있다. 그러나 해당 의원은 나중에 경제적 혜택이나 보상을 받을 수 있는 어떠한 기관이나 개인의 금전적, 물질적 이득이 되는 절차나 미팅을 주체적으로 시도해서는 안 된다."

독일 하원의원이 준수해야 할 이해충돌 방지 규정은 무려 67쪽에 이른다.

김영란법을 개정하든가 이해충돌방지법을 제정해야

한편 일부 의원이 국회에 파견된 판사에게 재판과 관련된 민원을 부탁했다는 이른바 '재판민원' 사건은 "국회 법제사법위원회의 관행적인 문제"로 간주되고 있다.

이해충돌 방지 규정은 형사적· 경제적· 재정적 제재를 통하여 '부적절한 처신이나 관행'으로 치부되는 외부 압력과 청탁을 처벌하는 법적 근거를 마련함으로써 국회의원을 비롯한 주요 이해관계자들에게 강력한 경고 기능을 수행한다. 또한 이들 주요 행위자들로 하여금 '자기통제'를 강제함으로써 우리 사회가 보다 투명하고 공정한 방향성을 지향하는 디딤돌이 될 수 있다.

국회는 당초의 약속을 지켜 이해충돌방지법을 제정하든가 아니면 '김영란법'을 개정하여 본래의 입법취지대로 이해충돌 방지 규정을 보완해야 한다. 그리하여 국회의원들이 해야 할 일과 하지 말아야 할 기준과 규범을 명문화함으로써 더 이상 국회가 이런 문제로 국민들을 피곤하게 만드는 일이 없도록 해야 할 것이다.

〈인터뷰〉

"무능하고 무책임한 것이 가장 문제"

- 하승수 변호사

한편 우리 국회가 안고 있는 개선점은 과연 무엇이며 어떻게 개혁해나갈 것인가라는 문제와 관련하여 필자는 선거제도 개혁을 비롯하여 국회의 개혁을 위하여 활발한 실천 활동을 전개하고 있는 하승수 변호사(비례민주주의연대 공동대표)에게 서면 질의를 하였다.

하 변호사는 다음과 같이 답을 보내왔다.

1 지금 국회의 가장 큰 문제는 무엇이라고 보는지요?

국회의원들이 국회예산을 부정사용하고, 채용비리에 연루되는 등 부패한 행태를 보이고 있는 것도 문제이지만, 가장 큰 문제는 국회가 해야 할 본연의 역할에 집중하지 못하는 것이라고 봅니다. 국회는 입법, 예·결산심의, 국정조사 등을 통해 국가적인 문제를 풀어가야 하는데, 그런 문제해결 능력이 없습니다. 거대정당의 지도부들은 단기적인 정치공학에 매몰되어 있고, 국회의원들은 자영업자처럼 되어서 자신의 재선에만 몰두하고 있습니다.

그러다보니 국가공동체의 문제들이 해결되지 않고 점점 쌓여가고 있습니다. '정치의 부재'라고 할 수 있습니다. 그로 인해 국민들의 삶의 질은 떨어질 수밖에 없습니다. 불평등 문제든, 주거문제든, 미세먼지 문제든 국회에서 해법을 찾아야 하는데, 국회가 그런 역할을 못하니 상황은 점점 악화되고 있는 것입니다.

무능하고 무책임한 것이 가장 근본적인 문제라고 봅니다.

2 국회의원 구성을 바꿔야 한다는 데 모든 사람이 공감하고 있는데, 국회는 어떻게 구성되어야 할까요?

지금처럼 지역구에서 많이 이긴 쪽이 국회의원 선거에서 승리하는 선거제도를 바꿔야 합니다. 이 선거제도에서는 정당은 정책보다는 정쟁에 몰두할 수밖에 없습니다. 정쟁을 통해 자신의 지지층을 결집시키고 상대방 지지층을 흩트려놓는 것이 유리하기 때문입니다. 개별 국회의원들은 지역구 관리만 잘 하면 되기 때문에 국회에서의 의정활동에 소홀하게 됩니다.

이 구조를 깨기 위해서 '연동형 비례대표제' 도입이 필요합니다. 정당이 받은 득표율대로 국회의석이 배분되어야, 정당이 정책에 집중하게 됩니다. '연동형 비례대표제'로 선거제도가 바뀔 경우, 선거에서 이기려면 정당득표율을 올려야 합니다. 그런데 유권자들이 정당을 보고 찍을 때에는 그 정당의 정책을 보기 때문에 정당이 정책에 소홀할 수 없습니다. 그리고 개별 국회의원들도 지금처럼 지역구 관리에만 몰두할 수 없습니다. 자기 정당에서 부여받은 의정활동을 제대로 하지 못하면, 그 정당의 지지율을 깎아 먹는 국회의원이 되기 때문입니다.

비례대표제는 비례성, 즉 표의 등가성을 보장하기 위해서도 필요하지만, 정당을 강화하고 정책이 중심이 되는 정치를 만들기 위해서 반드시 필요하다고 생각합니다.

그리고 비례대표제가 낳을 또 다른 효과가 국회 구성의 다양화입니다. 지금보다는 다양한 정당들이 국회에 들어갈 수 있고, 정당들은 정당득표율을 올리기 위해 후보자를 다양하게 공천할 수밖에 없습니다. 외국의 사례를 보더라도 여성, 청년, 소수자들이 국회에 더 많이 들어가려면 비례대표제 선거제도를 채택해야 합니다.

3 국회의원 특권이 큰 문제로 되고 있습니다. 왜 그런 문제가 생기고 있으며, 어떤 개선책이 있을까요?

대부분의 국회의원들이 지역구에서 당선되는데, 그 과정에서 '자신은 특별한 존재'라고 생각하게 됩니다. 실제로 국회의원에 당선되면 사람들이 굽신거리고, 지방선거 때에는 지방자치단체장, 지방의원에 대해 사실상의 공천권도 행사하게 됩니다. 그러면서 국회의원들이 특권의식을 가지게 됩니다. 그래서 국회의원 특권 문제는 선거제도와 연관성이 있습니다. 대체로 비례대표제 선거제도를 택한 국가의 국회의원들이 상대적으로 낮은 연봉을 받으면서 특권 없이 일하고 부패도 없다는 것을 눈여겨 볼 필요가 있습니다.

또한 제도적으로는, 국회의원들이 받는 연봉, 각종 예산지원 등을 국회의원들 스스로 정하는 구조가 문제입니다. 잘못을 저질러도 전원이 국회의원으로 구성되는 윤리특별위원회에서 징계안을 심사하게 되니 징계가 제대로 될 리 없습니다. 이런 셀프연봉-셀프징계를 없애고, 독립기구(국회감사위원회)가 국회의원들의 연봉도 정하고 각종 법령이나 윤리위반도 조사하게 해야 합니다. 국회 윤리특별위원회에는 외부위원이 절반이상 참여하게 하고, 외부위원은 정당들이 개입하지 못하는 방식으로 독립적으로 뽑아야 합니다.

또한 국회에서 사용하는 모든 예산은 영수증을 첨부해서 공개하도록 해야 합니다. 이렇게 제도개선을 해야 국회의원들의 특권도 줄어들고, 특권의식도 사라질 것입니다. 그리고 영국이 도입한 방식을 참고해서 국회의원 국민소환제도 도입할 필요가 있습니다. 영국은 국민소환제 도입 시에 우려되는 부작용을 상당히 줄이는 방식으로 2015년 국민소환제를 도입했기 때문에 좋은 참고가 될 수 있다고 봅니다.

4 국회 운영의 문제도 고질적인데, 어떻게 바꿔나가야 한다고 보시는지요?

개헌사항이긴 하지만, 국정감사는 폐지하고 국정조사를 강화하는 것이 필요하다고 봅니다. 지금 하는 국정감사는 그야말로 보여주기식에 그치고 있고, 심도 있는 문제 분석과 대안제시가 이뤄지기 어렵습니다.

그리고 법안심사의 충실화를 위해 상설소위원회를 제도화하고 법안심사를 정례화하는 것, 예산·결산위원회를 상설화하고 밀실 계수조정을 금지시키는 등을 통해 국회의 예산관련 통제기능을 강화하는 것도 필요합니다.

국회선진화법도 개정해서 패스트트랙 절차를 보다 신속하게 만들 필요가 있습니다. 국민들의 입법참여를 보장하기 위해 온라인 입법청원제도를 도입하는 것도 필요하다고 생각합니다.

의원소환제가 있어야 국민 무서운 것을 안다

대의제가 곧 민주주의는 아니다

허구화된 대의민주주의

언제나 그랬듯이, 지금 바로 이 시각에도 어김없이 국회에 대한 성난 비난 여론은 빗발치고 있다.

그러나 비단 우리나라만이 아니라 세계적으로도 대의민주주의는 모두 대위기에 빠져 있다. 왜 이런 현상이 발생하고 있는 것일까?

필자는 이 근본적인 요인이 국민에게 책임을 지는 '책임정치'의 실종에 있다고 분석한다. 즉, 선거에서 선출된 자가 선거민들의 요구에 따라야 하며 그 행위는 선거민들에게 책임을 져야 한다는 '명령위임(Imperatives Mandat)'의 원칙이 지금의 정치 시스템에서 철저히 부정당해온 점에 그 결정적 요인이 존재하고 있다고 파악한다. 결국 국민들에 의해 선출된 국회의원들은 대신 선출한 국민들에 대한 책임으로부터 완전히 면제되어 오히려 군림하는 위치로 둔갑시킨 '자유위임(Freies Mandat)'의 위상을 부여받았다.

이렇게 하여 국회의원은 선거로 선출된 후 자신의 선거구내지 선거구민의 대리인이 아니라 전체 국민의 대표자로서 선거구민으로부터 독립되어야 한다는 확고한 이론적 명분을 획득하게 되었다. 이를 위해 통치란 모름지기 이성에 맞게 통치권을 행사할 수 있는 미덕을 갖춘 자가 담당해야 하며, 그러나 국민은 결코 이에 직접 개입하면 안 된다고 강조되었다. 이는 "국민이 주인이 되는" '민주정'이 아니라 사실상 "국민이 소외되는" '귀족정'이며, 이것이 바로 오늘의 '군림하지만, 책임은 지지 않는' 허구적 대의민주주의의 실체다.

이제 그간 왜곡된 대의민주주의에서 폐기되었던 '명령위임'의 개념을 복원시켜냄으로써 진정한 책임정치를 실행시켜야 한다. 만약 국민이 위임한 책임정치가 심각하게 부정된다면, 국회의원에 대한 국민소환이 이뤄져야 한다.

이것이 허구화된 대의민주주의를 극복하고 진정한 민주주의를 다시 복원시켜내는 열쇠이다.

반드시 필요한 의원에 대한 통제 수단

능력과 의지가 부족하고 심지어 아예 '부재'한 의원들, 그저 눈속임으로 하는 척만 하는 이들 무능력자들을 국회로부터 퇴출시키는 것, 그리고 처음부터 들어올 생각을 할 수 없도록 만드는 것이 국회개혁의 핵심이기도 하다.

국회의원에 대한 통제와 견제 수단이 철저하게 결여된 것이 오늘날 모두를 좌절하게 만들고 있는 우리 국회의 난맥상을 낳은 핵심적인 요인 중의 하나이다. 의원의 국민소환제는 국회의원에 대한 가장 중요한 통제 및 견제 수단이다. 국민소환제가 작동되어야 비로소 국회의원들도 국민 무서운 것을 알고 자기의 본분을 지키고 반드시 본업을 성실하게 수행하게 된다.

만약 국회의원 4년 임기의 한 회기에 한두 명의 의원이라도 소환할 수 있게 된다면, 국회의원들이 느낄 수밖에 없는 부담감과 그 상징적인 효과는 대단히 클 것이다. 다만 국회의원에 대한 소환이 자주 빈번하게 발생하게 되면 국회의 안정적 운영에 타격을 주는 것에 그치지 않고 사회적으로도 피로도가 가중되어 반대 여론이 높아지는 역효과가 날 가능성이 있다. 따라서 국회의원에 대한 국민소환제는 소환제에 대한 높은 국민적 지지를 바탕으로 하되 "너무 쉽게 이뤄져서도 안 되고, 그렇다고 아주 불가능하게 만들어서도 안 되는" 적정한 수준의 소환 규정을 찾아야 할 것이다.

영국 의회의 경우, 2015년 국민소환법(Recall of MPs Act 2015)이 통과되어 공식적으로 국민소환제가 도입되었고, 2019년에 첫 번째 소환된 국회의원이 나왔다. 영국 하원에 설치된 윤리위원회는 7명의 국회의원과 7명의 외부위원으로 구성되어 있다. 여기에서 출석정지 10일 이상의 징계를 받으면 자동으로 해당 의원에 대한 국민소환 절차가 시작된다. 윤리위원회의 징계 외에도 법원 판결에 의해 징역형을 받은 경우, 예산을 부정사용해 적발된 경우에 곧바로 국민소환 절차가 시작된다. 소환 절차가 시작되고 6주 내에 유권자의 10%가 소환 찬성에 서명하면 소환이 이뤄진다. 다만 소환 대상자가 억울하면 그 다음에 치러지는 보궐선거에 출마하면 된다. 한편 국민의 소환 대상은 국회의원이나 지자체 단체장에만 국한될 수 없다. 오늘날 이 땅의 민주주의 진전에 또 다른 중요한 장애물로 작동하고 있는 것은 다름 아닌 강고한 관료주의다. 관료집단이야말로 국민주권의 원칙에 배치되는 관헌(官憲)국가의 중심축으로서 이들 관료집단 역시 소환대상으로 되어야 한다.

관료란 본래 국민의 공복(公僕)으로서 그 임무를 수행하지 못할 경우 당연히 소환 대상이다. 그러나 실제로는 공복인 그들이 오히려 주인인 국민의 상위에 군림하고 있는 현실이다. 법관을 비롯하여 검찰, 경찰, 고위 관료 모두 주권자인 국민의 명령을 이행하지 않고 국민주권의 민주주의에 반하는 행위를 저지를 경우 소환되도록 해야 한다. 그럴 때 진정 국민이 주인되는 국민주권의 직접민주주의가 구체적으로 실현될 수 있을 것이다. 실제로 미국의 경우 주지사를 비롯하여 주 검찰총장과 농업위원도 소환되어 직위에서 물러난 바 있다. 소환을 위한 주민투표는 전체 유권자가 아니라 소환 대상 직위의 지난 선거 유효투표 총수의 25%(켈리포니아주의 경우 12%) 정도의 비율을 기준으로 하고 있다.

대의제가 곧 민주주의는 아니다

인간들은 사회적 과정에서 필연적으로 자신들이 속해있는 각 층위(層

位) 조직별로 자신들의 대표를 선출하게 된다. 이른바 '서구식 대의 민주주의 제도'는 다수의 정당에 의한 선거에 의하여 대중들의 대표를 선출하는 방식이다.

그러나 두 개, 혹은 몇 개의 정당만이 후보자를 내세우고 '자기들만의 경쟁'을 통하여 대표를 선출함으로써 결국 대중들을 수동적인 지위로 전락하게 만든다는 점에서 커다란 한계를 지닐 수밖에 없다. 더구나 그들 정당 대부분이 사실상 대자본의 영향력 하에 강력하게 포섭되어 명백한 '계급적 한계'를 지니고 있다는 점에서 그 한계는 더욱 분명해진다.

『자본주의, 사회주의, 민주주의 Capitalism, Socialism and Democracy』(1942)의 저자인 조지프 슘페터(Joseph Alois Schumpeter)는 아예 "민주주의란 정치엘리트 간의 경쟁이다."라고 설파한 바 있다.

여기에서 슘페터의 지적은 매우 예리했지만, 그가 말하는 '민주주의'는 '대의제' 혹은 '오늘날 민주주의라고 불리는 것'이라는 용어로 대체되었어야 했다.

"인민은 의원을 선출한 뒤 노예로 전락한다"- 루소

유명한 철학자이자 정치평론가이기도 한 장 자크 루소(Jean-Jacques Rousseau)는 정부의 형태를 민주정, 군주정 그리고 귀족정으로 구분했다.

루소는 민주정의 한계에 대하여 다음과 같이 갈파한다.

"민주정이라는 말의 의미를 엄밀하게 해석한다면, 진정한 민주정은 지금까지 존재하지 않았고, 앞으로도 결코 존재하지 않을 것이다…….

만일 신(神)들로 이뤄진 인민이 있다면, 그 인민은 민주정을 택할 것이다. 하지만 이만큼 완전한 정부는 인간에게는 적합하지 않다."

한편 귀족 정치에 대하여 루소는 "가장 현명한 사람들이 그들 자신의 이익을 위해서가 아니라 대중의 이익을 위하여 정치를 한다면, 이러한 (귀족정) 제도는 가장 훌륭하고 가장 자연스러운 제도이다"라고 평가하였다.

흥미롭게도 몽테스키외(Montesquieu)도 그의 저서『법의 정신』에서 민주정치의 근본을 덕(德)이라고 지적하였다. 그리스의 대철학자 플라톤(Platon)도 철인왕(哲人王)에 의한 아리스토크라티아(우수자 지배제)라는 일종의 귀족정치를 주장했다.

그리고 몽테스키외와 플라톤의 이러한 정치 사상은 중국 역사상 오랜 기간 정치의 전범(典範)으로 군림했던 '이덕치국(以德治國)'의 왕도(王道) 정치와 궤를 같이 하는 것이었다.

정치를 한마디로 설명하자면, 결국 국민들의 대표 혹은 지도자를 어떻게 선출하는가의 문제로 요약될 수 있다.

이 점에서 플라톤은 정치의 목적은 정의의 실현이며 이를 가장 잘 인식하고 있는 철학자가 통치하는 '철인정치'가 실천되는 국가를 이상적인 국가로 간주하였다.

그러나 루소는 대의 제도에 부정적이었으며, 따라서 영국의 의회민주주의 제도에 대해서도 신랄하게 비판했다.

"주권은 양도될 수 없다는 동일한 이유에 의하여 대표될 수도 없다. 따라서 대의원은 국민의 대표가 아니며 대표자가 될 수도 없다. 그들은 국민의 대리인일 뿐이다. 국민이 직접 인준하지 않은 모든 법률은 무효이며 법률이 아니다.

영국인들은 스스로 자유롭다고 생각하지만, 그것은 착각일 뿐이다. 그들은 의회의 의원을 선거할 기간만 자유로울 뿐이다. 의원을 선출하고 나면 곧 그들의 노예로 전락한다."

루소의 유명한 언명이다. 인민의 주권이란 결코 대표될 수도, 양도될 수도 없는 존재라는 천명이었다.

이로써 루소는 결국 인민들의 입법권한이란 결코 대의제 의회에 위임할 수 없다는 점을 강조하고자 했던 것이다.

루소의 이 말은 "과연 정치란 무엇인가?"라는 문제를 끊임없이 고민하면서 살아가고 있는 우리 현대인들에게 무엇인가 계속 성찰할 화두를 던져주고 있는 명언이 아닐 수 없다.

부르주아 민주주의 이데올로기로서의 대의제의 역사 –영국 대의제의 형성

그렇다면 대의 제도는 어떻게 만들어졌을까?

원래 대의 제도는 영국과 프랑스에서 형성되어 발전하였다.

영국에서 대의 제도는 17세기에 형성되었는데, 당시 대의기관은 곧 의회를 말한다. 의회, 즉 'Parliament'라는 말은 '의논하다'는 행위를 뜻하였으며, 이는 당시 영국에서 '대자문회의(大諮問會議)'에서의 귀족들의 논의를 의미하였다. 그러나 이 의회는 군주제 하에서 일종의 자문기관에 불과하였고, 군주에 의하여 좌지우지되어 그 선출과 소집은 철저하게 군주의 의사로 결정되었다.

그 뒤 명예혁명과 함께 의회의 발전이 이루어져 소위 의회과두제가 형성되었는데, 당시 의원 1/3 이상이 귀족이거나 이에 준하는 계층이었고, 과거 의원을 배출한 가문에서 나온 의원이 압도적 다수로서 의회는 사실상 상류층의 클럽이었다.

선거권도 일정한 재력을 지닌 남성으로 한정되었고, 귀족과 부호들은 재력으로 그들을 매수하고 사회적인 힘을 행사하여 위협으로 획득한 의원직은 금권 정치의 경향이 강할 수밖에 없었다. 1866년까지 선거권을 지닌 사람은 불과 100만 명으로서 전체 인구의 3% 수준에 불과했다. 이는 당시의 의회가 국민의 대의 기관으로 기능하기보다 귀족과 부호들의 금권정치를 유지시키는 데 이바지했다는 사실을 잘 보여준다. 대의제를 부르주아 민주주의의 이데올로기라고 비판하는 논거는 대의제가 지니는 이러한 발생사적 요인에 근거하고 있다. 영국에서의 대의 제도 역사는 군주, 귀족, 부르주아, 하층민 간의 치열한 투쟁 속에서 군주가 축출되고 하층민이 탄압받는 과정에서 형성, 발전된 것이었다.

이렇게 하여 영국에서의 대의 제도는 초기에 군주와의 투쟁으로부터 비롯되어 점차 부르주아 계급에 의하여 발전되었는데, 이것이 대의 원리에 부합하게 된 것은 20세기에 들어 실현된 보통 및 평등선거에 의해서였다.

당시 대의제를 옹호한 것은 의회를 장악하기 시작한 부르주아들이었다. 이들 부르주아들이 의회를 장악하여 국민의 대표자임을 강조했을 때 그들은 국민 전체의 공공 이익을 추구하기보다는 자신들의 이익을 추구하였고, 그러한 이익 추구의 수단으로 공직을 활용하였다. 이렇게 하여 대의제의 실현은 오로지 대표자의 자비심과 양심만에 의존하여 그 기능을 수행할 수 있었지만, 이후의 역사는 그와 정반대로 흘러갔다. 즉, 이들 부르주아 대표자들은 자비심과 양심은 거들떠보지도 않고 오직 자신들의 특수이익 추구에만 골몰했을 뿐이었다.

국민을 혐오하고 귀족의 통치를 지향

당시 영국 대의제의 이념을 정립한 인물은 바로 버크(E. Burke)였다.

그리고 버크의 이 '대의이론'은 현대적 대의 제도의 이념적 온상으로 되었다.

18세기 영국에서 맹위를 떨치고 있던 휘그주의(Whiggism)는 귀족적 과두제를 옹호했는데, 명예혁명 후 의회가 강력한 힘을 가지면서 영국에서 지배적인 정치이념으로 자리 잡았다. 이 휘그주의를 철저하게 반영하여 이론화했던 버크에 의하면, 의회란 군주 주권에 반대하여 정부를 창출해낼 수 있는 다수를 만들어주는 것을 담보하는 존재로서 그 구성원인 의원은 정치적으로 유효한 방법을 찾아내어 전체적인 공공복리를 실현시키는 사람으로 간주되었다.

따라서 의원은 공적인 업무의 수행을 위하여 어디까지나 독자성을 지닌 공인(公人)으로 행동해야 했다. 그는 특수이익을 추구하는 선거민의 대리인이어서는 안 되며 선거민에게 기속(羈束)되어서는 안 되었다. 이렇게 하여 버크는 이른바 '명령적 위임(Imperatives Mandat)'을 사실상 포기하고 있다(선거에서 선출된 자가 선거민들의 요구에 따라야 하며 그 행위는 선거민들에게 책임을 져야 한다는 원칙으로서 기속위임[羈束委任]이라고도 한다. 이 용어의 반대어는 바로 자유위임[Freies Mandat], 혹은 무기속 위임이다).

그에 따르면, 의원은 전체적인 공공복리의 실현을 위하여 집단적인 선거민의 명령적 위임이나 개인적인 개별적 선거민의 명령적 위임에 기속되어서는 안 되었다. 즉, 의원은 선거로 선출된 후 자신의 선거구 내지 선거구민의 대리인이 아니라 전체 국민의 대표자로서 선거구민으로부터 독립되어야 한다는 것이었다. 이를 위하여 통치란 이성에 맞게 통치권을 행사할 수 있는 미덕을 갖춘 자가 담당해야 하고, 국민은 이에 직접 개입하면 안 된다고 강조되었다.

이러한 버크의 주장은 결국 군주와 국민을 혐오하고 그로부터 거리를 둔 상태에서 귀족들에 의한 통치를 도모하고자 한 휘그주의의 기본 노선을 충실히 지키는 것이었다. 당시의 의회주권이라는 논리는 귀족들이 의회를 장악함으로써 군주를 견제하려는 의도와 함께 국민을 전혀 중요하지 않은 존재로 간주하려는 의도를 지니고 있던 것이었다.

결론적으로 영국 대의 제도는 17-18세기에 '군주주권'만이 아니라 국민이 주권을 갖는 '국민 주권론'에 대해서도 투쟁적 이데올로기로서의 성격을 지니면서 결국 '의회 주권론'으로 귀결되고 말았다.

국민을 배제시킨 프랑스 대의제의 역사

대의제가 지니는 부르주아적 성격은 프랑스에서 극명하게 드러나고 있다.

프랑스 혁명 과정의 최초 단계에서 봉건군주 세력과의 투쟁에 대한 광범위한 반대 세력의 형성이 요구되었는데, 이때 출현한 것이 바로 제3신분이라고 불리던 국민세력 연합이었다. 그런데 일단 군주 타도에 성공하자 혁명을 자신들의 헤게모니 안에서 재편성하려 했던 부르주아 세력과 철저한 신분 해방을 요구하는 이른바 제4신분이 서로 분열되어 대립하게 되었다.

헌법제정국민회의가 중도좌파인 부르주아 세력에게 완전 장악된 후 제4신분의 혁명적 요구는 저지당하였고 그들의 행동은 원천적으로 봉쇄되어 갔다. 1789년 10월 21일의 계엄법, 1790년의 파리자치시조직법, 1791년 7월 17일의 샹 드 마르스학살, 1791년 7월 18일의 선동금지법 등의 일련의 입법과 조치들에 의하여 국민의 집회와 행동은 철저하게 저지되었고 국민의 이익은 처참하게 탄압을 받았다. 이러한 과정에서 대의제는 강력히 주장되었고, 1791년 헌법이 태어났다.

결국 대의제 형성의 역사는 부르주아 세력에게 헤게모니를 장악하게 하는 과정이었으며, 대의제가 지니는 이러한 특성은 프랑스에서 가장 극명하게 드러났다고 할 수 있다. 프랑스에서 대의제는 부르주아 자유주의의 표상 그 자체였다. 그러므로 프랑스에서 대의제가 형성된 사실에 대하여 "국민에 대한 부르주아 계급의 우월적 지배를 수립하고 확보하기 위한 것이었다."라고 지적한 것은 이러한 프랑스의 대의제 성격을 잘 표현해주고 있다.

프랑스 대의제의 이러한 성격은 "국민의사는 대표될 수 없다"는 루소의 사상보다 쉬에스(Sieyés)의 대의사상을 받아들인 것이었다. 쉬에스의 대의사상은 직접 민주주의적인 여러 제도, 그중에서도 특히 의회해산제도, 의원에 대한 명령적 위임, 국민투표제도, 국민투표 형식을 통한 헌법제정권의 행사 등을 제도적으로 배제하였다. 이렇게 하여 주권자인 국민은 대표자의 선출에 있어서만 주권자일 뿐, 구체적인 국가의사의 결정과정에서는 소외되는 극단적인 대의 제도가 확립되었다. 이러한 '대의 전제주의'는 국민투표적 직접 민주주의 원리에 대한 불신으로부터 비롯된 것으로 해석되고 있다.

따라서 대의제가 지니는 일종의 '위장(僞裝) 민주주의적' 성격은 그 출생 과정에서 이미 싹트고 있었던 것이었다.

평의회(評議會) 민주주의

한편 사회주의 통치구조에 있어 1871년의 파리 코뮌(Paris Commune)은 그 이념과 실현 형태의 모델로 평가되고 있다.

1871년의 파리 코뮌은 최소 행정단위인 community와 그보다 큰

district, town 등에 수립되었다. 코뮌은 보통선거 제도에 의하여 선거구민으로부터 선출된 자치의원들로 구성되었는데, 그들 대부분은 노동자나 노동자에 의하여 인정받는 사람들이었다. 이러한 코뮌은 단순한 의회에 머물지 않고 입법기능과 함께 집행기능도 수행하였다.

코뮌에서는 모든 관리들이 국민들에 의하여 직접 선출되었으므로 항상 국민들에 대하여 책임을 지고 있었다. 재판 업무를 수행하는 관리 역시 국민들에 의하여 선출되었고, 국민들에 의하여 소환되는 지위에 있었다. 그리고 이러한 코뮌의 관리들은 노동자들의 임금과 같은 보수를 받았다. 하위 행정단위 코뮌은 상위 행정단위 코뮌에 대리인(delegate)을 파견하였고, 이러한 대리인의 파견은 상위 행정단위 코뮌으로 순차적으로 이루어졌다.

그리하여 파리의 전국대표회의는 이렇게 파견되어온 대리인들로 구성되었다. 그러한 대리인들은 물론 자신들의 선거구민들에 의하여 지시를 받고 소환되었다. 즉, 명령적 위임관계가 존재하였다. 이러한 조직 형태는 결국 오늘날의 노조 조직과 유사하다고 볼 수 있다.

이러한 코뮌의 구조는 공적 업무를 수행하는 공적 기관을 가지는 점에서 철저한 직접 민주주의와 다르지만, 공적 업무를 수행하는 자를 국민이 직접 선출하고 그러한 공적 업무 담당자와 국민 사이에 명령적 위임관계를 설정한다는 점에서 대의제와 본질적으로 상이하다는 사실을 알 수 있다.

이러한 파리 코뮌 이념을 계승하는 사회주의 정치체제는 혁명기에 나타난 평의회 형태를 토대로 하여 이른바 평의회 민주주의(Rätedemokratie: 평의회 민주주의를 위원회제 민주주의라고도 부른다)의 이념을 형성시켰다.

여기에서 평의회 민주주의란 국민들에 의한 직접적인 자기 통치(Selbstherrschaft)를 추구하며, 국민에 의하여 선출된 평의회가 입법권과 행정권을 통합적으로 행사하게 된다. 즉, 대의 제도와 달리, 권력분립의 원칙이 아니라 권력 통합의 원칙에 토대를 두고 있는 것이다. 최하위 단위의 평의회에서만 위원(委員)이 국민에 의하여 직접선거로 선출되며, 전국평의회는 지역 평의회의 간접선거에 의하여 구성된다.

선출되지 않은 권력의 월권(越權)

이러한 평의회는 국민의 위임사항에 엄격하게 기속되므로 다른 관리와 마찬가지로 언제든 국민에 의하여 소환되는 명령적 위임관계를 내용으로 한다. 위원(委員)은 일반적으로 직능단위에서 선출되며, 직업공무원 제도나 종신제는 인정되지 않는다. 법관 역시 국민의 선거에 의하여 선출되고 자신의 행위에 책임을 지며 국민에 의하여 해임된다.

따라서 이 평의회 민주주의에서는 국회의원을 비롯하여 무소불위의 검찰 그리고 철밥통 공무원도 모두 국민의 뜻을 받들어 수행하지 못하면 소환되고 해임되는 것이다. 사실 검찰이나 법원 그리고 헌법재판소와 같은 국민에 의하여 선출되지 않고 단지 '고시'라는 시험제도에 의하여 선발된 권력이 오늘날처럼 엄청난 힘을 발휘하는 것은 엄밀한 의미에서 말하자면 명백한 '월권(越權)'으로서 민주주의 정신에 위배된다. 따라서 이들 기구 역시 국민에 의한 직접 선출 요소를 최대한 가미함으로써 국민에 의한 통제와 국민의 자기 통치가 이뤄져야 할 것이다.

그러나 이러한 평의회 민주주의는 혁명기의 특수한 시기에만 구현되었을 뿐, 현실 사회주의 국가에서 혁명적 엘리트의 지도와 일당 독재의 논리에 의하여 사라지고 말았으며, 국민 소환 역시 마찬가지다.

대의 제도는 간접 민주주의의 한 형태

'명령위임'과 '자유위임'

대의 민주주의 제도는 결국 부르주아 민주주의로 고착되었다.

그리고 이 과정은 대의제에 관한 이론이 선행된 것이 아니라 서구에서 역사적으로 실현되었던 하나의 정치적 제도를 설명하는 것이었다.

민주주의란 시민의 정치참여에 의하여 자유, 평등, 정의라는 기본 가치를 실현시키고 시민으로 하여금 자신의 문제에 대하여 스스로 결정하게 하는 시민의 통치 형태라 할 것이다. 따라서 이러한 민주주의 정신을 실현하는 가장 정확한 방법은 직접 민주주의이다.

흔히 대의제를 민주주의와 등치시키지만, 근본적으로 말하면 대의제는 하나의 통치기구의 구성 원리, 또는 국가의 의사 결정 원리로서 단지 민주주의의 하위 체계일 뿐이다. 그것은 권력분립, 선거제도, 정부 형태, 지방자치제도 등과 같은 민주주의의 여러 형식 원리 중 하나에 지나지 않는다. 따라서 용어법상 직접 민주주의는 직접 결정방식, 간접 민주주의는 간접 결정방식 또는 대의제라고 불러야 정확하다고 할 것이다.

한편 의회민주주의란 의회중심의 통치 질서에서 파악되는 것으로서 엄밀한 의미에서 정부 형태와 관련된 개념이며, 이는 단지 대의제의 한 형식에 속할 뿐이다.

특히 선거로 선출된 의원은 특정 선거구민이 아니라 전체 국민을 대표하고 전체적인 공공복리를 추구해야 한다는 대의제의 이론은 명령 위임을 부정하고 자유 위임을 주창하고 있는 바, 이는 국민 세력을 배제시키면서 그와 유리되어 결국 부르주아 계급의 이익에 봉사하는 이데올로기로 기능해왔다고 할 것이다. 대의제가 지니는 이러한 성격은 프랑스와 영국 대의제의 역사에서 잘 드러나고 있다.

결국 부르주아 세력은 국민세력을 동원하여 군주를 타도한 뒤 자신들의 정파 간의 무력적 권력 투쟁을 선거를 통한 정당 간의 권력 교대 혹은 경쟁이라는 '대의제'의 평화적이고 합법적인 기제를 창출해낸 것이었다. 그리고 여기에서 선거를 통해 선출된 대표자(의원)는 특정 선거민이 아니라 '추상적으로' 전체 국민을 위한 전체 이익을 추구해야 하며, 국민에 책임을 지는 명령위임을 배제하는 것이 민주주의라는 이데올로기를 만들어냈다.

그러나 명령위임을 배제시킨 바로 그 순간 선출된 대표자는 국민에 봉사하는 위치로부터 국민 위에 군림하는 위치로 자리매김을 하게 되었다.

"국민들은 자치 능력이 없다" –대의 제도의 편견

여기에서 전체 국민이라는 것은 실체가 없는 관념적 존재일 뿐이다.

대의 관계에서 대표되어지는 실체는 없으며 대표하는 행위도 존재하지 않는다. 대의 관계에서 존재하는 것은 오직 국민이 대표자를 선출하는 행위와 대표자가 자기 스스로 결정하고 행동하는 행위뿐이다. 그리고 대표자의 이러한 행위는 '전체 국민이라는 이름'으로 정당화되고 그리하여 국민을 구속하게 되는 것이다.

다시 말해, 대의제에서의 대표자란 더 이상 선거민의 단순한 대변자가 아니며 대리인(Agent)이나 수임자(Kommissar)도 아니다. 그는 '전체 국민'의 대표자이기 때문에 '공명정대'하게 행동해야 하며, 이를 위해서는 그의 결정과 판단에 영향을 주는 어떠한 힘으로부터도 독립되어야 한다고 주장된다. 물론 이러한 논리의 배경에는 탁월한 인물이 무지몽매한 국민의 의사나 명령에 따른다는 것은 당치도 않다는 의식이 깔려 있었다. 그들의 이러한 시각에서 보면, 국민들은 오직 자신들을 뽑을 '권리' 혹은 '자유'가 있을 뿐 통치는 자신들처럼 탁월하고 고귀한 사람들만이 담당할 고유 영역이라는 것이다. 마치 일제 식민지 시대 일제가 우리 민족은 자치 능력을 가지고 있지 못하다고 강변하던 것과 너무도 흡사한 논리다.

역사적으로 시민혁명은 부르주아혁명으로 마무리되었고 국민세력은 탄압을 받아 그 힘을 잃게 되었다. 이 과정에서 대의제는 굳건한 통치원리로 정착되기에 이르렀다. 이렇게 하여 국민이 직접적인 결정을 내리는 것이 아니라 대표자를 통하여 간접적으로만 정치적 결정에 참여하며, 따라서 당연히 통치자와 피치자가 별개의 존재로 나누어지게 되었다. 결국 이렇게 통치자와 피치자가 구별된다는 사실은 결국 대의제가 국민의 자기통치를 통하여 민주주의를 실현함을 부인하는 것이다. 그러므로 대의제는 '국민에 의한(by the people)' 통치를 의미하는 것이 아니고 대의 기관을 통한 통치를 의미한다.

이러한 대의제에서 무엇보다도 대표자의 독립성 보장이 강조된다. 왜냐하면 대표자는 국가의사 결정에 있어서 항상 피치자(被治者)보다 탁월한 능력이 있으므로 대표자가 피치자로부터 독립성이 보장되지 않으면 대표자의 올바른 결정에 장애가 초래된다는 것이다. 여기에서 국민의 특수 이익보다는 일반 이익 즉, 전체 이익이 존중되며, 무엇이 전체 이익인가에 대해서는 오직 대표자만이 결정할 수 있다는 논리로 연결된다.

물론 이 과정에서 대표자에 대한 국민의 통제는 관심 밖의 문제로 전락된다. 그리하여 대의제는 이른바 '대의원리'에 근거하여 대표자만

이 정책결정의 권한을 가지고 있게 됨으로써 정치적 의사결정 과정은 명망가인 대표자에게 독점되었다. 결국 이러한 명망가 중심의 이른바 '명망가(혹은 명사, 名士) 민주주의'의 통치가 대의제의 근간을 이루고 있는 것이다.

명망가에 독점된 그러한 배타적 결정권은 전체 이익에 기초하여 행사되기보다는 대표자 자신들의 시각에서 그리고 자신들과 관련된 이익에 의하여 행사되기 쉽다. 나아가 이들 대표자는 반드시 뛰어난 자질에 의하여 대표자의 지위에 오르는 것이 아니라 경제적 재산과 사회적 영향력 그리고 그를 앞세운 배후 세력의 사회경제적인 힘에 의거하는 경우가 대부분이다.

현대 대의제가 지니는 이러한 성격은 과연 대의제가 전체 이익, 즉 공공복리를 실현시킬 수 있으며 대의제 하에서 특수 기득권의 부분 이익(특수 이익)의 지배로부터 과연 공적(公的) 업무의 공공성 보장이 가능할 수 있는가라는 근본적인 문제 제기를 불러일으키고 있다.

결국 대의제란 대표자의 활동에 따르는 위험성에 대한 담보가 오직 대표자의 양심과 인격에만 맡겨지고 있으며, 대부분의 경우 그 대표자의 양심과 인격은 개인적이고 집단적인 이익 추구로 변질된다. 이것은 대의제가 지니는 근본적인 제도적 허약성이라고 할 것이다. 바로 이 점 때문에 루소는 대의제 하의 국민은 대표자를 선출할 때만 자유로울 뿐 선거가 끝나면 곧바로 노예상태로 전락한다고 신랄하게 비판한 것이었다.

그러므로 대의제 민주주의는 공공선(公共善)이나 일반 의사의 지배가 아니라 정당 또는 정치인의 '부분 의사'가 지배하는 부르주아 민주주의였다. 다시 말하면, 현대 자유민주주의는 특정 집단의 이익과 가치가 특정 정당에 의하여 대표되는, 즉, '부분 의사'가 대표되는 민주주의라는 것이었다. 그리고 이러한 '최소주의적' 대의제 민주주의 개념은 민주주의 가치를 축소시켰으며 민주주의의 질적 발전을 보장하지 않고 있다.

부르주아의 이익보장 시스템으로서의 정당

사실 서양에서도 정당의 역사는 그리 오래되지 않았다.

정당정치의 고향으로 칭해지는 영국의 정당사를 살펴봐도 17세기 이후 19세기 중엽에 이르기까지 정당이 거의 사사로운 '그룹'에 불과함을 알 수 있다.

최초의 '그룹'인 원정당(圓頂黨)[8] 라운즈헤즈(Roundheads)와 왕당파인 기사단 캐버리어즈(Cavaliers)는 각기 의회와 왕권을 배경으로 무력 대결을 벌였으며 마침내 청교도혁명에 이어졌다는 점에서 정당이라기보다 정치적 폭력단체라 할 수 있다.

이후 의회에서의 대립은 소집파 대 반대파에 이어 휘그 대 토리로 이어졌고, 보수당인 토리당에서 '보수주의적'이라는 용어도 1830년에

8 1641년 영국 의회에서 감독제도 폐기법안이 상정되었을 때 국왕군의 병사와 의회파 지지자들 사이에 난투가 벌어지는 소란이 일어났는데, 이때 왕당파는 장발이었으나 의회파 지지자들은 머리를 짧게 깎았기 때문에 경멸의 뜻으로 그렇게 불렀던 데에서 유래되었다.

야 비로소 만들어졌다. 이렇게 하여 정당들이 그나마 오늘날과 같은 현대 정당의 모습은 20세기가 되고서야 비로소 갖춰졌다. 그러나 토리당은 영국국교주의와 지주계급을 대표했으며 휘그당은 귀족, 토지 소유 계층, 부유한 중산층의 이익을 대변했던 점에서 알 수 있듯이, 정당제도 역시 고스란히 부르주아 계급의 이익을 보장하는 체제였다.

오직 1%의 기득권층과 '진정성 있는' 접촉을 수행하는 대표자들

선거에 의하여 선출된 대표자가 국민의 의사를 반영하지 못하는 데서 기원한 근대 대의제의 위기는 정치적 책임만을 묻는 선거만으로 결코 해결할 수 없다.

더구나 대부분의 대표자들은 선거 시기를 제외하고는 일반 국민과의 접촉보다 사회적으로 영향력이 있는 소수 기득권층과의 접촉에 자신의 활동이 국한되기 쉽다. 그리하여 대부분의 대표자들이 그야말로 '진정성을 가지고' 접촉하는 것은 이들 1%의 기득권층과 고급 호텔이나 고급 바 혹은 골프장에서 만날 때이다. 그리고 대부분의 시간을 이들 기득권층과 보내게 된다. 반면 국민 대중과는 선거 때 반짝 분주한 외에 그 접촉 시간이 매우 짧고, 더구나 모든 것이 표를 의식한 '형식적' 행위에 불과하게 된다. 이러한 상황에서 대표자들이 일반 국민들의 의사에 반하여 극소수 기득권층의 이익에 봉사하는 정책 결정에 적극적으로 참여하게 되는 것은 어찌 보면 필연적인 현상이다.

이러한 상황에서 대표자에 대한 국민의 통제는 반드시 필요한 것이고, 그것이야말로 민주주의의 핵심이다. 그러므로 국민의 의사에 반하는 행위를 한 대표자를 소환하는 국민소환제는 민주주의의 실현을 위하여 국민들이 할 수 있는 최소한의 방어기제이다.

그간 우리나라에서 지방자치 단체장에 대한 주민소환제가 종종 시도되었음에도 불구하고 대부분 실패로 돌아갔던 데에는 여러 가지 요인이 있겠지만, 혹시 소환이 이뤄져 다른 정당의 다른 인물이 선출되어본들 “그 사람이 그 사람”이라는 일종의 ‘체념’이 우리 사회에서 굳게 뿌리를 내리고 있기 때문이라고 할 수 있다. 결국 사실상 ‘선택권이 봉쇄된’ 우리 정치현실 때문인 것이다.

〈생각해보기〉

직접 민주주의의 길

확대되어야 할 직접 민주주의의 방식

본래 진정한 의미에 있어서의 민주주의란 직접 민주주의다.

대의제, 즉 간접 민주주의는 부득이한 상황에서 특수하게 적용된 제도에 불과하다. 그런데 현실은 거꾸로 전개되어 왔다. 직접 민주주의가 현실적으로 여러 난점이 존재한다는 이유로 이른바 대의제, 즉 간접 민주주의를 채택하고 마치 그것이 유일하고도 진정한 민주주의인 것처럼 이데올로기화한다.

평의회 민주주의는 국민에 의하여 선출된 대표가 선출한 대중들의 의사를 정확히 반영하고, 그에 반할 경우 소환된다. 국민에 대한 책임을 전제로 하는 명령위임은 그러므로 중요하며, 명령위임을 부정하는 현재의 자유위임 원칙은 결국 엘리트 중심의 통치를 초래하고 주권자인 국민을 무력화시키는 통치형태로서 국민 세력을 근본적으로 배제하는 부르주아 이데올로기의 전형으로 볼 수 있다.

독일의 녹색당이 내걸었던 기층민주주의 핵심도 명령위임의 원칙이었다. 녹색당은 당 강령 전문에 "모든 당직자와 당 소속 의원들은 기층당원에 의하여 지속적인 통제를 받는다. 만약 당 소속 의원이 기층당원의 의사에 반하는 경우에는 언제든지 이를 소환할 수 있다."고 명기하고 있다. 그러나 국민소환제는 이른바 대의제를 채택하는 절대 다수의 국가에서 오늘날 여러 가지 폐단과 부작용을 명분으로 내세워 부정하고 있다. 이렇게 하여 국민이 참여하는 통로가 곳곳에서 봉쇄되고 있다.

민주주의의 존재를 오로지 선거에서만 반짝 확인할 수 있는 이러한 과정에서 결국 대중은 배제되고 유리된 채 '민주적이지 못한' 정당들에 의하여 대표 선출이 강요된다. 이는 민주주의가 아니라 대중과 유리된, 대중 위에 군림하는 정당 간의 희화화된 권력 나눠먹기이자 적나라한 정당 독재에 지나지 않는다.

원래 자유위임이란 선거민으로부터의 '자유'뿐만 아니라 정당으로부터의 '자유'도 동시에 의미하는 것이다. 하지만 의원들이 정당에 철저히 '구속'되고 있는 현실 정치에서 선거민에게만 자유로운 정당의 독재는 더욱 심화되고 있다. 일찍이 독일의 저명한 사회학자인 막스 베버(Max Weber)도 "국민이 정당에 의하여 완전히 그리고 예외 없이 무력화된다."고 지적하였다.

결국 오늘날의 이른바 '민주주의'란 선거라는 이름으로 대중과 철저하게 유리된 정당의 후보만 선출하는 과정으로서 이는 대중들의 의사가 제도적으로 봉쇄될 수밖에 없는 정당 독재이며, 이것을 민주주의라 부르기는 어렵다고 할 것이다.

민주주의란 대중의 대표를 어떻게 선출하고 어떻게 그 대표기제를 운용하는가에 성패가 달려있으며, 이를 위하여 정당의 개입이 최소화하고(예를 들어, 기초자치단체의 경우 반드시 정당을 배제할 필요성이 있다) 평의회 민주주의의 원리가 최대한 실현되는 것이 바람직하다고 할 것이다.

직접 민주주의의 확대는 현재의 대의민주제가 직면한 이른바 '민주주의 결손(democratic deficit)'을 보완해주는 긍정적인 기여를 한다.

구체적으로 직접 민주주의는 1) 정치권력의 정통성이 공론에 의하여 창출되고 확인되며 도전받도록 함으로써 보다 공론적인 정치를 가능하게 하며, 2) 자칫 무시될 수 있는 다양한 정치적 견해들이 표출되어 논의될 수 있는 기회를 제공해주고, 3) 정치적 대표성이 취약한 사회적 약자들의 입장이 논의될 수 있으며, 4) 정치권력의 독점을 방지하고 보다 균등한 분포를 지향하는 등의 장점을 지니고 있다. 유럽 회원국들의 입장을 정리한 유럽회의는 모든 차원의 정부에서 주민발안과 주민투표를 확대 시행할 것을 추천한 바 있다.

독일에서 활성화되어 있는 시민단체들은 기존 지방자치제도를 개혁하지 않고서는 자신들의 의견을 반영하기 어렵다는 사실을 깨닫고 주민들의 의견을 반영할 수 있는 제도적 장치를 요구하는 운동을 전개하였다. 그리고 마침내 1990년 쉴레스비히-홀스타인 주에서 지방자치법이 대대적으로 개정되면서 광범위한 주민 참여를 보장하게 되었다.

그 주요한 내용은 다음과 같다.

첫째, 주민청원으로서 일정한 수의 주민이 청원한 사항에 대하여 지방의회는 일정 기간 내에 반드시 심의하여 결정해야 한다. 둘째, 주민회의로서 지방자치단체는 최소 1년에 한 번 이상 지역의 중요한 문제를 논의할 수 있는 주민회의를 소집해야 하며, 여기에서 집약된 의견은 해당기관에서 일정 기간 내에 심의되어야 한다. 셋째, 주민투표로서 일정 수의 주민은 지역의 중요 문제에 대하여 주민투표를 청구할 수 있고, 이 경우 지방의회 의원의 2/3 이상의 찬성이 있으면 주민투표를 실시해야 한다.

국회사무처의 '정명(正名)'을 위하여

국회사무처가 지녀야 할 위상

"국회의 주인은 국회의원이 아니라 국회사무처 직원이다"

국회에 대한 국민들의 극심한 불신은 국회가 그만큼 힘 있는 기관이라는 사실을 역설적으로 웅변한다. 국회가 반대하면 그 어떤 것도 움직일 수 없다는 일종의 '패배감'도 우리 사회에 짙게 드리워져 있다.

그러나 우리가 찬찬히 그 실상과 근원을 들여다보면, 국회 시스템의 기본을 장악한 것은 "4년 계약직인 국회의원"이라기보다 오히려 붙박이인 국회 입법관료 집단이다. 다른 측면에서 생각해보면 국회의원은 빙산의 '일각(一角)'이고, 그 빙산의 '근저(根底)'는 입법 관료들이다. 이들 입법관료들의 힘은 일반인들이 상상할 수 있는 이상으로 강하다. 사실상 입법권을 좌지우지하는 국회 전문위원의 검토보고를 비롯하여 국회 예산과 운영에서도 실질적 지배자는 바로 입법관료라 해도 결코 지나친 과장이 아니다.

실제로 2017년 11월 국회운영위원회 회의에서 조응천 더불어민주당 의원(경기 남양주시갑)은 "국회 지원부서는 폐쇄적이다. 언터처블이다. 행정부의 감사감찰, 수사기능이 여기에 미치지 않는다. 국회입법고시 출신들이 강한 결속력으로 승진이나 혜택을 독점하고 비리는 서로 감춰준다. 국회의 주인은 국회의원이 아니라 국회사무처 직원이라고 생각한다"라고 강하게 비판한 바 있었다.

국회사무처란 마땅히 명실상부하게, 문자 그대로 국회의 사무 및 관리(administer)라는 본연의 업무에 충실해야 한다. 의회 시스템에서 행정 사무관리 업무를 보조, 지원하는 기관이 비대해짐으로써 결과적으로 행정부를 연상하도록 하는 제2의 관료체제로 전환되어서는 안 된다. 국회 사무처의 경우, 바로 이러한 행정관리 업무를 중심으로 관료적 질서를 구축하면서 사실상 제3의 세력 집단으로 성장해 있다. 이는 입법관료가 대표성을 결여하고 있다는 사실과 함께 국회사무처가 단지 국회의원을 보조하는 입법지원 기구일 뿐이라는 점에서 결코 바람직하지 않다.

법원의 행정을 지원하기 위한다는 명분으로 설치된 법원행정처가 실제로는 법원의 최고 권력을 장악한 사례에서 잘 알 수 있듯이, 국회사무처와 같이 본래 행정과 사무의 보조 업무를 담당하는 부서의 권한이 점점 확대되어 본말전도의 행태가 나타나기 쉽다. 법원행정처와 국회사무처를 연속 취재해 보도했던 모 방송국 PD는 필자와의 통화에서

"취재과정에서 드러난 국회사무처의 여러 행태는 법원행정처와 완전히 동일했다."고 밝혔다.

국회 예산 운영도 사실 문제다. 상식적으로 말해서, 어느 기업이든 국가 기관이든 '돈줄'을 쥔 자가 가장 힘이 센 사람이고 나아가 사실상 주인인 셈이다. 정부에서 기재부가 힘이 센 것은 바로 돈의 힘이 아닌가? 국회의원도 국회 사무처로부터 월급을 비롯하여 각종 운영 경비를 받는다.

사실 커다란 문제로 부상되었던 '특활비'도 사무처로부터 받고 각종 활동에 대한 각종 명목의 비용 역시 사무처로부터 수령한다. 또 '우수'라는 평가와 지출 모두 사실상 사무처의 '권한'이다. 이러한 구조에서는 국회의원들이 사무처에 잘 보일 수밖에 없다. 물론 지금 국회의원에 대한 불신이 너무 깊고 큰 것이어서 국회의원에게 돈까지 맡기는 것은 절대로 지지를 받지 못할 게 분명하다. 그러나 분명한 점은 국회사무처가 검토보고 권한과 함께 이렇게 예산과 관련 운영을 '독점'하기 때문에 그 권한 역시 증대된다는 사실이다. 주객전도의 적나라한 현장이다.

이들 국회 사무처를 비롯한 이들 국회 기관들이 사실상 유일하게 감사를 받는 곳은 국회 운영위원회 회의다. 그러나 그곳에서도 대개 "자기 식구"라는 차원에서 매우 온정적인 분위기로 처리된다. 그러니 사실상 그 어디에도 국회기관들을 감독, 감사하는 곳이 없다. 이른바 무풍지대이자, '온실 속 화초'다. 하지만 감시와 견제가 없는 곳은 반드시 부패한다는 것이 만고의 철칙이다.

그러는 가운데 그간 국회에서는 2천억 원 예산 규모를 넘는 의원회관을 비롯하여 의정관, 국회 한옥, 어린이집 등등……. 그 아름답던 숲과 아름드리나무들을 베어내고 파괴하면서 건물들은 계속하여 새로이 지어졌다. 지금도 국회 한 편에서는 신축 건물들이 또 지어지고 있다. 그리고 그다지 투명하지 못한 이 과정에 상당한 예산이 낭비되고 있다. 특히 2천억대 규모로 진행되었던 의원회관 공사에서는 국회 고위층 비리설이 파다하게 퍼지기도 하는 등 국회에서 새 건물이 올라갈 때마다 어느 누구를 위한 사업이라는 풍문이 돌곤 한다. 그 명칭부터 이미 국적 불명인 '국회 스마트워크센터'는 총 646억 원이라는 엄청난 예산이 투입되었지만 시작부터 낙찰가가 입찰 예정가격을 초과해 말썽을 빚기도 했다.

이러한 '전근대적이고' '비정상적인' 행태는 이제 그만둘 때가 되었다.

국회사무처의 월권, 근본적으로 차단되어야

그러나 선진국 의회에서는 이와 반대다.

예를 들어, 독일 의회 사무처의 역할은 회의 준비 혹은 회의장 정리 등 그야말로 보조적인 차원의 업무를 수행하고 직원 역시 대부분 실무자 수준으로 구성되어 있다. 그리고 그러한 사무처가 명실상부한 '사무처'이다.

덧붙이자면, 프랑스나 독일 그리고 영국 등 국가의 의회에서는 의장과 양당 대표들로 구성되는 "이사회"(영국의 경우에는 하원위원회가 이에 해당하고, 독일의 경우는 최고평의회가 이와 유사하다)가 국회 내 조직의 인사와 예산을 총 관리하는 구조를 가지고 있다. 예산의 경우에는 '이사회'

의 '재무회의'가 매주 1회 개최되어 재무회의의 승인 없이는 의회의 모든 지출이 될 수 없다. 사실 이러한 시스템이 정상이다. 이렇게 '돈줄'을 장악함으로써 의원들은 의회의 진정한 '주인' 역할을 할 수 있게 된다.

국회사무처란 마땅히 명실상부하게, 국회의 사무 및 관리라는 본연의 업무에 충실함으로써 그 명(名; 이름)과 실(實; 내용)이 부합되게 해야 한다. 예를 들어, 타이완 입법원에는 별도의 사무처가 없고 대신 입법원 산하에 비서처, 의사처, 공보처, 총무처, 자문처를 비롯하여 법제국, 예산중심(中心), 국회도서관 그리고 의정박물관을 두고 있다.

미국 상하원 지원조직도

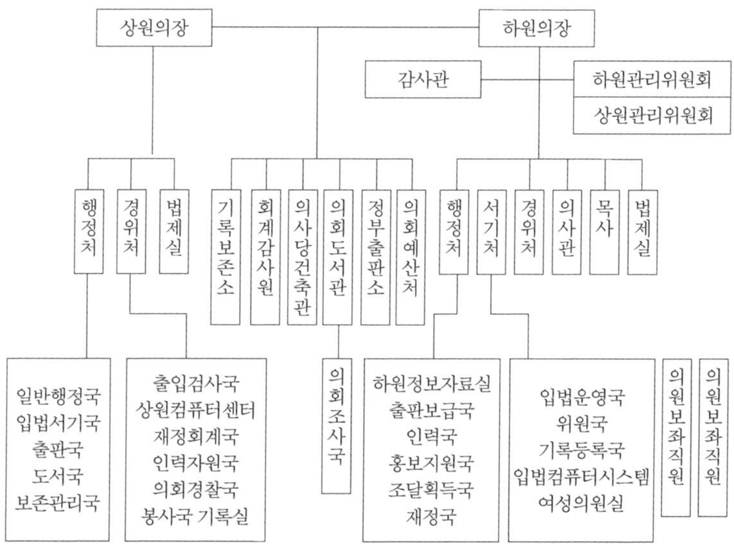

* www.congress.org

영국 하원의 사무처 조직도

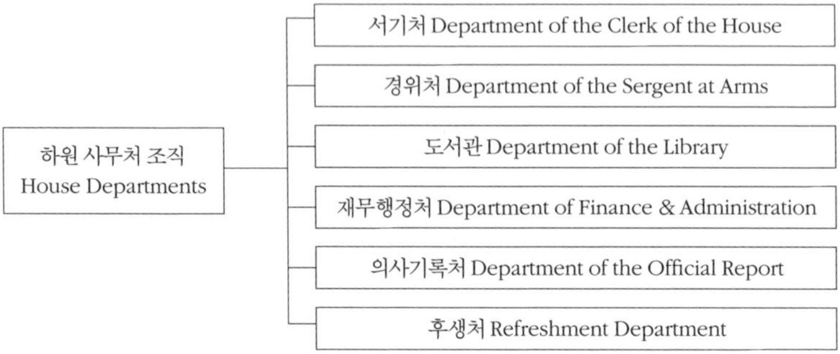

*자료: House of Commons, "Twenty-seventh report of the House of Commons Cpmmission: Financial Year 2004/05," July 2005, p.14.

스웨덴 의회 사무처 조직도

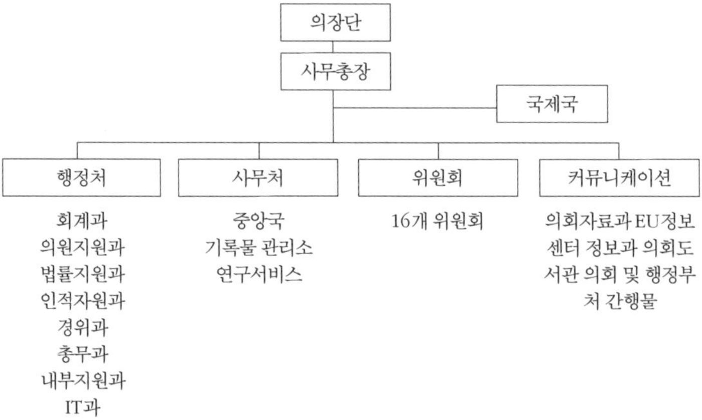

*출처: Sveringes Riksdag, "The Riksdag Administration 2008", 2008, p.31.

독일 의회 행정조직도

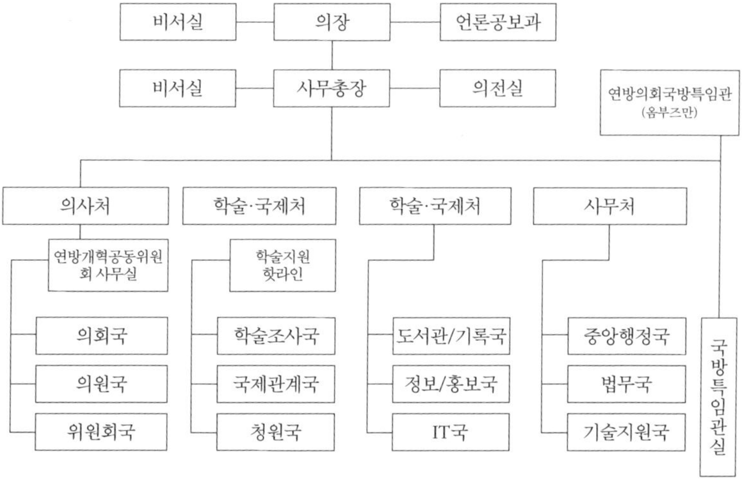

*2008년2월14일 현재

미국 의회의 사무처 역시 마찬가지다. 뿐만 아니라 전 세계 모든 의회의 행정조직은 예외 없이 이러한 형태의 조직으로 구성된다. 의원을 행정적으로 지원하기 위해 설치된 의회 사무처가 오히려 의원 본연의 업무를 침해하는 월권의 가능성은 근본적으로 차단되어야 한다.

미국 의회의 경우, 1946년과 1970년 두 차례에 걸쳐 '입법부 재조직법'을 제정하고 입법지원 조직을 획기적으로 강화시켰다. 우리도 이를 모델로 하여 국회의원들로 구성되는 가칭 '입법부강화 특별위원회'를 설치하고 「입법부 재조직법」을 제정하는 것이 필요하다. 거기에서 현 국회 행정조직을 전면적으로 재검토하여 진정한 입법지원 조직으로서의 국회 공무원 조직을 정립시켜야 한다.

특히 국회 전문위원은 이제 본래의 취지대로 '전문가'로 구성되어야 한다. 우리 국회도 처음에는 '국회 전문위원'은 의원들을 지원, 보좌하기 위하여 각 분야의 유능한 전문가를 상임위원회에서 의원들이 직접 선발했었다. 하지만 이는 유신 정권에 의하여 결국 전문가가 아니라 관료들이 독점하도록 '변형'되었다.

이러한 왜곡은 이제 바로잡혀야 한다. 그리하여 국회의원이 진정으로 국회의 주인이 되고 명실상부한 '전문가'들의 입법지원 활동에 토대하여 진실로 국회다운 국회, 일하는 국회로 거듭나야 할 것이다.

정명(正名)이란 무엇인가?

名不正則言不順 言不順則事不成.

『논어』에 나오는 유명한 말로서 "이름(名)이 바르지 않으면 말이 순조롭지 않고, 말이 순조롭지 않으면 하는 일이 이뤄지지 않는다."는 의미이다.

여기에서 '명(名)'은 이제까지 주자(朱子)의 해석에 따라 '명분'으로 설명되어 왔다. 그리하여 '정명(正名)'이란 '올바른 명분'으로 널리 알려져 왔다.

하지만 한(漢)나라의 정현(鄭玄)은 "正名, 謂正書字也. 古者曰名, 今世曰字(정명이란, 올바르게 문자를 쓰는 것이다. 옛날 명이라 하였고, 지금은 문자라 한다)."라고 하여 이를 '자(字)', 즉 '문자'로 해석하였고, 또『주례

(周禮)』"외사(外史)"에는 "古曰名 , 今曰字(옛날 명이라 하였고, 지금은 문자라 한다)."이라고 하여 '명(名)이 글자(字)임을 말하고 있다.

이밖에도『儀禮』"釋文"에 "名, 謂文字也", 즉 "名이란 文字를 말한다."라고 설명되어 있다. 곽말약(郭沫若) 역시 "'정명(正名)'이란 후세 사람들이 말하는 대의명분을 가리키는 말이 아니고, 일상적으로 사용하는 모든 사물의 이름, 특히 사회관계상의 용어이다"라고 규정하였다.

즉, '명(名)'이란 '문자(文字)' 혹은 '글자'의 의미인 것이다.

털끝만큼의 작은 잘못으로 인하여 천리의 착오가 생겨

"털끝만큼의 작은 잘못이 천리나 되는 엄청난 착오를 나타나게 한다(失之毫厘, 差以千里:『陳書』)."

공자는『춘추』를 저술할 때 한 글자 한 글자 기술하면서 어느 용어를 선택할 것인가에 심혈을 기울였다. 오나라와 초나라의 군주는 스스로 왕을 칭했으나 공자는『춘추』에서 당초 주나라 왕이 책봉했던 등급에 의거하여 그들을 '자'작(子爵)으로 낮춰서 기록하였다. 또 '천토(踐土)의 회맹(會盟)'[9]은 실제 진나라 문공이 천자를 부른 것이었으나 그것을 좋지 않게 평가하여 다만 '주나라 천자가 하양(河陽)까지 순수(巡狩)하다.'라고 기록하였다.

이러한 '춘추필법'에 의해 당시 사람들의 행위가 예법에 위배되는

9 중국 춘추전국 시대 진(晋)나라 문공이 초나라를 물리친 후 여러 제후국의 제후들과 천토라는 곳에서 회합한 것을 가리킨다. 여기에서 진 문공은 천하의 패자로 인정받았다.

가의 기준을 삼고자 하였다. 공자는 관직에 있을 때 모든 일을 다른 사람과 상의하였으며 결코 독단적으로 혼자서 행한 일이 없었다. 그러나 『춘추』는 끝까지 혼자 집필하고 손수 교정을 보았다. 학식이 많은 제자인 자하에게조차 한 글자의 도움조차도 구하지 않았다. 공자는 세계를 '해석'함으로써 세계를 '변화'시키고자 하였던 것이다.

이처럼 어떤 용어를 선택하여 사용하는가는 매우 중요한 기준이 된다.

예를 들어, 'toilet paper'를 우리는 '화장지' 혹은 '휴지'로 번역해 사용하고 있다. 그런데 만약 'toilet paper'의 의미를 정확하게 살려 우리말로 번역했다면, 그것을 식탁에서 아무런 부담 없이 사용하기는 대단히 어렵게 된다.

명실상부(名實相符), 모름지기 이름, '명(名)'과 내용, '실(實)'은 정확하게 부합되어야 한다.

남용될 수 없는 '위원'이라는 용어

그렇다면 국회 '전문위원'이라는 용어는 과연 타당한 용어일까?

'전문위원' 중 '전문'에 관련해서는 이미 여러 차례 설명했듯이 국회 전문위원이란 말 그대로 전문가 출신을 선발한 것이 아니고 국회 공무원 출신으로서 '전문'이라는 용어는 상당한 문제를 내포한다.

그렇다면 '전문위원'의 '위원'은 어떨까?

국회법에서 '위원'이라는 용어는 국회법 제48조 (위원의 선임과 개선, 改選) 및 동법 제60조(위원의 발언) 조항 등에서 명백히 알 수 있는 바와 같이 본래 국회의원만을 대상으로 하는 용어이다. 쉽게 말해, 각 상임위원회는 국회의원들로 구성되는 것이지 국회 공무원이 '위원'이라는 이름으로 참여할 수는 없다. 결국 국회의원 이외의 국회 조직 내부의 공무원이 '위원'이라는 명칭을 사용해서는 안 된다.

실제로 현재 각 상임위원회 회의석상에서 국회의원을 지칭하는 '위원'과 '국회 공무원'인 전문위원(수석전문위원을 포함하여)을 호칭하는 '위원'의 호칭이 같이 사용되어 혼선을 빚고 있다. 별도의 전문위원 조항을 두어 '전문위원'을 국민의 대표로 선출된 국회의원과 동렬에 위치시키고 있는 우리나라 국회법 제42조(전문위원과 공무원)는 엄밀하게 말해 잘못된 규정이다. 따라서 국민의 대표로서 선출된 국회의원과 국회의 입법관료인 공무원을 마치 동렬로 자리매김 해놓은 듯한 이러한 조항은 "상임위원회에는 전문지식을 가진 직원(전문원이라 한다) 및 조사관을 둔다."는 내용으로 수정해야 한다.

국회도서관과 입법조사처의 올바른 위상

1970년, 미국 의회는 입법부재조직법(Legislative Reorganization Act of 1970')에 의하여 의회에서 법안 관련 자료의 수집과 준비에 행정부나 로비스트 그리고 다른 외부기관에 대한 의존도를 줄이기 위해 의회에 대한 입법지원기구로서의 의회조사처(CRS)를 탄생시켰다. 의회조사처 웹사이트는 의원이나 위원회 직원 아닌 일반인 접속은 엄격히 통제하고 있는데, 의회조사처에서 발표되는 연구보고서는 미국에서뿐만 아니라 우리 언론에서 인용할 정도로 그 권위를 인정받는다. 역사가 일천한 우리 국회의 입법조사처를 이와 비교할 수 없다. 더구나 일반 국회 공무원이 혼재되어 동일하게 입법조사처의 박사급 조사관과 함께 동일하게 근무하는 현실은 지양되어야 한다.

한편 국회도서관 역시 입법지원 기구다. 그러나 국회도서관이 어떠한 업무를 위하여 국회에 설치되어 있는가를 이해하고 있는 일반 사람들은 거의 없고, 국회의원들도 대부분 알지 못하며 사실 관심도 없다. 유능하다고 평가받는 어느 의원 보좌관도 국회도서관이 이제까지 책을 빌려보는 곳인 줄로만 알았다고 털어놓기도 했다.

한마디로 말하자면, 국회도서관은 도서의 수집, 정리, 보존 업무를 위주로 하는 일반 도서관이 아니다. 국회도서관은 도서관계나 문헌정보학 그리고 사서직군의 차원을 넘어서는 존재이다. 국회의원의 입법 활동을 효과적으로 지원하기 위하여 국회 내에 설치되었기 때문에 '국회'라는 명칭이 붙게 된 것이다. 그것은 국회 내에 존재하면서 국회 입법 활동 지원을 핵심 업무로 하는 입법지원 기관이다. 즉, 일반도서관의 대표 도서관은 중앙도서관이고, 국회도서관은 국회의원에 대한 입법지원 업무를 목적으로 하여 의회 내에 설치된 '특수한' 도서관이다. 영국 하원도서관의 『의회도서관을 위한 가이드』에는 "의회도서관은 입법부의 의원 및 증가하고 있는 의원의 보좌관이라는 특정하게 한정된 이용자에게 서비스를 제공한다."고 규정하고 있다.

그러나 현재 국회도서관은 이러한 본래의 존재 목적과 의미는 까맣게 실종된 채, 거꾸로 일반 열람객들에 대한 봉사와 개방의 측면만 '특수하게' 성장하면서 운영되고 있는 '특수한' 국회도서관이다. 세상에 이러한 국회도서관도 없다. 우리의 이러한 국회도서관의 현실은 우리 국회가 정상적으로 운영되지 못하고 있다는 대표적인 증거이자 국가 예산의 낭비와 오용의 상징적 현장이기도 하다.

지금은 집권당으로 된 민주당이 야당일 때, 야당 몫인 국회도서관장의 임명권을 외부 추천위원회에 넘겨 사실상 '도서관계'에 돌려준다고 발표하면서 '혁신'의 일환이라고 자부하기도 했다. 자기 권한을 포기한 점에서 진정성도 인정되기는 하지만, 정확히 말하면 이는 입법지원 기구에 대한 이해 부족과 '우리 국회의 대표적인 약점인' 인기 영합주의요 포퓰리즘의 소산이었다.

국회도서관은 미국 의회도서관을 벤치마킹한 도서관이다. 미 의회도서관은 의회 의원들의 입법 활동을 지원하기 위해 설치되었다. 일반인 출입은 금지되어 있다. 미국 의회도서관장은 제퍼슨 대통령이 하원에서 총장으로 근무하던 존 벡크리를 임명한 이래 계속 대통령이 임명하였고, 가장 오래 40년을 관장으로 재직한 허버트 푸트남은 법학을 전공하였으며, 현 관장 제임스 빌링턴은 프리스턴대학과 하버드대학 교수 출신의 저명한 역사학자이다. 임명자인 레이건 대통령은 "비록 사서로서의 전문성은 부족하지만, Wilson센터 운영의 행정경험과 학자로서의 덕망"을 임명 이유로 들었다. 한마디로 미국의회도서관장은 '지성의 상징'이다. 이들에 의하여 체계적이고 장기적으로 의회 입법지원 업무를 제공하는 도서관으로 발전되어왔다.

따라서 입법지원 업무를 가장 핵심적 과제로 하는 국회도서관의 장(長)은 입법 전문가가 되어야 하는 것이 원칙이다.

이렇듯 국회도서관은 그 이름, 즉 '명(名)'과 '실질'이 부합된 국회도서관으로 자리잡고 있지 못하다. 더구나 일반인은 두말할 것도 없고 국회의원을 비롯해 국회 구성원들 자신들도 이러한 점에 대해 전혀 문제의식이 없다. 또한 국회사무처는 국회사무처로서 지녀야 할 위상과 임무를 벗어나 월권의 행태가 오히려 상식으로 통하고 있다. '국회가 국회답지 못한' 상황이다. 오늘 국회에서 '이름'과 '실질'이 부합하는 '정명(正名)'은 도무지 찾을 수 없다.

하지만 문제는 비단 국회에만 존재하고 있지 않다. '대통령'이라는 용어부터 '서거'나 '귀화' 그리고 '공포'라는 법률용어에 이르기까지 우리 사회의 모든 분야에서 '잘못 붙여진 이름'과 '명실상부하지 못한 것'들은 그야말로 압도적인 주류를 이루고 있다.

'정명'의 중요성 그리고 필요성은 계속 강조되어야만 한다.

국회에는 어떤 입법지원 조직이 필요한가?

미국 의회의 탁월한 전문성은 유능한 입법지원 조직

어느 나라든 의회의 의원들은 국가 중요 정책의 결정권을 가지며, 그 활동 결과는 국가와 국민에게 매우 심대한 영향을 미치게 된다. 그리하여 의원들은 그 직책을 성공적으로 수행할 것이 요청되며 이에 필요한 전문지식을 갖출 것이 요구된다. 하지만 국회의원이란 기본적으로 전문성에 의해 선출된 것이 아니라 선거에 의해 국민을 대표하는 대표자로 선출되었고, 정치활동에도 매우 바쁜 정치인들이다. 그러므로 이들의 시간과 전문성 부족을 보완하고 이들의 활동을 지원하는 조직이 절실히 필요하게 된다.

이러한 상황에서 이들 대표들을 지원하여 정책과 전문성의 분야를 높여주는 제도적 장치가 바로 입법지원 기구이다. 다시 말하면, 입법지원 기구란 '국회의원의 입법 활동을 지원함으로써 의회의 전문성을 확보하여 의회가 제 기능을 수행할 수 있도록 마련된 제도적 장치'라고 규정될 수 있다.

오늘날 세계적으로 입법지원 기구의 형태는 미국 의회를 모델로 하고 있다. 미국 의회의 입법지원 기구 규모는 2007년 현재 회계감사원(GAO) 3,159명, 의회예산처(CBO) 235명, 의회도서관 4,302명, 의회조사처(CRS) 700명이다. 이밖에 의원 보좌관, 상임위 스태프, 기타 행정보조원까지 합하면 약 2만 4,000명의 엄청난 규모이다.

의회가 행정부를 감시하고 통제하기 위해서 의회는 행정부에 비견되는 전문성을 갖추고 있어야 한다. 따라서 의회의 전문성 확보는 곧 의회의 기능 회복과 직결된 문제이다. 그리하여 입법지원 조직에서는 대체로 일반 행정가(Generalist)보다 각 분야의 전문가(Specialist)를 더 필요로 하게 된다.

예를 들어, 하원 법제실은 35명의 법제관과 15명의 법제보조직원으로 구성되는데, 법제관은 모두 변호사나 법학박사 등으로 이뤄진다. 미국 의회 입법지원 기관들은 행정부보다 우수한 인력을 안정적으로 확보하기 위해 정규직 임용을 기본으로 하며, 행정부보다 높은 급여 체계를 운용하고 있다. 그 결과 행정부와 비교하여 교육수준, 재임기간, 급여수준이 모두 상대적으로 높다.

미국 의회의 입법지원 조직의 운영

먼저 의회예산처(CBO)는 전문직 직원의 70% 이상이 경제학이나 공공정책 분야 전문가로서 구성된다. 행정부 산하 예산관리국과 비해 결코 뒤지지 않는 역량을 보유하고 있으며, 사후적으로 볼 때 의회예산처 예측의 정확도가 예산관리국보다 높다고 평가되고 있다. 미 의회는 이 의회예산처의 활동을 배경으로 하여 예산에 대해 실질적으로 심의할 수 있게 된다.

회계감사원(GAO)의 경우, 1921년 제정된 예산회계법 제7장에 의하여 회계감사원이 "권력에 대항하여 진실을 말할 의무를 가진 독립된 기관"으로 규정되어 설치되었다. 당시 의회지도자들은 예산 감시기관이 행정부의 외부에 설치되어야 한다고 판단하여 원래 재무부 관할하에 있었던 회계 감사 기능을 의회에 이전시켰다. 미국 회계감사원은 연방정부의 예산 지출과 운영에 대한 감사를 임무로 하며, 연방 정부의 예산을 사용하는 모든 사업과 활동을 조사할 수 있는 권한을 가지고 있다.

회계감사원 활동에 의한 예산절감, 비용절약, 지출연기, 수입증대 등 재정적 이익은 엄청난 수준이다. 1998년도의 그 재정적 이익은 197억 달러에 이르렀고, 이는 회계감사원이 사용하는 예산(약 4억 달러)의 매 1달러 당 49 달러에 해당한다. 회계감사원의 감사결과는 수시로 모든 상하원 의원과 행정부에 제출된다. 그러므로 미국 의원들은 우리처럼 매년 국정감사를 하지 않아도 이 감사보고를 통해 각 부처의 운영 상황을 손금 보듯 파악할 수 있다.

한편 1900년대 초에 의회도서관 직원의 능력만으로는 대규모 연구기관을 운영하는 데 어려움에 봉착하게 되자, 의회지도자들은 의회도서관 내에 입법정보 활동에만 전념할 수 있도록 별도의 의회조사처를 설치하였다. 의회조사처의 인력구성은 700명 중 연구요원(Analyst)이 400명 정도로 대부분 석·박사이며, 미국 공무원 등급(GS) 13~15 등급에 해당한다. 의회조사처의 직원 채용은 필요한 직위를 적시에 선발하며 다양한 방식에 의해 이뤄진다. 2007년의 경우, 모두 82개 직위에 대한 채용이 이뤄졌는데, 이 중 72개는 전문직과 행정직이었고 10개 직위는 지원부서의 직위였다.

2007년 상근 직위 중 6개는 '대통령 공공관리 펠로우 프로그램(PMF: Presidential Management Fellow program)', 즉 석·박사를 대상으로 하는 우수인재 유치 프로그램에 의해 채용이 이뤄졌고, 다른 6개 직위는 로스쿨 재학생을 대상으로 하는 법률가 채용 프로그램에 의해 채용되었다. 이 방식에 의해 채용되기 위해서는 인터뷰와 서류 심사를 거쳐 미 법무부에서 실시하는 심층 인터뷰를 통과해야 한다. 시험 방식에 의한 채용은 일반 행정직 이외에 드물다.

관료주의 극복을 위하여

문제는 관료 집단

언뜻 보면, 우리 사회는 '제왕적 대통령제'라는 말에서 표현되는 것처럼 대통령 한 사람이 홀로 우뚝 서서 이 나라의 모든 권력을 장악한 채 마치 자기의 수족처럼 온 나라를 좌지우지 통치하는 듯 보인다.

하지만 구조적 관점에 찬찬히 살펴보게 되면, '제왕적 대통령' 현상과 함께 대통령을 정점으로 하는 청와대 권력이란 전체 공무원조직에서 '빙산의 일각'일 뿐이라는 점도 동시에 발견할 수 있다. 오죽하면 정권은 잡았으되 곳간 열쇠와 부엌살림은 계속 공무원 집사에게 맡기는 '청와대 하숙생 신세'라는 말이 나왔겠는가? 권력은 5년마다 바뀌지만, 관료들은 바뀌지 않은 채 언제나 강고하게 온존하면서 그 핵심적인 자리를 장악한다. 장관의 경우에는 국민들이 이름을 아는 장관이 거의 없을 만큼 너무도 수시로 바뀐다. 그러니 행정부 부처의 실질적 주인은 필연적으로 관료일 수밖에 없다.

그리하여 우리 사회는 사실상 관료들이 지배하는 관치(官治), 관헌(官憲) 국가이다. 이 나라는 대표적인 행정 비대 국가다. 정책 하나하나마다 수백 수천 명의 이해가 걸려 있다. 공무원이 가진 힘의 원천이기도 하다.

특히 우리나라의 경우 근대 법제가 입헌군주 국가인 일본의 식민지 강점기에 만들어졌고, 그 뒤에도 그것을 벤치마킹했기 때문에 우리 법제에는 관헌국가적 잔흔이 너무나 많다. 예를 들어, "**을 하고자 하는 자는 허가를 얻어야 한다"는 식으로 행정청의 권한을 간접적으로 규율하는 방식이 그 예이다. 이는 국민을 행정권 발동의 단순한 수동적 존재로 설정하고 있을 뿐이다.[10] 예를 들어, 독일의 약사법은 의약품 제조허가 신청에 대해 행정청은 일정한 사유에 해당할 경우에만 거부할 수 있다고 규정하는 반면, 우리 약사법의 경우에는 의약품 제조자가 허가를 얻어야 한다고 규정하고 있어 국민들은 단지 행정처분이 내려지기만을 기다리는 수동적 존재로 전락된다. 얼마 전까지 고위 공직자를 지낸 A 씨. 행정고시에 합격하고 30여 년 동안 중앙 정부 부처 요직을 거쳤다. A 씨가 스스로 경험하고 겪은 공무원은 일반인이 알고 있는 것 이상으로 '규제' 그 자체다. '제왕적'이란 평가를 받는 한국형 대통령제에서도 공무원들이 구축해 온 '규제 카르텔'은 건드리기 어렵다고 그는 단언했다. 한국 사회 내 모든 절차와 흐름의 모세혈관을 지배하는

10 김중권, "공법(행정법)의 현대화를 통한 규제개혁", 「안암법학」45권 45호, 2014년.

것은 규제 시스템이고 이를 만들고 조정해 온 건 대통령이나 집권여당이 아닌 바로 공무원이라는 것이다. 그는 "국민이 아닌 공무원 조직과 그 뒤에 있는 규제 시스템을 위해 산 건 아닌지 반성을 하지 않을 수 없다"라고 말했다. "공무원은 대통령을 무서워하는 것처럼 보인다. 하지만 대통령 권력이 5년에 불과하다는 것을 너무 잘 안다. 겉으로는 대통령과 청와대 지시에 따라 일하는 척하면서도 속으로는 '시간이 지나면 다 흐지부지된다'고 여긴다. 나 또한 그랬다."[11]

그래서 이 나라는 민주주의가 아니라 관(官)주주의다.

'행정'과 '사무' 그리고 '규정'만이 군림

원래 행정사무 업무란 보조적 업무여야 한다. 그리하여 사무 및 관리라는 본연의 업무에 충실함으로써 그 명(名; 이름)과 실(實; 내용)이 부합되어야만 한다. 하지만 우리 사회의 현실에서는 전반적으로 행정사무 업무가 오히려 상위에 군림하고 있는 상황이다.

대법원의 법원행정처는 그 대표적 사례다. 법원행정처는 법관의 재판을 보조한다는 본래의 취지에서 벗어나 인사관리와 기획조정 업무를 장악하면서 스스로 법관에 대한 감독기관으로 군림하였다. 한편 독

11 "대통령 위의 '규제 상왕' 공무원… 전직 고위공무원의 참회록", 「동아일보」2019년 4월 1일.

재 권력이 국회를 하수인 혹은 거수기로 전락시키기 위하여 도모한 국회 전문위원의 검토보고 기제는 국회 입법관료에게 과도한 권한을 부여한 것이다.

우리 사회의 관료 조직은 대부분 행정사무 부서가 인사와 예산 그리고 각종 사무분담 업무에 의거해 원래 보조기관이지만 실제로는 상위에 군림하면서 실질적인 주도권을 행사하는 경우가 적지 않다. 주객전도요 본말전도가 아닐 수 없다. 공공성과 가치와 철학은 사라지고, 대신 오직 사무와 규정이 군림하면서 상명하복과 형식주의만이 만연되었다.

언제나 강직한 성격과 굽힘 없는 직언으로 사직을 지키는 신하라는 의미의 '사직신(社稷臣)'이라 칭해졌던 급암이 '법률 조문을 내세워 가혹한 형벌로 백성을 치죄한 것으로 유명한' 혹리(酷吏)로 유명한 장탕과 자주 논쟁을 벌였다. 논쟁을 할 때 장탕은 대개 글귀만 파고들었고 법률 조문의 세세한 곳의 시비가 끊이지 않았다. 급암은 강직하고 엄숙하며 원칙을 견지하여 우위를 점했지만 장탕의 궤변을 누르지 못하였다. 그러자 급암은 화를 내며 "세상에서 흔히 말하기를 '견식이 천박하고 큰 틀을 보지 못하는 도필리(刀筆吏)[12]를 국가 대사를 결정하는 대신의 자리에 앉혀서는 아니 된다.'고 했는데 과연 옳은 말이로다!" 장탕을 비난하였다.[13] 『사기(史記)』'급정열전'에 나오는 내용이다.

12 여기에서 도필리란 문서를 다루는 하급관리를 말하는데, 고대 시기 죽간에 글을 쓸 때 수정하기 위해서는 칼(刀)로 긁어 삭제했기 때문에 도필리라는 명칭이 붙여졌다.

13 소준섭, 『사마천 사기 56』, 현대지성, 2016.

지금 이 땅에서 국회를 비롯하여 감사원, 대법원, 정당 등등 국가의 공공 시스템과 기관 중 자기의 명칭에 부합하는 위상을 지니고 그 역할을 수행하는 기관은 거의 존재하지 않는다.

이를테면 '국회 전문위원'이라고 하면 누구든지 '전문가'들이 임명되어 업무를 수행한다고 생각하기 쉽지만, 사실은 모두가 국회에서 순환 근무한 국회 공무원들이다. 이들은 세계에서 유일하게 '검토보고'라는 막강한 권한을 보유한 국회 공무원이다. 미국 의회의 위원회에 근무하는 전문가 스태프 조직은 모두 정당에 소속되어 있다. 독일 의회에서 이들 정책 '전문위원'은 독일 사회의 각계 전문가 출신으로서 자부심이 높은 인재들로 구성되어 있으며, 정당에 소속되어 있다.

미국 의회 소속기구인 법제실의 법제관은 변호사나 법학박사 등 모두 법제 전문가로 구성된다. 반면에 우리 국회의 경우, 모두 순환 근무하는 공무원이다. 또 미국 의회예산처의 처장은 주로 경제학을 전공한 인사가 임명되고 있다. 그러나 우리 국회는 주로 국회사무처 공무원인 수석전문위원 출신이 임명된다. 부실하고 왜곡된 우리 입법지원 기구의 모습이다.

한국 관료주의의 강고한 전통

우리나라 2급 고위직 공무원은 '이사관'이라 부른다. 그런데 이 '이사관'이라는 명칭은 놀랍게도 대한제국 시기 을사늑약에 의해 강요된 한

국통감부의 관직명에서 비롯되었다. 당시 제정된 "통감부 및 이사청관제(理事廳官制)"에 의거하여 '이사관'의 업무는 "통감의 지휘감독을 받아 영사사무와 제2차 일한협약(1905년의 을사늑약을 가리킨다) 및 법령에 기초하여 사무를 관장한다."고 규정되어 있다. 또 '이사관'은 "안녕질서를 유지하기 위해 긴급이 필요하다고 판단될 경우 제국군대 사령관에 출병을 요청할 수 있다."고 규정하고 있다.

그리고 '부이사관'은 "이사관의 명을 받아 청무(廳務)를 처리한다."고 규정되어 있다. 이 '부이사관'이라는 명칭은 그대로 오늘날 우리 3급 공무원 명칭으로 사용되고 있다.

한편 오늘날 우리의 4급 공무원 직급명칭인 '서기관'은 '대일본제국헌법' 하의 조선총독부 중추원의 공식 관직명이었다. 뿐만 아니라 우리의 1급 공무원 명칭인 '관리관'과 5급 '사무관'을 비롯하여 주사, 서기 등의 명칭은 모두 일본의 관직명을 그대로 '베낀' 것이다.

'이사관', '부이사관', '서기관' 등등 우리 근대사의 비극적 역사성을 지니고 있는, 나아가 '식민성'이 내재한 이런 관직명을 국가를 대표하는 공무원의 명칭으로 여전히 사용하고 있는 것은 참으로 수치스러운 일이다. 또 이러한 현상은 도무지 변화할 줄을 모르는 우리 관료사회의 문화를 그대로 보여주고 있는 상징이며, 우리 관료사회가 얼마나 '허명(虛名)'의 권위주의 과시에 집착하고 있는지를 잘 보여주고 있다. 그리하여 일본 메이지유신과 구한말 시대의 '근대'를 벗어나지 못하고 아직 '현대'에 진입하지 못하고 있음을 스스로 입증하고 있다.

우리나라의 관료주의는 대단히 강고하다.

그런데 우리나라 관료주의는 단지 오늘의 문제가 아니라 역사적 전통을 지니고 있다. 흔히 조선시대 하면 왕의 힘이 하늘처럼 막강하여 왕이 모든 신하들의 생사여탈권을 장악한 채 신하들은 그 앞에 완전 굴복하는 이미지를 떠올리게 된다. 그러나 실상은 그런 이미지와 상당히 달랐다.

왕과 신하

조선 시대의 신권(臣權), 즉 신하들의 권력은 지금 우리가 상상하는 이상이었다. 그것은 때때로 왕권을 제압하고 있었다.

조선 성종 시대를 그 사례로 들어 보자.

성종 말년에 다리가 셋 달린 기형 닭이 태어났다. 신하들이 왕에게 왕이 잘못하여 변괴가 일어났다고 다그쳤다. 그들은 왕이 '베개머리 송사'에 넘어갔을 때 그러한 일이 일어나게 된다며 공격을 하였다. 성종은 "여자의 말을 들어준 적 없다"며 극구 변명했지만 신하들은 "하늘의 분명한 징조가 나타나지 않았느냐!"며 물러서지 않았다. 성종은 끝내 "모든 재이(災異)가 나로 인한 것이다"라고 말해야 했다.

어느 날인가 성종은 사냥매를 한 마리 얻어 방 앞에서 날려 보았다. 그랬더니 대간들이 몰려들어 왕이 그런 좋지 못한 일을 해서는 안 된다고 아우성이었다. 성종 14년에는 승정원 관료들에게 직무에 충실할 것을 권하는 글을 친필로 써서 내린 적이 있었다. 그랬더니 경연관들은 왕이 그러한 잡기에 재미를 붙여서는 안 된다고 나섰다. 화가 난 성종은 그 친필을 떼도록 하였다.

성종 16년 궁궐 배수로 공사를 했는데, 거기에 청동으로 만든 수통을 쓰자 신하들은 후세 역사에 사치를 좋아하는 왕으로 기록될 것이라고 윽박질렀다. 결국 왕은 청동 수통을 철거해야 했다. 대간들이 탄핵한 일을 왕이 거부하면 대간들은 곧바로 파업과 농성에 들어갔다.

이렇게 신하들에게 사사건건 몰려야 했던 성종은 술에 빠지게 되었다. 원래 술을 잘 하지 못했지만 갈수록 술을 많이 마셨다. 술의 양만이 늘어난 것이 아니라 독한 술을 찾았다. 그래서 매일 밤 성종은 피를 뿜었다는 말이 전해온다.[14]

한편 숙종 때 김만중을 잡아들여 문초하기 위하여 승정원에게 전지(傳旨)를 쓰라고 명하였으나 승정원은 이를 거부하였다. 왕이 승지에게 재차 명하자 이번에는 승지가 붓이 없어서 못쓰겠다고 버텼다. 이에 숙종이 사관에게 붓을 주라고 명하였으나 사관까지 사필을 줄 수 없다며 거부하였다.

만약 이러한 일들이 중국에서 벌어졌다면 당장 "참하라!(斬!)"는 황제의 추상같은 불호령이 떨어졌을 게 분명하였다.

조선시대에서 왕권과 신권의 이러한 관계는 조선 왕조의 형성에서 그 연원을 찾아볼 수 있다.

고려 태조 왕건은 개성 상인 가문으로서 호족 출신이었다. 이미 강

14 임용한, 『조선국왕 이야기 2』, 혜안출판사, 1999년.

력한 사회적 배경을 지니고 있었다고 볼 수 있다. 이에 비하여 조선 태조 이성계는 변경의 만주 지방에서 살던 일개 무인(武人)으로서 정도전의 제안으로 그야말로 혈혈단신 내려와 나라를 세우게 되었다. 물론 그 과정은 지난한 역정이기도 했지만 정도전을 비롯한 사대부 사림 세력의 강력한 힘을 배후에 업고 성취해낸 과정이었다. 그리고 이 과정에서 이미 필연적으로 유학자를 중심으로 하는 신권이 왕권을 넘어서는 토대가 만들어져 있었다고 할 수 있다.

조선 왕조 수립의 핵심 참모 정도전은 무엇보다도 윤리를 바탕으로 하는 왕도정치를 지향하였다.

그의 유교적 정치이념은 그가 저술한 『조선경국전』에 자세하게 기술되어 있다. 여기에서 그는 '군주와 관리는 군림하는 존재가 아니라 백성을 친아들처럼 보호하고 생활을 안정시켜주어야 할 의무와 책임이 있다'고 말한다. 또한 그는 '군주는 천명에 따라 통치의 정당성을 부여받은 존재이지만, 통치는 군주의 자의가 아니라 일정한 법률에 의거하여 행해져야 한다'면서 '군주에게 절대 권력이 부여될 수는 없으며, 설사 현군이라도 독단이 용납되어서는 안 된다. 재상은 군주의 잘못을 과감히 지적하여 바로잡아야 한다. 특히 왕실 경비의 지출권은 재상이 장악하여 군주의 사치와 낭비를 엄격하게 제한해야 한다'고 역설하였다.

이렇듯 정도전은 중국 주나라의 재상 정치를 이상적인 정치체제로 생각하였고, 그리하여 재상 중심주의를 주창하였다.

세종은 조선왕조에 들어 정치 개입을 금지시켜왔던 대군(大君)들에게 조금씩 권력을 주면서 신하들의 신권(臣權)을 견제하고자 하였다. 세종은 그렇게 수양대군을 비롯한 왕족의 권한을 서서히 강화하면서 대신과 공신 그리고 사대부의 권력을 적절히 통제하고 견제하고 있었다. 또 친위 세력을 강화하고 특히 환관의 비중을 높였다. 원래 세종은 즉위 후 환관 세력을 억압하여 왕의 명령을 환관이 전달하는 제도도 완전히 폐지하고 청소 등의 잡무만 보도록 하였다. 왕실 혼례 때 환관들이 사무를 보던 것도 없앴다. 그러나 만년에 들어 세종은 환관을 중용하기 시작하였다.

하지만 세조가 정변을 통하여 왕권을 찬탈하는 과정에서 정변에서 '공'을 세운 공신들의 권한은 급속도로 강화되었고, 결국 이후 조선 왕조는 신권이 왕권을 사실상 능가하게 되었다고 할 수 있다. 세조는 특히 대군들을 모두 한명회 집안의 청주 한씨 가문과 결혼시켰다. 조선에서 외척의 득세가 본격화된 것은 바로 세조 때부터였다.

'훈련된 무능력', 관료 집단의 부패와 무능

관료집단의 무능에 관련하여 저명한 사회학자 소스타인 베블렌(Thorstein Veblen)은 '훈련된 무능력(trained incapacity)'라고 하였다. 공정과 효율, 합리성을 추구해야 할 관료사회가 제도와 규칙을 준수하도록 훈련받으면서 독선과 형식주의, 무사안일, 책임 전가, 규제만능 등의 병리적 현상을 드러낸다는 의미이다.

한국의 관료조직이 유능하다는 주장도 한때 존재하였다. 그러나 이 땅의 관료시스템은 지난 세월호 참사 과정에서 드러났듯 이미 너무 특권화하였고 노후화되었다. 비효율화 자체이며, 지나치게 비대화했다. 우리 사회의 핵심적 개혁 대상이다.

특히 5급 공채로 그 이름만 바꾼 고시제도는 즉시 폐지되어야 마땅하다. 이러한 고시제도는 항상 기수(期數)로 묶어지면서 관료집단 내 패권세력으로서 자기 세력 확대재생산의 조직적이고 제도적인 토대로 기능해왔다. 이렇게 상위 공직자의 충원이 고시 출신자의 내부 승진만으로 독점됨에 따라 그간 우리나라 고위 공직 사회에서 폐쇄성이 강하게 나타났으며, 이에 따라 복잡다양하고 전문화된 행정수요에 대응하기 어려운 구조를 초래하였다.

우리 사회에서 공무원의 숫자는 항상 논란거리다. 공무원의 숫자와 관련하여 유명한 '파킨슨(Parkinson)의 법칙'이 있다. 파킨슨이라는 학자가 주장한 "공무원의 수는 업무량과 아무 관련이 없다"는 법칙이다. 공무원들은 가능한 한 부하직원을 늘리려는 속성을 가지고 있다. 그리고 그들은 서로를 위해 일거리를 만들어내는 경향이 있다. 공무원들이 가지는 이런 특성이 업무량에 상관없이 공무원을 늘리게 되는 것이다.[15] 예를 들어, 세월호 참사 사건 뒤에 유사한 사고의 재발 방지를 위

15 정창수, "업무량과 관련 없는 '공무원 증가의 법칙'", 「주간경향」1234호(2017년 7월 11일).

한다는 명분으로 '국가안전처'가 만들어졌고 결국 공무원의 수가 늘어났다. 하지만 우리 사회의 안전은 전혀 진전되지 않았으며, 오히려 불안의 정도만 높아지고 있다.

KDI 보고서에 따르면, 농어민 수가 178만 명(41%) 감소했지만 농어민 관련 공무원이나 준정부기관 임직원은 5만 2000여명(68%) 증가하였다. 10년 전에 농어민과 준공무원의 숫자가 57명당 1명이었으나 이제는 20명당 1명이며, 예산은 17배가 증가했다. 더구나 이 상황은 1995년의 통계다. 지금 상황은 더욱 희화화되었겠지만, 관련 통계는 아예 발표되지도 않고 공개된 적도 없다.[16]

이렇게 하여 국가와 사회 그리고 국민을 위하여 봉사하는 공직자로서 마땅히 지녀야 할 공'(公)'의 개념은 어디론지 사라지고, 오로지 개인적인 승진과 이익을 추구하는 '사(私)'만이 남게 되었다.

동양의 위대한 고전, 『논어』는 "군자는 의(義)에 즐거워하고, 소인은 이(利)에 즐거워한다."라고 말한다("君子喩於義, 小人喩於迂利",『論語 · 里仁』). 실로 인류의 역사는 '공(公)'과 '사(私)'의 투쟁사라고 할 수 있다.

공공성이란 공동의 이익에 자원이 투입되는 정도(공익성), 자원 활용의 형평성(공정성), 공익 관련 사안에서의 시민의 참여 역량(공민성), 의사결정의 투명성(공개성)으로 이루어지는데, 우리나라는 이 모든 영역에서 경제협력개발기구(OECD) 회원국 중에서 최하위에 위치하고 있다.[17]

16 정창수, 위의 글.
17 김기현, "공론의 장에서 피어나는 성숙한 시민사회", 「중일일보」2017년 7월 13일.

직업공무원 집단이 대응성(responsiveness)을 지니지 못하고 시민사회의 요청에 민감하지 못하면 특권집단화할 가능성이 높아진다. 관료집단이 특권화하면 관료집단 내부에 그 특권을 유지하려는 세력이 발호하여 파당과 분열이 발생하고 국민을 경시하는 등 민주주의 이념에 반하는 경향이 출현하게 된다.[18] 이는 우리 한국이 나라다운 나라가 되지 못하는 매우 중요한 이유다. 이러한 사회에서 '공정'과 '정의'를 구하는 것은 그야말로 연목구어요, 우물가에서 숭늉 찾는 격이다. "민중은 개돼지일 뿐이다!"라고 '선언'했던 한 고위 관료의 발언은 아직 우리 사회가 전통적인 관존민비(官尊民卑) 사상으로부터 전혀 자유롭지 못하다는 명백한 반증이었다.

독일 베를린에 본부를 두고 있는 국제 NGO 국제투명성기구가 발표한 부패지수 조사에서 우리나라는 전체 176개국 중 2015년 37위에서 2016년 52위로 나타났다. 아프리카 르완다가 50위고, 우리가 부패의 상징 국가로 쉽게 간주하는 중국은 79위였다.

하루가 멀다 않고 터지는 방산비리와 지위 고하를 막론하고 잇따르는 공직 비리, 우리는 지금 부패공화국에서 살고 있다.

'승진'이 지상목표가 된 단색(單色)의 공무원제도 바뀌어야

18 임두택, "미국의 대표관료제와 인재지역할당제", 「미국학연구」(1998.12).

고시제도를 비롯한 우리나라의 각급 공무원 시험제도는 사실 과거제도를 계승한 것이다.

흔히 과거제가 사람들에게 공평하게 기회를 제공한다는 공평성의 측면이 긍정적으로 평가되지만, 중국 역사에서 과거제도는 본래 치국의 인재를 배양하고 선발할 수 없고 도리어 황제 전제정치의 필요에 충실하게 부응한 제도이기도 하였다. 명나라 말기의 학자 고염무는 팔고문(八股文: 과거 시험이 엄격하게 요구했던 여덟 가지 형식)의 폐해가 진시황의 분서(焚書)와 같으며 인재에 대한 파괴는 오히려 진시황의 갱유(坑儒)보다 더 심하다고 갈파하였다. 그리고 결국 중국은 크게 낙후되었다.

오늘날 세계의 선진국들은 공무원을 수시로 직무별로 채용하지만 우리나라는 암기식의 단일시험 제도를 통해 일시에 공무원을 선발한다. 연공서열에 의하여 결정되는 승진과 급여 체계 대신 이제 성과와 실적에 의하여 결정되는 방향을 지향해야 한다. 시험으로만 선발되는 현 공무원 제도 그리고 연공서열에 의하여 모든 시스템이 운영되어서는 전문성과 창의성 그리고 역동성을 요구하는 현대 사회의 수요에 결코 효과적으로 부합할 수 없다.

공무원 선발제도, 다원화되어야

우리나라처럼 공무원 선발제도를 일률적으로 중앙인사기관이 독점하여 고스란히 관리하는 시험제도에만 전적으로 의존하여 모든 것을 결정하는 나라는 없다. 거의 모든 선진국들은 각 부처별로 인력을 충원하는 방식을 채택하고 있다.

예를 들어, 미국의 경우에는 1993년 정부혁신처(NPR; National Performance Review)가 설치되면서 인사관리의 분권화와 권한 위임이 시작되었다. 그리하여 각 부처에 채용권한을 위임하고 각 부처는 자체 실정에 맞게 채용제도를 운영하고 있기 때문에 운영 형태가 각기 상이하다.

일본의 공무원제도는 우리나라와 많은 측면에서 유사하지만 우리의 경우 중앙인사위원회에서 일괄적으로 선발하여 각 기관에 배분하는 형식을 취하는 반면, 일본은 시험을 중앙 인사원에서 일괄적으로 실시하지만 각 기관별로 채용후보자 명부를 작성할 수 있다. 그리하여 공무원 시험에 합격하더라도 바로 임용되지 않고, 우선 '채용후보자 명부'에 등록되어 명부 순으로 각 행정기관에 추천된다. 따라서 성적이 좋을수록 희망하는 기관에 들어갈 가능성이 높아지지만, 각 기관은 엄격한 면접과 심사로 임용을 다시 결정하기 때문에 어려운 관문이 곳곳에 도사리고 있다.

미국에서는 '대통령 공공관리 인턴(PMI: Presidential Management Intern)' 프로그램이라는 고급공무원 임명 제도를 시행하고 있다. 이 프로그램은 공공정책 분야에 우수한 석·박사 인력을 충원하기 위하여 1977년 카터 대통령의 행정명령에 의하여 도입된 제도이다.

매년 공공정책 프로그램의 분석 또는 관리에 뛰어난 능력을 발휘하는 약 200명 이상의 젊은 인재들이, 미국 국민에게 연방정부 공무원이 되는 지름길로 인식되고 있는 이 프로그램을 통하여 2년 동안 연방정부에서 인턴으로 근무하게 된다. 이들은 '순환 인턴십 기회'를 통하여 거의 모든 정부 부처에서 근무하게 되며, 이 프로그램에 의하여 우수한 석·박사 인력들이 연방정부에 채용되고 있다.

프랑스는 유명한 국립행정학교, 즉 에나(ENA)를 통하여 고위공무원을 채용한다. 2003년의 경우 총 선발인원은 100명으로서 이 중 50명은 외부경쟁 시험, 41명은 내부경쟁 시험, 9명은 '제3의 시험'을 통하여 선발된다. 외부경쟁 시험은 28세 이하이고 대학 졸업 이상의 학력을 가진 자에게 주어진다. 내부경쟁 시험은 현직 공무원에게만 지원 자격이 주어지고, 학력 제한 없이 5년 이상의 공공 부문 근무경력을 충족시킨 자들을 대상으로 시험을 실시한다.

'제3의 시험'은 40세 미만이고 전문직 또는 지방자치단체 의원으로 8년 이상의 경력을 지닌 자에게 응시자격을 준다. '제3의 시험'은 고위공무원의 사회적, 지리적 배경을 다양화시켜 공무원 충원의 민주화에 기여하기 위하여 도입된 제도이다. 프랑스는 이렇게 하여 고급 공무원의 사회적 배경의 균형을 추구하고 전문가의 공직 진출 가능성을 제고시키기 노력하는 한편, 그밖에도 계급제의 단점인 충원 형태의 경직성을 완화하기 위하여 공개채용시험 외에 다양한 충원 형태를 운영하고 있다. 특별채용과 전체 공무원의 20%에 이르는 계약직 공무원 제도의 활성화로써 계급제 하에서 인력운영의 탄력성을 높이고 있는 것도 그 일환이다.

한편 영국의 경우에는 속진(速進) 임용제를 적용하여 공무원 중 고위직 공무원 직위에 도달할 수 있을 우수 인재를 선발하여 별도의 훈련 및 능력개발기회와 조기승진 기회를 제공한다. 실제 영국 고위공무원단의 1/3에 가까운 인원이 속진 임용제를 통하여 선발된다.

고시 출신의 군림과 육두품 출신의 슬픔

공무원이 기피대상으로 되던 시기가 있었다. 공무원 임금이 너무 낮고 대우도 좋지 않아 일반 대졸자들이 기피했기 때문이었다. 그러한 시기에 5급 고시는 우수한 인력을 공무원 조직으로 끌어들이기 위한 일종의 '유인책'의 제도였다.

그러나 이제 공무원은 이 나라 모든 젊은이들의 꿈이 되었다. 9급 공무원 시험도 수백 대 일의 경쟁률이다. 가장 우수한 인력들이 공무원 시험에 몰려들고 있고, 공무원 시험을 준비하는 학원이 밀집해 있는 노량진역 부근은 공시족으로 언제나 인산인해다. 몇 년 전부터 이제 5급 공채(고시)나 7급 시험이나 차이가 없다는 주변의 말을 많이 들었다.

그래서 이 우수한 인력들을 공무원으로 선발해 잘 운용하는 것이 더욱 중요해진다.

문제는 고시 출신, 고시족들이 전두환 시절의 군대 내 사조직이었던 '하나회'처럼 공무원 사회를 장악하고 독점하는 데 있다. 모두 고시 몇 기 몇 기로 통하고, 이들끼리 모든 요직과 지휘계통을 장악한다. 고시 출신이 아닌 다른 공무원은 마치 신라 시대의 '육두품'처럼 들러리로 전락한다. 진골과 성골 그리고 육두품의 출신 성분은 너무도 명확하다. 서슬이 퍼런 이런 계급 사회에서 기상천외하게 아부하는 재주가 있지 않는 한, 육두품 출신이 요직에 오르기 어렵다. 비(非)고시 출신으로서 특별한 능력을 발휘하여 요직에 오르게 될지라도 이미 비고시로서의 정체성은 상실된다. 아니 오히려 비고시 집단에 적대적으로 스스로 변해버리는 경우가 태반이다. 고시족 집단에 대한 높은 충성심이 이미 내재화되어 있기 때문이다. 이런 조직에게서 국가와 사회 그리고 국민을 위한 역동성이나 미래지향성을 발견하기는 어렵다.

국회사무처의 경우를 살펴봐도 수석전문위원과 전문위원을 비롯한 요직과 국장급에서 5급 공채, 즉 '입법고시 출신'의 비율은 매우 높다. 그리고 이러한 경향은 갈수록 강화된다. 최근에는 과장급까지 고시 출신의 독점 현상이 나타난다. 실제 국회사무처의 주요 보직 중 고시 대 비고시 출신 비율은 2006년 48 : 52였는데, 2011년에는 58 : 42였고 2016년에는 80 : 20으로 그 독점 현상이 더욱 강화되고 있다.

5급 공채로 관료사회에 진입하면 30대에 이미 3급으로 승진하는 경우도 허다하다. 이것은 지나치게 빠른 승진이고, 국가에도 도움이 되지 않으며 심지어 사회 경험이 적은 본인에게도 불행이다. 최근 판사 임용도 최소 3년 내지 5년의 법조 경력이 요구되고 있다. 물론 우리나라와 같이 5급 공채라는 '특급 대우'를 제도적으로 제공하는 나라는 없다.

다양한 나무 품종으로 이뤄진 숲이 가장 번성한 숲으로 만들어질 수 있다. 시험이라는 한 가지 단일한 형태로만 공무원을 선발하는 현재의 방식은 "우리가 남이가"의 가족주의와 온정주의를 낳고 이는 결국 부패와 무능을 심화시키게 된다. 그것은 오직 특권과 독점의 상징으로 되었고, 상명하복으로 권력에 무조건 아부하고 줄서기와 승진에만 몰두해 있는 모습을 드러내고 있다. 고위 공직자로 있던 한 후배는 필자에게 4급 이상의 고위공무원은 대단한 사람들이라고 말했다. 그러나 필자는 대부분의 4급 이상 공직자들에게 '승진'에 비상한 능력을 보유하고 발휘한다는 점 이외에 그들에게 특별히 대단한 능력을 가졌거나 실행하는 모습을 거의 발견할 수 없었다.

이제 공무원 조직도 과거와 같은 일반 행정가로서는 경쟁력을 확보하기가 곤란하다. 앞으로의 공무원은 '일반 행정가(generalist)' 보다는 공직사회 내에서 특화된 전문 능력을 보유하면서 유능한 행정가로서 종합적인 관리 능력을 보유한 '전문성을 지닌 행정가(specialized generalist)'가 필요한 시점이다.[19]

미국은 1940년대 이후 지역에 대한 특별한 배려가 가능한 '대표관료제(representative bureaucracy)'를 채택하고 있다. 대표관료제란 한 나라 전체의 인구 구성에서 여성이나 장애인 등 사회집단별 인구비례에 따라 정부공직이 배분되어야 한다는 인사 원칙이다. 미국에서는 이 대표관료제를 적용하여 고용평등조치, 차별철폐조치 그리고 적극적인 고용할당제를 발전시키고 있다.

인재의 지역할당제 역시 이러한 적극적인 인재할당 대표관료제의 일종으로서 인력충원에 지역이라는 변수를 적극적으로 고려함으로써 일종의 '지역주권'의 신장을 추구한다. 대의민주주의의 관점에서 살펴볼 때, 지역별 비례에 의하여 국가 인재를 선발하는 것은 선발된 인력이 국가 공직사회에서 업무를 담당하는 과정에서 출신 지역과 관련된

19 박재완 등, 『21세기 주요국 인사제도 개혁방안』, 한국행정학회, 2000.

이익을 직간접적으로 반영하는 '정치적 대표성(political representativeness)', 혹은 '정치적 대의성'을 수행한다는 의미를 지닌다.

"전문성이 있어서 승진이 안 된다?" 관료조직, 그들만의 영토

예를 들어, 2019년 현재 국회사무처 차량계 직원은 총 28명이다. 그런데 그들은 자신들을 대표하는 5급 계장도 없이 행정직 직렬 직원이 지배하고 있다. 사무처의 또 다른 곳에도 자기 '계장'이 없는 곳이 있다. 바로 식당을 담당하는 급식계다. 여기도 행정직이 계장을 맡는다. 자기들의 '대표'가 없는 구성원의 서러움은 크다. 자기 목소리를 내지 못하고 마치 식민지 지배와 같다. 자치권이 없다. 그래서 자기 '계'를 갖는 것이 이들 소수 직렬 직원들의 숙원이 되었다. 하지만 이러한 문제는 이들의 위상이 국회조직 중 가장 낮기 때문에 이제까지 한 번도 공식적으로 제기된 적 없고, 제기되어도 당연히 묵살될 뿐이다.

이러한 상황은 소속 직원들에게 좌절을 안겨준다. 소속 구성원과 다른 직렬에서 내려온 계장, 과장의 공감대가 이뤄지기 어렵기 때문에 자발성을 이끌어내기 어렵고 결국 업무의 비효율화를 초래한다.

공무원 직군 중에 '전문경력관'이라는 직군이 있다. 원래 별정직 공무원이던 것이 몇 년 전부터 일반직 공무원으로 전환되었지만 정작 승진과 겸임 그리고 파견 등 많은 것이 전혀 적용되지 않는 '불구의 신분'이다. 현대판 카스트제도이다.

관료 조직은 외부에서의 진입이 철저히 봉쇄되어 있을 뿐 아니라,

그 내부에서도 고시 출신의 성골을 비롯하여 진골 그리고 육두품 등등의 차별과 장벽이 철옹성처럼 너무도 강고한 조직이다. 때로는 분명한 장벽이 그어져 있지만, 때로는 겉으로 드러나 보이지 않지만 내부의 관행과 이른바 '미풍양속'으로 그어진 장벽이 온존하고 있다. 이를테면, 자기들끼리의 승진, 외국 유학교육 파견, 인공위성 파견, 겸임인 것이고, 여기에 이른바 '전문가 그룹'은 전혀 낄 자리가 없다. 온전히 그들만의 영토이고 그들이 쌓아올린 그들만의 금자탑이다. 그들의 영토에서는 매사가 모두 이런 모양이다. 그들만이 룰 제정자요, 그 룰에 대한 통제와 견제 수단은 사실상 부재 상태이다.

이렇게 하여 결국 '전문성'이 있으면 승진이 안 된다는 논리로 연결된다. 그렇다면 일반 행정직 공무원들은 왜 승진을 하는가? 전문성이 없어서? 참으로 해괴한 논리이다. 차별을 시정하기 위하여 공무원 제도를 일반직 공무원으로 일원화했다면, 일원화된 공무원은 모두 동일한 조건이 되어야 한다. 하지만 이러한 차별에 대하여 그들은 불문율처럼 아무도 이의를 달지 않는다. 세월호 참사는 이렇듯 '전문가 그룹'들을 모두 원천적으로 배제한 채 오로지 승진과 조직불리기에만 골몰해온 이 땅의 관료조직이 낳은 필연적인 결과물이다.

필자는 전에 국민권익위원회에 조사연구를 담당하는 별정직 공무원이 일반직 공무원과 동일한 근무와 업무를 수행함에도 불구하고 별도의 별정직으로 구분한 것은 문제가 크다면서 이의 시정을 요구한 바 있었다.

이렇듯 많은 노력들이 합쳐져 일반직 공무원으로의 전환이 이뤄진 것이 사실이지만, 결국은 '무늬만' 일반직일 뿐 승진도 배제되고 파견과 겸임 모두 배제되었다. 바로 「전문경력관 규정」 제21조 등에서 이와 같은 '독소적' 명문 조항이 있기 때문이다. 한 마디로 속임수이다. 그리고 이는 차별 시정을 위하여 기능직과 별정직 공무원을 일반직으로 통합한 공무원 제도 개선의 입법 취지를 명백하게 위배하는 것이다. 그러나 아무도 이 문제의 시정에 관심도 없고, 관료 조직 그들이 선심을 써서 들어주지 않는 한 영원히 개선될 수 없다.

필자가 이러한 문제들을 국회기관에 대한 국회의 국정감사 때 제기해달라고 의원실 보좌관에게 말했더니 그는 너무나 작은 일이지 않느냐며 대수롭지 않게 받아들였다. 필자는 그런 시각은 근본적으로 '상승'할 수 없는 그 애환이 얼마나 큰 아픔인지 이해하지 못하는, 결국 인간의 삶에 대한 애정이 부족한 것이라고 말해주었다.

동양의 위대한 스승 노자(老子)는 『도덕경』에서 "천하의 대사는 반드시 미세한 곳부터 시작한다(天下大事, 必作於細)"라고 갈파하였다.

이 세상에 큰일과 작은 일이 따로 존재하는 것은 아니다. 실제 모든 일이란 언제나 매우 작고도 구체적인 일로부터 시작되는 법이다. 작은 일을 해내지 못하는 사람은 반드시 큰일을 해내지 못하며, 입으로만 '큰일'을 말하는 사람은 큰일은커녕 그 어떤 작은 일도 제대로 하지 못한다.

미국 의회조사처, 조직 구성원의 역량을 극대화시키는 사례

흔히 관료 시스템이란 세계 어느 나라든 예외 없이 비생산적이고 권위적이며 수직적 문화일 수밖에 없다고 한다. 그러나 반드시 그렇지만은 않다.

미국 의회에 의원에 대한 입법지원 기구인 의회조사처(CRS) 조직이 있다.

"의회조사처(CRS)는 하나의 기관으로서 융통성이 있어 스스로의 꼬리를 잘라내고 다시 생명력을 가질 수 있는 적응력이 뛰어나다. 의회 등 고객들에게 영원히 책임을 져야 하기 때문이다."[20]

의회조사처의 경우, 연구원 개개인의 사명감과 책임감이 조직의 생명이다. 그래서 연구 업적에 대하여 매 문건마다 연구원의 이름이 실명으로 명기된다. 모든 보고서가 실명제인 셈이다. 오늘날 관료주의 사회에서 찾아보기 힘든 개인적 업적이 인정되며 고도로 도덕적이고 신뢰성이 깃든 책임감이 요구된다.[21] 한편 의회조사처의 직원들은 의원들을 위하여 양질의 고급 서비스를 제공해야 하고 부여된 과제 수행의 부담이 만만치 않다는 점 때문에 관료주의적 분위기를 찾아볼 수 없다. 이러한 개방적 태도로써 서로의 연구 내용을 공개하고 다양한 각

20 정서환, 『세계를 움직이는 미국의 싱크탱크』, 도서출판 모색, 1997.

21 정서환, 위의 책.

도에서 복합적으로 문제를 분석한다. 이는 바로 "국민을 위하여 존재한다."는 원칙에 대한 충실한 준수이기도 하다.

기본적으로 "관료 시스템에서 연공서열이나 계서제(階序制)의 원리가 조직 구성의 기본 원리가 되도록 하는 것은 적극적으로 피해야 할 일이다."[22] 결국 미국 의회조사처가 성공적으로 그 업무를 수행해나갈 수 있는 핵심적 요인은 바로 이 기관이 지닌 독특한 조직 문화에 있다고 평가될 수 있다. 즉, 선배나 후배가 똑같은 위치에서 동등한 비전을 가지고 있다는 것이다.

이렇게 하여 마치 연구소와 같은 자유로운 분위기가 미국 의회조사처의 자랑거리이며, 여기에서는 선후배 간에 연공서열이 아니라 철저한 업무상 경쟁력이 높이 평가된다. 이와 같은 조직 분위기는 조직을 경직시키는 것이 아니라 오히려 조직 구성원 각자의 역량을 극대화시키는 장점을 만들어낸다. 그리고 이러한 조직 분위기는 의회에서 자료가 필요할 때에 반드시 제공되어야 한다는 적시성(適時性)을 지키는 측면에서도 도움을 준다. 의회 관련 정보와 자료들을 만들어 분석하고 배부하는 업무에서는 추호의 차질이 없다는 것이 의회조사처 조직의 자랑이다.[23]

22 박재창, 『한국 의회행정론』, 법문사, 1995.
23 정서환, 위의 책.

지금 우리 사회에서 일반 국민들이 시험 이외에 국가 공적기관에 공무원으로 임용될 가능성과 국가 운영에 대한 시민의 진입과 접근은 원천적으로, 근본적으로 차단되어 있다.

무엇보다도 우선 일반 국민들의 공무원으로의 진입이 개방되어야 한다. 그리하여 모든 국민에게 실질적이고 보편적인 공무담임권이 보장되어야 한다. 이는 비단 국가시스템 운용의 합리성 제고라는 측면만이 아니라 국민주권 강화의 의미도 내포하고 있다.

우리 사회에서는 특채 비리 등으로 인하여 공무원을 외부에 개방하여 선발하는 것에 대하여 부정적 이미지가 적지 않다. 그러나 공무원 조직이 우리 국가 조직을 이끌어가는 가장 중요한 근간 조직이라는 점에서 국민에 대한 높은 봉사 의식과 함께 뛰어난 능력을 지닌 우수한 인력을 선발해야 한다는 점은 누구도 부인할 수 없다.

이제 우리나라 공무원 제도도 그 폐쇄적이며 경직된 구조를 극복하고 제도적으로 외부 개방 시스템을 도입하는 것이 시대정신에 부합된다. 이는 격변하는 현대의 지식 정보 사회에서 각 분야에 있는 우수 인력에게 국가 관리의 기회를 제공하며, 특히 뛰어난 능력을 지니고 있으면서도 이 사회와 국가에 봉사할 기회가 '박탈'된 많은 우수 인력들에게 일종의 '패자 부활전'의 장(場)을 열어 주는 중요한 의미를 지니고 있다.

우리 사회 젊은이들의 장래 희망 직업 1위는 바로 공무원이다. 그리하여 정의감 있고 유능한 젊은이들이 해마다 속속 공무원 조직으로 진입하고 있다. 그러나 우리나라의 유별난 관료문화의 '강력한 훈육' 속에서 진입 후 대부분 불과 몇 년 만에 초록동색 유사한 조직 구성원으로 변한다. 나라가 나라답기 위해서는 나라의 근간이 되는 공무원 조직이 건강하고 정상적으로 발전해야 한다. 미국 대선에서 나왔던 유명한 "문제는 경제야, 바보야"(It's the economy, stupid) 슬로건은 우리 사회에서 "문제는 바로 관료야!"라고 바꿔 말할 수 있다. 특히 비정상적인 "영혼 없는 공무원"을 재생산하는 지금의 시스템을 바꿔내지 않는 한, 우리 사회는 결코 희망으로 내일을 채색하기 어렵다.

덧붙여, "공무원은 직무를 수행할 때 소속 상관의 직무상 명령에 복종해야 한다."고 규정되어 있는 국가공무원법의 '복종의 의무(제7장 57조)' 조항은 시대에 맞게 수정되어야 한다. 이 '복종의 의무' 조항은 '복종'으로 상징되는 "영혼 없는 공무원 조직"의 재생산 기제로 기능해왔으며, 이른바 '블랙리스트 사태' 등을 초래한 주요한 요인이었다. 따라서 이러한 '복종 조항'의 수정은 독점적이고 배타적인 경향이 강한 공직 사회에 새로운 신진대사를 실현시킴으로써 조직의 활력과 경쟁력을 제고시키는 계기로 작동될 수 있을 것이다.

〈생각해보기〉

고질적 정쟁, 과연 해답은 없는 것인가?

우리 국회의 대표적인 고질병 중의 하나는 바로 정쟁과 이른바 "반대를 위한 반대"다. 그래서 국회는 언제나 진영이 갈리고 찬반양론으로 나뉜 채 무조건 상대방에 대해 반대하면서 싸우고 또 싸운다.

우리 정치의 가장 고질적인 이 정쟁, 과연 해답은 없는 것일까?

조선시대 당쟁은 왜 극심했을까?

조선시대 역사를 보면, 당쟁이 끊임없이 지속된 역사적 사실을 확인할 수 있다. 도대체 왜 당쟁이 그토록 극심했을까?

일제 식민사관은 당쟁의 원인을 우리의 '민족성' 탓으로 돌렸다. 그러나 필자는 당쟁이란 근본적으로 자원 부족이라는 조선시대의 객관 조건으로부터 비롯되었다고 판단한다. 당시 기본적으로 자원이 부족하고 먹을 것도 부족했다. 이를테면 중국의 사극을 보면, 웬만한 벼슬아치나 부자들이 나오는 장면에는 언제나 근사한 마차가 나온다. 그러나 우리 사극에서는 거의 마차를 구경할 수 없다. 왕의 거둥, 행차조차도 사람들이 어깨에 메는 가마에 탄다. 기본적으로 자원이 극도로 부족했고, 더구나 유학을 숭상하던 조선 왕조는 물자의 생산과 교역을 최대한 억제하는 방향의 정책을 지속적으로 시행했다.

이렇게 자원이 부족하니 필연적으로 국가의 벼슬자리, 관직도 극히 제한되었다. '수요'에 비하여 '공급'이 턱없이 부족한 한정된 관직 자리를 놓고 경쟁이 치열할 수밖에 없었다. 이 경쟁을 개인만의 힘으로 승리를 쟁취하기 어려워지자 점차 집단화되었고, 결국은 패거리와 당파가 만들어졌다. 이들 당파를 중심으로 '관직을 비롯한 자원 배분권을 독점하는 국가권력'을 차지하기 위한 사생결단이 전개되었고, 이는 피비린내 나는 살벌한 권력 투쟁으로 이어졌다. 이것이 곧 당쟁이었다. 조선시대의 실학자이며 지리학자였던 이중환은 그의 저서 『택리지(擇里志)』에서 당쟁이 일어난 이유를 사간원, 사헌부, 홍문관 등 삼사와 이조 전랑의 권한이 지나치게 강하고 모두 이 자리들을 놓고 싸움을 벌인다고 분석하였다.

지금의 상황도 크게 다르지 않다. 특히 우리 사회는 자원 부족이라는 전통의 영향 때문인지 '자리'는 여전히 항상 지극히 제한적으로 제공될 뿐이다. 예를 들어, 오늘날 우리 사회에서 의사 수를 비롯하여 변호사 수는 선진국에 비하여 턱없이 부족하다. 법관 수 역시 마찬가지이고, 공무원 숫자도 예외가 아니다. 그래서 예나 지금이나 수요에 비하여 공급은 턱없이 부족하다.

'관직'과 '부'의 독점

그러나 이러한 '독점'과 '특권'은 '자리'에서만 발생하는 것이 아니다. '부(富)'의 측면에서도 동일하게 적용된다. 그간 이 나라의 경제성장 모델인 수출주도형 경제는 재벌 대기업에게 전 국가적으로 경제적 자원을 집중시켜 몰아주는 대신 전 사회에 그 '낙수' 효과를 기대한 것이었다. 그러나 결국 재벌 대기업에게 그 경제적 이익이 철저히 귀속되었을 뿐 대중들에게 그 낙수 효과는 미미하였고, 그 경향성은 갈수록 더욱 심화되고 있다. 하지만 재벌 대기업은 오로지 자신들의 극대이윤만을 추구하여 지금 이 시각에도 비정규직과 하도급을 양산하고 있다. 또 우리 사회에서 잘 나가는 대학들도 이를테면, 청소노동자의 노동조건을 악화시키기 위해 갖은 '노력'을 아끼지 않고 있으며, 시간강사들에 대한 지출을 극소화하기 위해 갖가지 묘안을 짜낸다. "아흔 아홉 칸 가진 사람이 한 칸 가진 사람의 집을 뺏는다"는 말은 여전히 유효하다.

우리 사회는 기본적으로 사회보장 제도가 대단히 미비한 상태다. 이렇게 최소한의 삶이 보장되지 않는 조건에서는 사회 구성원 모두 사회에 대한 기여와 남에 대한 배려보다 우선 나부터 살아야 한다는 생존본능이 앞설 수밖에 없다. 더구나 이렇게 치열한 경쟁 구조에서 패자부활전의 기회는 아예 존재하지 않고 한번 실패하면 두 번 다시 재기할 수 없게 되기 때문에 필사적으로 만인 대 만인의 투쟁이 전개된다. 결국 우리 사회는 약육강식과 적자생존의 법칙만 적용되는 살벌한 정글로 전락된다. 이러한 사회 구조에서 사회 구성원 간의 신뢰는 자취를 감추었고 반목은 극심해졌으며, 결국 민주주의의 발전도 기대할 수 없다.

그러나 사실 현재 우리의 경제 조건은 조선시대와 비할 바 없이 성장을 이루고 부도 축적하였다. 하지만 '상대적인' 의미에서의 자원 부족 현상은 여전히 계속되고 있다. 즉, 성장한 경제와 축적된 부가 소수에게 집중되어 독점되었기 때문에 여전히 '상대적인' 자원 부족과 경제적 여유의 결핍 현상이 계속 이어지고 있는 것이다. '상대적 결핍'을 '절대적 결핍'에 비해 경시하기 쉽지만, 최소한 심리적 범주에서 당사자로서는 오히려 그로 인해 더욱 강력한 영향력을 받게 된다. 특히 사회 갈등의 측면에서 '상대적 결핍'은 '절대적 결핍'보다 더욱 크고 심각한 갈등요인으로 작동된다.

'고위 공직'의 관료 독점을 해체하고 전면 개방해야

우리는 당쟁의 역사적 연원에 대한 추적으로부터 교훈을 얻을 수 있다. 즉, 오늘 우리 정치권에서 끊임없이 전개되는 치열한 정치싸움, 정쟁(政爭) 역시 그 중요한 요인 중 하나가 제한된 '관직'과 '부'를 둘러싼 사생결투라는 분석이 가능한 것이다. 따라서 정쟁을 해소시키는, 최소한 완화하는 한 유력한 방안은 곧 '공직'과 '부'의 독점을 해소하는 데 있다고 할 수 있다.

우선 상기한 바대로, 의사를 비롯하여 변호사, 법관 등 '제한된 숫자의 유지'로써 '특권 유지'의 구조가 재생산되고 있는 '사회 최상층 직업군'의 숫자를 확대해야 한다. 특권은 감소시키고 숫자는 확대해야 한다.

그리고 대기업 재벌 중심주의의 독점도 지양해야 한다. 재벌 중심의 모델은 이제 재벌의 독점만을 강화시킬 뿐 더 이상 효율성도 없다. 그것은 오로지 사회 양극화의 심화로 인한 대중적 빈곤화, 따라서 사회 갈등과 혼란의 심화를 초래할 뿐이다.

동시에 '고위직 공직'이 전면 개방되어야 한다. 우리 사회에서 '공직'은 관료들이 사실상 독점하고 있는 상황이다. 바로 이 지점에서 문제 해결의 열쇠가 존재한다. 현재 '고위직' 역시 관료들에 의해 독점되면서 민간의 진입을 차단, 봉쇄하고 있다. 정부가 정책을 힘 있게 추진하기 위해서는 반드시 정부정책 실행에 부합하는 고위직 인사들을 임명하는 것이 필요하다. 그러나 우리 공직 사회의 현실은 일체 관료들에 의해 차단되고 있는 상황이다. 그리고 그 차단의 논거로서 이른바 낙하산 이데올로기가 동원된다. 결국 정부가 실제 임명할 수 있는 '고위직'은 대단히 제한될 수밖에 없고, 이렇게 하여 정부의 정책 추진력은 크게 약화된 채 관료집단에 의한 사회지배 구조는 완강하게 재생산된다.

상기한 바와 같이, '제한된 공직'을 둘러싼 쟁탈전은 정치권 정쟁의 한 요인으로 작동된다.

따라서 이제 '고위직'에 대한 관료집단의 독점을 해체하고 대신 전면적으로 개방해야 한다. 각계 전문가를 비롯한 사회의 유능한 인사들에게 지금 폐쇄되어 있는 '고위직'의 문을 개방하고 진입을 허용해야 한다. 이 개방에는 관료 출신을 배제하지 않는다(강조하건대, 개방의 목적은 관료 배제에 있는 것이 아니라 관료의 공직 독점 해소에 있다!). 대신 고위직의 특권 역시 폐지한다. 그래야 우리 사회가 관료집단의 지배와 규제 그리고 관행의 사슬에서 벗어나 발전할 수 있다.

실제 미국이나 프랑스 등 선진국에서는 국장급 이상의 직위는 우리처럼 기본적으로 관료 출신이 자동 승진하는 자리가 아니라 모두 정무직(政務職)으로서 대통령에 의해 임명된다. 우리와 달리 공무원들은 대부분 국장급 아래의 직위에서 멈춘다.

미국의 '정무직'의 임명 범주를 살펴보도록 하자.

미국에서는 대통령과 정부가 바뀌면 정부 국장급까지 정무직(political appointees)으로서 모두 대통령이 임명하게 된다. 미국 대통령이 임명하는 최고위층 공무원은 EL-Ⅰ에서 EL-Ⅴ까지 5등급으로 분류된다(EL=Executive Level).

EL-Ⅰ: Secretary(장관)
EL-Ⅱ: Deputy Secretary(부장관)
EL-Ⅲ: Under Secretary(차관)
EL-Ⅳ: Assistant Secretary(차관보)
EL-Ⅴ: Deputy Assistant Secretary(국장급)

프랑스 역시 중앙부처의 국장, 임명직 도지사, 교육감, 대사 등 500여 개의 직위가 정치적 임명직(자유재량 임명직)으로서 국무회의 심의 심사를 거쳐 특별 채용하는 등 대통령은 총 7만 여 개의 직위를 임명할 수 있다. 프랑스 헌법 제13조,「국가공무원지위에 관한 법률」제25조 및 동법 시행령은 "중앙 행정부 국장은 국무회의에서 임명한다."고 규정하고 있다. 즉, 대통령이 실제로 국장급 이상의 직위를 모두 직접 임명한다는 의미이다.

〈'~함', '~음', '~임'의 개조식(個條式) 공문서, 폐기되어야 한다〉

공직사회에서 각종 보고서를 작성할 때는 반드시 '~함'이나 '~음' 또는 '~임'으로 문장을 끝맺음하는 형태를 취한다. '~다'로 문장을 끝맺는 일반적인 서술식 문장이 아니라 이른바 '개조식(個條式)' 문장이다.

공직사회의 보고서 작성 매뉴얼은 아예 "문장은 개조식으로 작성함"이라고 명문으로 '강제'한다. 국회 전문위원의 전가의 보도인 '검토보고서' 역시 당연히 개조식으로 작성된다. 필자는 이러한 '개조식' 문장 구조가 우리 사회 관료 집단의 권위주의적이고 무책임성을 증폭시키는 데 중요한 요인 중의 하나로 작동되어왔다고 분석한다.

필자가 이 문제와 관련하여 몇 차례 기고문을 발표했는데, 그때마다 "학계에서 인정된 견해인가?"라는 불만 섞인 문제제기가 나오는 등 관심이 적지 않았다. 공직사회의 이러한 개조식의 문장방식, 혹은 문체 형태가 우리 사회에 미치는 영향이 대단히 크기 때문에 다시 보충하여 개선의 필요성을 재삼 강조하고자 한다.

다만 여기에서 다루는 '~함', '~임', '~음' 관련 내용은 주로 공직사회와 기업에서 사용되는 보고서의 형식이며, 최근 SNS상에서 빈번하게 이뤄지는 "…함?", "…임?", "…음?" 등의 형식은 논외라는 점을 미리 밝혀둔다.

갑오경장과 ‘공문식(公文式)’ 그리고 일본의 ‘문어(文語)’

구한말 갑오경장 뒤 개화파들이 대원군을 축출하고 같은 날 제정, 공포한 것은 바로 칙령제1호 〈공문식(公文式)〉이었다. 이 〈공문식〉에 의하여 이른바 칙령과 의정부령, 각부령(各部令) 등 근대적 법령이 등장하였다. 봉건세력을 누르고 공문서제도를 근대적으로 개편한다는 명분이었다. 이에 따라 유길준 등 개화파 인사들은 大鳥 공사, 杉村 서기관(이러한 일본식 관직명이 120여년도 더 지난 지금까지 우리의 공무원 직급 명칭으로 사용되고 있는 것도 놀라운 일이다!)의 지도하에 일본 법전과 내각 제도를 모방하여 관제를 개편하였고 문서사무 역시 일본을 그대로 모방하였다.

공문서의 경우에도 예외가 아니었다. 이 무렵 기안문(起案文)을 비롯한 모든 공문서에는 이미 하나같이 일본의 문어체를 강제로 적용시켜 문장의 끝은 ‘~흠’으로 맺고 있었다.

일제는 이 공문서제도가 자신들의 침략정책에 유리한 조건을 만드는 과정이었기 때문에 적극적으로 지원하고 공문서 결재과정에도 깊이 개입하였다. 이후 일제는 의정부를 비롯해 각부의 일본인 고문을 통해 공문서 결재과정을 주재하였다. 이렇게 하여 ‘~함’으로 끝맺음하는 일본 공문서 양식이 자리잡게 되었다.

일본 메이지(明治) 시대에 「대일본제국 헌법」을 비롯하여 ‘강력한 권위가 요구되는’ 법령의 문장이나 교과서 등에서 이른바 ‘문어(文語)’가 사용되었다. 그리고 이러한 일본의 ‘문어’ 문장들은 이를테면 “천황은 육해군을 통수함(天皇ハ陸海軍ヲ統帥ス, 「대일본제국헌법」 제11조)”나

"규정에 따라 청원을 행할 수 있음(規程ニ従ヒ請願ヲ為スコトヲ得, 「대일본제국헌법」제30조)" 등으로 끝을 맺고 있었다. 우리식으로 말하면 '~다'를 생략하고 '~함', '~음'으로 문장을 맺는 형태이다(그러나 정작 일본에서도 '-함', '-음'으로 끝맺음하는 이러한 문장 방식은 1945년 일본의 패망과 함께 법률만이 아니라 공문서에서도 완전히 폐지되어 현재 전혀 사용되지 않고 있다).

'~함', '~음', '~임'의 개조식(個條式), 일제 잔재

구체적으로 구한말 시기의 문서를 살펴보면, 순한문 문장의 시기를 지나 한글이 사용되던 초기에는 거의 모든 글이 '~ᄒᆞ니라' 로 끝맺음을 하고 있었다. 일제 침략을 개탄하며 자결했던 민영환 등이 1902년에 기초한 〈육군법률부제규정(陸軍法律附諸規定)〉의 제1조를 보면, "본 법률은 현역군인의 범죄ᄒᆞᆫ 자에게 시용(施用)ᄒᆞᆷ이라."고 규정하고 있다. 또 이명칠(李命七)이 저자인 『산학통편(算學通編)』도 모두 "~니라", 혹은 "~ᄒᆞ니라"의 형식을 띠고 있다. 그리고 대신들이 왕에게 보고하는 상주문은 '~다'의 형식으로 되어있었다.

하지만 갑오경장 이후 일본의 영향력이 절대화하면서 공문서뿐만 아니라 일본의 법률이나 교과서 등 서적이 그대로 직역되는 등 일본의 문장방식이 전반적으로 이식되었다. 1895년 제정된 경무청의 〈문서정리규칙〉 제1조에는 "총리대신 훈령도 차(此)에 공철(共綴)ᄒᆞᆷ이 가(可)ᄒᆞᆷ"이라고 규정하고 있다. 1908년에 제정된 〈법규류편(法規類編)〉의 내각기록과(內閣記錄課) 중 '궁내부(宮內府)' 편에는 "참리관(參理官) 2인을 4인으로 개정ᄒᆞᆷ."이라고 규정하고 있다. 또 〈공문류별급식양(公

文類別及式樣)〉 제8조는 "훈령, 지령(指令) 등에 서압(署押)하는 예를 폐지하고 관장(官章)으로 대용(代用)홈이 가(可)홈."이라고 규정하고 있다. 그리고 1900년에 일본 수학교과서 등을 참조해 편역한 『정선산학(精選算學)』은 모두 '~홈'으로 문장을 마치고 있다.

이 시기에 내각을 비롯한 각급 기관에서 공문서를 작성할 때 일본인 고문이 모든 문서를 검토하고 결재하도록 하였다. 심지어 그 일본인 고문 중에는 일본 포병 소좌도 있었다.

이렇게 하여 '~홈'의 일본 문어체는 '일제 강점기의 공문서'에 보편화되었다. 〈을사늑약〉에도 그대로 사용되고 있었다.

한국 정부와 일본 정부는 양 제국을 결합ᄒᆞ는 이해공통의 주의를 확고ᄒᆞ게 홈을 원ᄒᆞ여 한국의 富强之實을 認홀 時에 至하기까지 此 목적으로써 좌개 조관을 약정홈.

…….

제5조 일본국 정부는 한국 황실의 안녕과 존엄을 유지홈을 보증홈.

개조식 보고서, 공직사회의 권위주의와 소통 단절 초래

본래 명사화소(명사형 어미) '-(으)ㅁ'은 '확정성'이나 '결정성'의 특성을 지니고 있으며, 특히 문장 마지막에서 '~함'이나 '~음'으로 끝내는 문장의 경우 이러한 경향성은 더욱 강화된다.

'~함'이나 '~음' 혹은 '~임'으로 끝나는 문장 방식은 정상적으로 글을 완료하지 않고 서둘러 결론을 내려 끝을 맺음으로써 읽는 사람과의 대화와 소통 대신 일방적으로 명령자 혹은 규정자 입장의 권위주의적 특성이 두드러지게 나타나게 한다. 가령 "문장은 개조식으로 작성함"은 서술식의 그것보다 강제성과 권위를 더욱 강조한다. 특히 하급자를 대상으로 하여 그러한 성격은 더욱 강화된다. 그리하여 이러한 문장 형식은 군대식 상명하복의 문화로 연결되며, 이는 일제 강점기의 공문서제도가 의도했던 '절대적 권위의 현현(顯現, 드러냄)'과 '무조건적인 복종의 유도'라는 본래의 목표와 정확히 부합한다.

이러한 개조식 문장에는 처음부터 상호 간의 진지한 논의와 토론을 할 수 있는 가능성과 그 분위기가 존재하기 어렵다. 더구나 여기에 창의성과 다양성이 공존할 수 없다. 결국 일제 잔재로서의 이 개조식 문장은 공직 사회와 기업 문화에서 상호 간의 토론과 대화를 단절시키고 대신 우리 사회에 상명하복 문화와 '빨리빨리주의'를 고착시키는 요인으로 조직적으로 그리고 지속적으로 작동되어 왔다고 평가할 수 있다.

말과 글이란 어떤 형식과 틀에 의하여 쓰느냐에 따라 그 내용 또한 상이하게 되며, 동시에 쓰는 사람과 읽는 사람의 자세와 태도 역시 달라지게 된다. 관행화된 특정의 문장 형태는 그에 따른 관행화된 특정의 문화와 의식구조를 만들어낸다. 또한 그것을 어떤 집단에서 장기적으로 사용하면 할수록 특수한 집단 문화를 만들어내고 그 자체로 집단에 속하는 구성원의 의식도 총체적으로 지배하게 된다. 즉, 문장의 형식은 내용을 규정하며 나아가 글쓴이와 읽는 사람의 생각마저 규정한다. 이렇게 하여 우리 사회에서 보편적으로 사용되고 있는 이 '개조식' 문장은 결국 관료 집단 및 기업의 뿌리 깊은 권위주의 문화와 무책임성의 의식구조를 만들어낸 중요한 토대로 작동해왔다.

공직사회의 개조식 문장, 정당성 없다

이제 문장 혹은 문체(文體) 개혁이 실천되어야 한다. 이 역시 국가 기본의 재구축을 위한 일환이다.

일제 잔재로서 우리 사회 구성원 간의 소통을 단절시키고 권위주의와 무책임성을 초래하는 '~함'과 '~음', '~임' 방식의 개조식 문장을 지양하고 '~다'로 끝나는 서술식 문장으로 전환해야 한다.

더구나 이러한 개조식 문장은 지금 개인들 간의 사적 공간에서 이뤄지는 차원을 넘어 국가를 대표하고 공적 사무를 담당하는 공직 사회에서 사실상 '공식적 체계'으로 시행되고 있다. 하지만 우리 사회에서 초등학교부터 중고등학교 그리고 대학교육까지 그 어디에서도 이러한 개조식 문장 방식을 공식적으로 교육하지 않고 있다.

그것은 공직사회(혹은 기업)에서 아무런 절차와 과정도 없이 갑자기 일률적으로 강제, 강요되고 있다. '비공식적 체계'를 '공식적'으로 사용하라고 강제하는 이러한 행태는 완전히 비정상적이고 전혀 정당성을 가지고 있지 못하다.

공직 사회의 '개조식 보고서' 행태는 하루바삐 개혁되어야 한다. 모르는 것이 반드시 나쁜 것만은 아니다. 아는 것을 안다고 하고 모르는 것은 모른다고 하는 것이 진정 아는 것이다.

그러나 가장 나쁜 것은 바로 알면서도 이를 고치지 않는 것이다.

'백년 정당'은 불가능한 꿈인가?

'20년 집권'과 '백년 정당'으로 가는 길

정치권에서 '20년 집권' 혹은 '100년 정당'의 야무진 꿈을 이야기한다.

그러나 최소한 현재의 시점에서 그 말을 곧이곧대로 믿는 사람은 별로 없다. 솔직히 말하면, 심지어 필자가 만난 대부분의 국회의원 보좌관들조차 자신들이 소속해있는 정당에 전혀 기대도 없고 희망을 부여하지도 않는다. 그도 그럴 것이 정당은 우리 사회에서 가장 불신을 받는 국회에 못지않게 불신을 받고 있다. 그간 이 땅에서 정당은 언제나 그저 모래성일 뿐이었다. 단지 눈앞의 선거만을 위해 만들어졌다가는 어느덧 신기루처럼 우리의 시야에서 사라졌다. 해방 후 이 땅에 출현했던 정당의 이름만 해도 수백 개에 이르고, 최근 몇 년 사이만 해도 정당 이름은 기억조차 할 수 없을 정도로 명멸(明滅)하고 있다.

정당이란 본디 민주주의의 토대이다. 정당이 건강하게 발전하지 못하면 건강한 민주주의란 존립할 수 없다. 마찬가지로 정당이 부실한데, 국회가 올바르게 그 역할을 수행할 리 없다.

오늘 우리의 정치 현실은 실로 반근착절(盤根錯節), 얽히고설킨 실타래처럼 문제를 풀어내기 어렵다. 하지만 그것이 아무리 어려운 과제일지라도, 오늘 우리는 추상 차원으로만 치닫는 온갖 현학과 양비론 그리고 패배주의를 극복하여 실현가능한 방안을 모색하면서 실용적 자세로써 한 걸음 또 한 걸음 착실하게 전진해야 할 일이다.

모든 사물을 선거의 관점에서만 보는 무한대의 정치공학

과연 우리의 척박한 현실에서 정당다운 정당은 만들어질 수 있을 것인가?

무릇 정당이 정당으로 건강하게 존재하기 위해서는 무엇보다도 먼저 정책정당이 만들어져야 한다. 그렇다면 이 정책정당은 어떻게 가능할 것인가?

그간 어느 정당이든 그에 소속하는 정당연구소는 결코 지속가능한 조직이지 못했다. 고작해야 당 실권자의 사적 영역의 범주를 크게 넘어서지 못한 채 결국 성과도 지지부진할 수밖에 없었다.

인재영입도 그때그때 선거에 임시미봉책으로 유명 인사들을 이미지 메이킹이나 '상표 표절' 혹은 포장 차원에서 이용해왔을 뿐이었다. 국리민복은 아랑곳없이 오로지 당리당략만 앞세웠고, 모든 사물을 오로지 선거의 시각으로만 판단하는 무한대의 정치공학으로 일관했다. 그리고 사회의 모든 이슈는 거대 정당이 벌이는 끊임없는 정쟁의 소용

돌이에 속수무책 휩쓸려 그 자취와 흔적도 보이지 않게 된다. 염불보다 잿밥에만 눈독을 들이는 이 무한대의 악순환에 의하여 이 땅의 정당과 정치는 더욱 천민화되어갔다.

본래 정치란 정당이 주역으로 역할하고 담당해야 할 영역이다. 그러나 세계 어느 나라든 이른바 '현대 정치'에서 주요 정당들은 오로지 상대당을 '악마'로 만드는 정쟁에만 몰두할 뿐이고, 여기에 전 국민들을 선동하고 동원한다. 그리고 슬픈 일이지만, 이런 어이없는 '현대 정치'에 모든 국민들은 자신들도 모르게 완전하게 얽혀져 피동화되고 대상화된다.

오늘날 'party'라는 영어 단어는 모두 '정당'으로 번역되어 사용되고 있다.

그런데 사실 '당(黨)'이라는 한자어는 예로부터 좋지 않은 의미로 사용되어 왔다. 실제로『논어』에도 "君子, 群而不黨"이라 하였다. 즉, "군자는 사람들과 잘 어울리지만, 무리를 이뤄 사적인 이익을 취하지 않는다."는 말이다. 주자(朱子)는『사서집주(四書集注)』에서 '당(黨)'에 대하여 "相助匿非曰黨", 즉, "서로 잘못을 감추는 것을 黨이라 한다."라 해석하고 있다.『설문(說文)』에는 "黨, 不鮮也"라고 풀이되어 있다. '당(黨)'이란 '흐릿하여 선명하지 못하다'라는 의미라는 것이다.

이렇듯 '당(黨)'이라는 글자는 "공동의 이익을 위하여 함께 거짓말로 사람을 속이다"는 의미를 지니고 있는 것이다. "'불편부당(不偏不黨)'해야 한다."는 하나의 명제에서 이미 '당(黨)'이라는 단어는 '악(惡)'의 범주를 뛰어넘지 못하는 이미지를 갖게 된다. '당쟁(黨爭)'과 '붕당(朋黨)', '당우(黨羽)' 그리고 '작당(作黨)하다'의 '작당(作黨)' 역시 마찬가지이다.

아이러니하게도 우리의 '정당'들은 이렇듯 좋지 못한 의미를 담고 있는 '당(黨)'이라는 용어의 명칭을 사용하고 있음으로 하여 '당(黨)'의 본래 의미를 너무도 충실하게 '실천'하기 위하여 '모두 모여서 잘못을 감추고', '거짓말로 사람을 속이고', '싸우고' 있는 셈이다.

정당에 대한 국고보조금, 과연 계속 존재해야 하나?

2017년 한 해에 국민의 세금으로 정당에 준 국고보조금은 무려 421억 원이었다. 2017년 초 국회 헌법개정특별위원회 자문위원회는 개헌 자문 보고서를 통해 헌법의 정당 국고보조금 규정을 폐지할 것을 권고한 바 있다. 건강한 정당 문화를 확산시키기 위해 정당 국고보조금의 폐지가 바람직하다는 것이다. 여기에서 해외 주요 선진국 헌법에서 정당 국고보조금 규정을 둔 사례가 거의 없고 정당보조금 제도가 시대가 구시대적 국가주의적 사고에 기인한다고 지적하기도 했다.

더구나 우리 정당들이 그렇게 엄청난 국민들의 세금을 펑펑 쓰면서도 정작 '아웃풋(output)'은 눈을 씻고 찾아봐도 잘 보이지 않는다. 입만 열면 경쟁력이 없는 것은 여지없이 도태되어야 한다는 적자생존의 시장경제 논리를 금과옥조로 삼는 정치인 그들이건만 정작 생산성이 전혀 없는 자신들에 대해서는 너무도 너그러워져서 시장논리를 전혀 적용할 생각을 하지 않는다. 그 대신 유능한 정치 신인 및 새로운 정당의 장내 진입을 철저히 봉쇄하면서도 국민의 세금은 독점적으로 향유하고 있다.

정당이 지금과 같이 국민의 신뢰를 얻지 못하고 '아웃풋'이 거의 없는 상태가 계속된다면, 국민들은 결국 이러한 정당에게 세금을 계속 제공해야 되는가를 심각하게 재고하게 될 것이다. 실제로 이탈리아에서는 정당에 대한 국고 보조금 50% 삭감 운동이 활발하게 전개되고 있다.

사실 현재 검토보고 등 국회 전문위원이 입법과 관련하여 수행하는 업무들은 본래 정당에 소속된 정책위원 등이 보조, 지원해야 하는 업무이다. 그러나 정작 정당 자신들이 수행해야 할 이러한 업무들은 모조리 입법관료들에게 떠넘긴 채, 현실적으로 정당이 실제로 할 수 있는 일이란 지루한(?) 조직 유지 외에 선거 때나 되어야만 반짝 선거와 관련된 일에 국한될 뿐이다. 그리하여 정당은 한때 유행이었던 '간헐적 단식'이라는 말에 빗대 그야말로 '간헐적 선거운동 조직'에 지나지 않게 된다.[24] 이렇게 왜곡된 국회 입법 프로세스로 인하여 정당의 존재 근거는 근본적으로 사라지게 된다.

24 이러한 측면에서 처음 우리 국회법을 제정할 때 전문위원 제도를 규정한 것에 아쉬움이 남는다. 즉, 유진오 박사가 헌법과 함께 국회법을 기초했는데, 유진오 박사 본인이 당시 전문위원이었다. 유진오 박사는 아마도 입법위원들이 법률 지식이 미비한 상황을 감안, 일본 국회법을 참조하여 일본의 '전문원'을 '전문위원'이라는 용어로 바꿔 전문위원으로 하여금 보조, 지원하는 제도를 구상했을 것이다. 그러나 이 전문위원 제도가 이후 서구처럼 정당 소속으로 발전하지 않고 입법관료의 독점화 경향만 강화되어버린 우리의 역사를 되돌아보면, 처음부터 정당 소속 정책위원 제도를 채택했던 것이 더욱 타당했고 올바른 길이었다고 판단된다.

근거를 상실한 정당은 그 발전 가능성을 상실하게 되는 법이다. 우리가 이제 이 땅에서 죽은 정당을 되살리려면, 그리하여 건강한 정당 정치의 모습을 볼 수 있게 되려면 무엇보다도 먼저 입법관료에 의한 검토보고제도 등 왜곡된 현재의 국회 입법 프로세스를 전면적으로 개혁해야 한다. 이 방안은 이 땅에서 정상적인 정당 정치, 의회 정치 그리하여 의회민주주의를 발전시키는 핵심적인 길이 될 것이다.

국회의원의 탄생 그리고 '은폐된 협력자'

사람들은 왜 그토록 똑똑하고 정의감 높던 사람들이 여의도만 가면, 국회의원만 되면 하나같이 변하는 것일까 궁금해 한다.

그러나 흔히 사람들이 간과하는 사실이 있다. 대부분의 경우, 국회의원이 되려고 생각한 바로 그 순간부터 이미 사람이 변한다는 점이다. 왜냐하면 이 나라에서 국회의원이 되겠다는 것은 정당 보스에 줄 서고 기존의 모든 정치 관행에 무릎 꿇으면서 그 논리에 완전하고도 철저하게 '굴복'함으로써 시민들이 가장 혐오하는 논리와 행태 그대로 살고자 이미 결심한 것을 의미한다. 또 현실적으로 반드시 그렇게 해야 공천도 받고 배지를 달 수 있다. 공천권을 지역구민이 아니라 당이 '하향식'으로 행사하기 때문이다.

만약 이 단계에서 기존 정치 관행에 약간이라도 '도전적인' 태도가 보이게 되면 거의 모든 경우 곧바로 아웃, 만사휴의가 되고 만다.

그런데 이 나라 국회의원들에 대한 가장 커다란 이미지는 바로 '정쟁(政爭)'이다. 여야가 서로 매일같이 싸운다는 것이다. 정말이지 이 나라 국회의원들은 언뜻 보면 아예 서로 나뉘어 싸우려고 태어난 사람들 같다. 그러나 일반인들이 흔히 상상하는 것과는 달리, 일단 국회의원 배지를 단 '의원'들끼리의 동류의식도 대단히 높다. 매일 같이 싸우는 상대 당 소속 의원들끼리 대부분 적대적이지 않고 오히려 동질적 신분 의식을 공유하는 경우가 많은 것이다. 국회의원들 간의 친밀도 관계가 같은 당 소속 국회의원과 비(非)국회의원과의 관계를 훨씬 넘어선다는 것이 국회를 잘 아는 사람들의 중론이다. 정작 같은 당 소속 의원이라도 정파가 다르면 4년 임기 내내 단 한 번도 식사조차 하지 않는다는 경우가 적지 않다는 말이 있다.

아무리 의욕에 불타고 유능하며 그렇게 정의감이 많던 사람도 어찌된 일인지 모두 초록동색(草綠同色), 비슷비슷해지고 만다. '적대적 공존', 상대방에 의존하고 상대방에 얹혀사는 사람들이다. 여야 거대 정당의 이러한 행태와 관련하여 윤소하 정의당 원내대표는 "낮에는 싸우고 밤에는 술 먹고…. 낮에는 야당, 밤에는 여당을 한다는 구태 정치가 그대로 반복되고 있다"고 지적한 바 있다.

이렇게 여당과 야당은 겉으로는 서로 철천지원수처럼 막말을 일삼고 심지어 '빠루'와 망치까지 등장하면서 물고 뜯고 싸우지만, 실상은 일정한 파트너십까지 공유한다. 이러한 의미에서 이들은 서로 '은폐된 협력자'이다.

정쟁은 정당의 '유일한 무기'이자 '절박한 생존수단'

그러나 이들 정당들의 가장 주된 활동은 자신들의 실상이 어떠하든 누가 뭐래도 역시 '정쟁'에 있다. 이들 정당들이 대중적인 지역 조직의 토대를 전혀 갖추지도 않았으며, 또 자신들의 정강(政綱) 정책에 의거하여 활동하지 않는다는 것은 모든 사람들이 알고 있는 사실이다. 그들은 오로지 서로 상대 정당에 대한 무조건적이고 끝없는 반대와 비난 그리고 적대화를 통하여 자신들의 존재 근거를 찾을 뿐이다. 문자 그대로 "자영업자 연합조직체"로서의 정당들은 순전히 상대방에 대한 적대적 대결을 선동하고 증폭시키면서 자신들의 존재근거를 재생산한다. '정당(政黨)'이라는 한자어의 '당(黨)'이란 본래 "서로 잘못을 감추는 것", "무리를 지어 이익을 위하여 함께 거짓말로 사람을 속이다"는 의미를 지니고 있는데, 오늘의 현실과 너무도 정확히 맞아 떨어진다.

그리하여 정쟁(政爭)이란 이제 정치인들의 '유일한 무기'이자 동시에 절박한 '생존수단'이다. 사실을 말하자면, 이 땅의 정치인에게 정쟁 외에는 그 어떠한 무기도, 수단도 없다.

정쟁이 있어야만 정치인은 비로소 생존할 수 있다. 정치인은 정쟁을 먹고 산다. 정쟁이 없다면, 정당은 그리고 정치인은 생존하지 못한다.

국민 전체를 반목과 대결에 빠뜨리는 정치가와 정당

문제는 여기서 그치지 않는다.

정당들이 유발하고 선동하는 이 적대적 대결과 반목은 신속하게 사회 전체로 확산된다. 국민들은 정치가 유발시킨 적대적 대결의 '소용돌이'에 매우 손쉽게 그리고 걷잡을 수 없는 속도로 휩쓸리면서 전체 사회가 온통 적대적으로 분열되고 대치한다.

이것이 현대 정치, 현대 사회의 실제적 모습이다. 이는 지금 세계 모든 나라의 정치에서 일반적인 현상이지만, 우리나라는 가장 극심하게 표출되어 나타나는 나라에 속한다.

여기에서 '진실'은 전혀 중요하지 않다. 그저 단순한 '진영 논리'나 혹은 전가의 보도인 '떠넘기기' 논리로써 상대방에 대한 비난과 반대 그리고 '저주'를 퍼붓기만 하면 그것으로 소기의 목적은 충분하게 달성된다. 그 비난과 반대가 '막말'에 가까운 언어로 구성될수록, 또 그 '선정성'과 '파쟁성'이 강할수록, 여론과 이니셔티브를 신속히 장악하게 되고, 유명세도 쉽게 얻는다.

독일 의회와 우리 국회의 유사성 그리고 차별성

국민들은 1년 열두 달 매일 같이 정당 간에 지치지도 않고 정쟁이 발생하는 우리 국회의 모습에 절망한다.

사람들은 독일 의회는 우리와 전혀 다른 모습일 것이라 생각한다. 그런데 뜻밖에도 독일 의회 역시 우리처럼 정당 간에는 거의 모든 정책에서 대립하고 있다. 뿐만 아니라 정당에 의하여 의원들의 의회 진출이 좌우된다. 또 의원들은 소속 정당의 정책에 순응하며, 당론에 배치되는 발언을 하기 어렵다. 독일 연방의회의 운영 역시 철저히 정당에 의해 좌우되는데, 이 정당은 계층제적 통제 중심으로 되어 있다.

여기까지 독일 의회와 우리 국회는 대단히 유사한 모습을 보여준다. 하지만 바로 그 다음 단계부터는 '역시' 우리의 처음 생각대로 전혀 상이하다.

독일 정당의 정책 전문성은 정당의 전문성에 의해 좌우된다. 독일 의회는 입법 활동과 정책전문성을 실질적으로 지원할 수 있는 시스템을 발전시켜 왔다. 즉, 위원회에서 정당 간에 협상을 하기 전에 각 정당이 상임위원회별로 특정 주제에 대하여 깊이 있는 토론과 연구의 진행을 통하여 전문성을 높이는 시스템을 운영하고 있다.

이를 위하여 독일 의회는 각 정당 내 상임위원회마다 소그룹이 운영되며, 의원들은 각 분야별 최고 수준의 전문성을 자랑하는 정당 소속 정책 전문위원들과 매주 화요일마다 만나서 짧게는 6주에서 길게는 6개월에 걸쳐 상임위 의제를 사전에 토론하고 조율한다. 당연히 의원 개개인의 전문성도 향상되고 각 정당의 전문성도 증대되며 이는 의회의 전문성 제고로 이어진다. 소그룹에서 채택된 사항은 대부분 그대로 정당 전체의 견해로 채택된다.

정책전문위원의 정당 소속화는 정책정당으로의 확고한 토대

의회가 행정부를 감시하고 통제하기 위해서 의회는 행정부에 비견되는 전문성을 갖추고 있어야 한다. 따라서 의회의 전문성 확보는 곧 의회의 기능 회복과 직결된 문제이다. 정당 소속의 의회 정책 전문위원을 토대로 하여 명실상부한 정책정당이 만들어지고, 의원들과 정책 전문위원들과의 상시적인 접촉을 통하여 정책토론이 이뤄지는 것이 의회의 원칙에도 부합한다.

특히 의회의 상임위원회는 정당 간 정책경쟁의 장(場)으로서 상임위원회를 지원하는 입법조직 역시 당연히 정당에 소속된다.

이제 우리나라도 각 정당에 독일처럼 실제로 최고 수준의 전문성을 보유한 정책 전문위원들을 정당에 소속시켜야 한다. 독일 의회의 경우를 우리 국회에 적용시키면 약 200 명 정도의 정책 전문위원을 각 정당에 소속시킬 수 있게 되고, 이렇게 되면 각 정당은 국회에서 예산이 지출되는 최고 수준의 100명 내외의 정책전문가를 보유하게 된다. 이 정도 숫자의 전문가그룹 조직이라면, 현재 행정부의 어떤 부처나 소속 연구소 그리고 재벌기업의 연구소를 능가할 수 있는 정책역량이다. 이들 '명실상부한' 전문가들로 하여금 상임위원회에 대한 실제적이고 전문적인 지원을 담당하게 해야 한다.

이러한 방안은 현재 왜곡되고 부실화된 상임위원회의 활동을 활성화하는 방안일 뿐 아니라 정당의 정책 전문성을 강화함으로써 정책 정당을 실현하는 실질적인 방법이다. 그리고 이는 곧 의회의 전문성 제고로 이어져 이 땅의 의회민주주의 발전으로 연결될 수 있다.

'20년 집권'을 꿈꾸려면, 그리고 '100년 정당'을 지향하고자 한다면, 반드시 최고 수준의 정책 전문위원 그룹을 정당에 소속시킴으로써 굳건한 정책정당을 구축해내야 한다. 이 방안은 선거 때만 되면 아나운서나 스포츠 스타, 연예인 등 사회 유명인사 영입에 골몰하면서 임시미봉책으로 주먹구구식의 충원하는 행태를 극복하고 유능한 정치신인 양성을 제도적으로 보장함으로써 정당의 재생산구조를 확고하게 구축해낼 것이다.

바로 이 길이 '20년 집권'과 '100년 정당'을 현실화할 수 있는 유력한 방안이다.

정당의 미래는 인재 양성

인재 양성의 중요성은 새삼 언급할 필요조차 없다.

『관자(管子)』는 "1년에 대한 계획으로는 곡식을 심는 일만한 것이 없고, 10년에 대한 계획으로는 나무를 심는 일만한 것이 없으며, 평생에 대한 계획으로는 사람을 심는 일만한 것이 없다. 한 번 심어 한 번 거두는 것이 곡식이고, 한 번 심어 열 번 거두는 것이 나무이며, 한 번 심어 백 번 거둘 수 있는 것이 사람이다(一年之計, 莫如樹穀, 十年之計, 莫如樹木, 終身之計, 莫如樹人. 一樹一獲者穀也, 一樹十獲者木也, 一樹百獲者人也)"라고 하였다.

실로 한 번 심어 백 번을 거둘 수 있는 것이 바로 "사람"이다.

하지만 그간 우리 정당들은 인재 알기를 단지 일회성 소모품으로만 취급했을 뿐이었다. 그저 선거 때 적당히 유명한 아나운서나 스포츠 스타를 인기용으로 영입하기만 하면 그것으로 그만이었다. 그러니 너무나 당연하게도 이 땅의 정당에 내일과 미래가 없을 수밖에 없었다. 이제 일회일비, 단기적인 인기전술이나 선거전술만의 사고방식을 벗어나 최소한 10년 내지 20년의 장기적인 개혁 플랜을 세워 정책을 마련하고 인재를 양성해나가야 할 일이다.

구태의연하고 뿌리 깊은 정치공학적 사고방식의 타성에 젖어 있는 기존 정치인과 관료적 당료의 독점 현상은 최대한 극복해내야 한다. 연부역강(年富力强)한 외부의 인물을 최소한 조직 전체의 반수가 넘게 기용하여 새로운 시대정신과 신진대사의 기운을 진작시킴으로써 노쇠한 조직을 물갈이해야 한다.

특히 40대 젊은 층을 영입하여 새로운 '40대 기수론'을 내세우는 확장 전략도 필요하다. 기성 유명 정치인을 앞세우는 등의 구태의연한 방식으로는 결코 새로운 시대정신을 담아낼 수 없고 기득권의 높다란 장벽을 절대 뛰어넘을 수 없다.

젊은이들을 양성하는 조직에 미래가 있고 확장성이 존재한다. 만약 기존 정치인이 이러한 역할을 충실하게 수행한다면 그는 반드시 큰 인물, 대정치가로 성장해나갈 수 있다.

외국의 사례로부터 정당의 인재 양성 방안을 배울 필요가 있다. 독일의 정당재단은 국가 지원금에 의하여 운영되며, 정당재단별 지원액은 연방의회에서 결정된다. 정당재단은 모(母) 정당이 3회 연속 연방의회에서 5% 이상의 의석을 얻은 경우 공적 지원을 요청할 권리를 획득한다.

그러나 정당재단은 정당과 밀접한 관계를 가지면서 정당 활동을 돕는 정당연구소 기능을 수행하는 것이 아니라 정당으로부터 완전히 독립된 '정당에 밀접한' 정치재단이다. 정당 재단은 정당을 위하여 직접적으로 선거운동 지원이나 정치적 활동을 할 수 없다. 정치재단의 교육프로그램은 참여를 원하는 모든 시민에게 개방되어야 하며 출판물과 시설들, 예를 들어 도서관, 아카데미, 교육관 등은 기본적으로 모든 관심 있는 사람들에게 접근이 가능해야 한다.

독일의 대표적인 정치재단으로서는 콘라드 아데나워 재단과 프리드리히 에버트 재단이 있는데, 아데나워 재단은 기민당, 에버트 재단은 사민당과 밀접한 정당 재단으로서 약 600명의 직원이 근무한다.

정당재단의 주요 과제는 독일과 국외에서의 민주주의 발전에 기여하는 것이다. 독일 정당재단의 사업은 1) 독일 내 정치교육, 2) 학업 장려 및 우수 학생과 연구자 지원, 3) 일반적 목적을 지닌 사회과학적 연구 및 자문, 4) 국제 지원 사업 등 4개의 분야로 나눌 수 있다.

이들은 대도시에 정치교육 아카데미를 운영하고 있다. 정치교육은 기본적으로 독일의 민주적 가치들을 사회에 착근시키고 민주적 역량과 시민 참여를 강화하는 데 목적이 있다. 그리하여 교사, 학생, 대학생, 기업가, 정치인 그리고 공공단체 대표자들과 같은 오피니언 리더층이 참여하여 의회 민주주의, 사회주의적 시장경제, 유럽통합 등과 같은 사회적 이슈에 대하여 의견을 나누는 장으로 활용되고 있다.

국회 온라인청원실,
국회도 진정한 대표로

청와대의 온라인 국민청원방의 열기가 대단히 뜨겁다.

이는 자신이 말하고 싶은 바를 그 어디에도 털어놓을 통로가 철저히 막혀 있는 조건에서 대중들의 높은 표현 욕구 혹은 정치참여 의지를 반영하는 현상이라 할 것이다. 다만 '초법적'으로 기획되어 시행되고 있는 이것이 갈수록 정쟁이나 세 과시의 수단으로 변질되고 있어 새로운 방향을 모색할 단계라 할 것이다.

본질적으로 생각해보면, 본래 청원이 보다 활성화되어야 할 곳은 바로 국회라 할 수 있다. 왜냐하면 국회란 시민이 자신의 손으로 직접 선출한 대표들의 구성체이기 때문이다. 특히 대의민주주의의 위기로 표현되고 있는 한국의 현 상황에서 온라인, 오프라인상의 민의(民意)를 의회에 반영하는 것은 직접민주주의 성격을 대의제도에 적극적으로 반영시키고 투사시킴으로써 대의 민주주의의 약점을 결정적으로 극복하는 계기를 만든다는 의미를 지닌다.

이러한 측면에서 국회 내에 청원실을 설치하여 대중들의 청원을 적극적으로 의회의 입법 활동에 반영하도록 하는 것은 대단히 중요한 의미를 지니고 있다.

이는 국민에게 부정적 이미지로 비쳐지고 있는 현재의 국회상(國會像)에 실질적인 대중적 민의(民意)를 결합시켜낼 수 있는, 그리하여 국회가 문자 그대로 '국민의 대표'로서 기능해내는 중요한 계기로 작용할 수 있다. 국민이 진정으로 국회의 주인으로 되는 중요한 방안 중의 하나가 바로 국회 청원제도의 문을 국민에게 활짝 여는 것이다.

더구나 청원권(Right to Petition)이란 시민적 법치국가에 있어 가장 고전적인 권리로서 인식된다. 청원권의 인정과 더불어 의회제가 시작되었다는 사실 그 자체가 그 무엇보다 청원권의 본질을 가장 잘 드러내주고 있다. 의회제의 선구인 영국이 '권리청원'과 '권리장전'으로 청원권을 보장한 역사적 사실은 의회제라는 발상이 청원의 통로라는 점에 그 의의가 있다.

청원권의 연원은 입헌주의 이전부터 찾을 수 있다. 즉, 청원의 근원은 영국에서 1215년 국왕이 귀족들의 강압에 의하여 승인한 대헌장 제61조에서 비롯된다. 그 뒤 1628년 권리청원(Petition of Right)에서 처음으로 보장되었다. 이어 청원권은 미국연방헌법 수정 제1조를 비롯하여 스위스헌법(제57조), 바이마르헌법(제126조) 그리고 1791년 프랑스헌법 등 세계의 많은 국가 헌법에서 규정되었다.

청원(請願)이란 국가 또는 지방공공단체의 소관 사항에 대하여 일정한 요구 사항을 진술하는 것으로서 국민의 기본 권리 중 하나이다. 우리나라 헌법 제26조는 "①모든 국민은 법률이 정하는 바에 의하여 국가기관에 문서로 청원할 권리를 가진다. ②국가는 청원에 대하여 심사할 의무를 진다."라고 규정하고 있다.

역사적으로 재판제도가 정비되지 않고 의회제도가 확립되지 아니한 전제정치 시기에는 청원권이 국가 또는 군주에 대하여 자기의 권익을 보호받기 위한 호소의 수단과 권리침해의 회복 및 구제수단으로서의 기능뿐만 아니라 국민의 요구 사항이나 민정(民情)을 통치자에게 알리는 중요한 방법으로 되었다.

그 뒤 의회제도의 발전에 따라 국민들의 참정권이 실현되고 국민의 기본권으로서의 언론의 자유가 보장되었으며, 사법제도의 확립으로 권리침해의 구제수단이 한층 더 유효한 토대를 가지게 되면서 현대적인 의미의 청원은 권리구제 수단으로서의 효용은 감소되고 국민의 요구사항을 국가에 제기하는 수단으로서의 의미가 더욱 중요하게 되었다.

주권재민과 권리구제의 실현

하지만 청원제도가 여전히 각국에서 계속 제도적으로 보장되는 것은 이 제도에 의하여 국가 또는 공공기관에 국민의 의사와 요구사항을 자유롭게 제기할 수 있을 뿐만 아니라 국가 기관은 이를 수리, 심사한 뒤 그 결과를 청원인에게 통지해야 한다는 점에서 주권재민(主權在民)이라는 국민주권주의의 실현과 기본권 보장의 확립이라는 가치가 있기 때문이다.

또한 사법부의 재판청구권이 사후 구제수단인 것과 달리 청원은 권리침해의 우려가 있을 때 사전 구제수단으로 행사될 수 있고, 사법수단보다 그 절차가 용이하다는 점에서 여전히 권리구제의 수단으로서의 유효성을 지니고 있다고 볼 수 있다.

의회제가 역사적으로 청원으로부터 비롯되었지만 의회와 청원의 관계는 여전히 중요성을 지닌다. 무엇보다도 청원에 대한 심사와 정당한 처리는 의회가 지니고 있는 고유기능인 행정통제로 이어지며, 청원에 포함된 내용은 의회의 정책 자료가 될 뿐만 아니라 살아있는 입법정보에 접하는 계기로 된다. 또한 청원의 내용은 사회 상황의 축소판이라 할 만큼 사회상을 그대로 반영한다.

따라서 국민 여론을 가장 잘 반영하는 청원의 의회에 의한 심사는 의회와 국민 여론이 직접 접촉하는 기회를 부여함으로써 주로 선거기간에만 집중되는 국민과의 접촉을 통시적(通時的)으로 가능하게 하며, 나아가 청원의 의회 심사만으로도 일반 대중의 소외를 해소시키는데 기여하게 되고 여론의 수렴과 참여 확대에도 큰 역할을 할 수 있게 된다.

청원의 폭주로 인하여 의회가 '민원처리장화' 할 수 있다는 이유를 들어 청원을 억제하거나 경시하는 견해도 있지만, 이는 의회의 활성화에 정면으로 어긋난다. 의회가 참으로 행정통제와 국민의 권익침해에 대한 구제 및 여론의 수렴에 관심을 경주한다면 청원의 폭주는 오히려 환영해야 할 일이다. 국회의 청원 처리 현황은 열악하기 그지없다. 예를 들어 2006년 국회 상임위원회에 접수된 청원 건수는 총 278건인데 그중 단지 1건만이 채택되었다.

청원의 '국회의원 소개 조항' 폐지해야

청원의 심사와 정당한 처리는 의회가 갖고 있는 행정통제 기능으로 연결된다. 청원에 포함된 내용은 의회의 정책 자료로서 역할 함은 물론 입법정보로 전화(轉化)될 수 있으며 경우에 따라서는 전문성 보완의 기능도 수행한다.

시민참여의 효과성은 참여를 위한 제도적 장치만이 아니라 더욱 중요하게는 수용자 측의 반응성(反應性, responsiveness)과 책임성(accountability)에 의해 좌우되는 것이며, 시민참여란 참여자의 정치적 효능감(效能感)이 뒤따를 때 비로소 그 효과성이 실현될 수 있다.

국회에 설치되는 청원실은 직접민주주의의 국회 수용의 차원에서 제도 개선 및 정책 제안과 관련된 집단 온라인청원의 활성화에 초점을 두어야 할 것이다. 개인적인 진정(陳情), 특히 공권력 피해에 대한 진정은 소극적으로만 접수하는 원칙을 취하여 배제하지 않으며, 특히 '공직부패' 관련사항은 진정이라도 적극 수용해야 할 것이다.

또한 청원을 온라인 및 오프라인 양 측면에서 모두 접수할 수 있도록 하고, 청원제도를 실제로 유명무실하게 만든 '국회의원의 소개' 의무 조항은 향후 폐지되어야 할 것이다. 청원이 반드시 국회의원의 소개를 통해서만 비로소 가능하도록 규정되어 있는 현재의 '국회의원의 청원 소개' 규정은 사실상 대중들의 청원권을 크게 위축시키는 것이다.

접수 · 수리된 청원사안의 심사를 위하여 국회 내에 청원심사특별위원회를 구성하도록 한다. 여기에서 청원특별위원회는 사안의 심사를 위하여 정부 기관에 관련 자료 및 문서 열람 및 정보요청의 권한을 가진다. 청원심사의 결과에 기초하여 해당 기관에 시정 권고를 할 수 있으며, 정책 입안사항일 경우에는 해당 소관위원회에 회부한다. 청원은 어디까지나 대중과 함께 결합되어야 할 것이다.

따라서 청원과 관련된 다양한 정보를 온라인상에서 제공하고 국민들의 서명을 접수하며, 나아가 내용에 대한 지지나 비판 의견을 제시하는 '숙의 혹은 평의'(deliberation)의 과정을 거치도록 한다. 또한 접수된 청원은 그 처리과정을 접수인이 항상 확인할 수 있도록 온라인상으로 투명하게 공개되고 (전자)우편으로 중간에 처리과정을 고지하도록 한다.

한편 주요 정책에 대해 심의하고 토론한 뒤 청원실에 권고안을 제시하는 온라인 시민배심원 제도의 도입을 모색할 수 있다. 참고로 프랑스에서는 온라인 시민배심원 제도를 시행하고 있다. 10~15명으로 구성된 시민배심원들은 정책결정에 직접 참여하지는 않으나 정책에 대해 심의하고 토론한 후 정책당국에 주요 권고안들을 제시한다.

또한 노르웨이의 '민주주의를 위한 청년포럼(Youth Forum for Democracy)'은 전국 각지에서 청년단체를 대표하는 16명의 대표로 구성되며, 이들은 청년층의 정치참여 확대 방안과 사회활동 참여 방안 등에 대한 정책안을 만들어 아동가족부 장관(Minister of Children and

Family Affairs)에게 제출한다. 협력자로서의 이러한 정책결정 참여의 경우 비록 최종적인 결정권은 갖지 못하지만, 대표성을 지닌 참가자들이 토론과 합의를 통해 결정한 권고안은 정부의 정책 방향에 상당한 영향력을 행사하게 된다.

현재 청와대 청원에서는 30일 동안 20만 명 이상의 동의가 모일 경우, 장관과 수석비서관을 포함한 정부 관계자의 공식 답변을 30일 이내에 들을 수 있도록 하고 있다. 이를 감안하여 이를테면, 국회 온라인 청원에 총 100만 명 이상이 서명한 청원은 청원특별위원회에의 회부를 의무화하고 청원특별위원회는 이를 심의해야 한다는 의무조항의 신설을 적극적으로 도입할 수 있다. 이 경우 서명 인원에 따른 의무 경중(輕重)의 구분도 고려한다.

참고로 미국 백악관의 청원 프로그램인 '위더 피플(We the People)'의 경우에는 30일 동안 10만 명 이상을 기준으로 정부 관계자의 답변을 들을 수 있다. 또 미국 켈리포니아 주의 경우, 헌법 개정에는 그 현재 시점의 직전에 치러진 주지사 선거 유효투표수의 8%에 해당하는 주민 서명이 필요하고, 법률 개정에는 6%의 서명이 필요하도록 규정되어 있다.

독일 의회의 청원실

독일 청원실은 의회 내에 구성되어 있고, 청원위원회 사무과와 4개의 청원과로 이루어져 있다. 직원의 수는 약 80명이며, 신규 채용은 판사 자격증이 있는 사람을 채용한다.

연방의회 청원위원회는 청원을 접수, 토의하여 연방의회에 결의안을 제출할 의무가 있다. 청원실은 청원위원회에 대한 전문적이고 행정적인 지원을 담당하며, 청원위원회를 위하여 사건 규명과 민원처리에 대한 제안을 마련한다. 접수된 청원은 연방의회 청원위원회 사무과(事務課)의 사전 심사를 거쳐 4개의 청원과로 이송된다. 이 사전 심사 과정에서 접수된 청원의 약 1/4이 탈락하게 된다. 직원들은 도움말이나 안내, 소개 또는 각종 정보자료 우송 등 가능한 한 지원을 아끼지 않는다. 그러나 모욕적인 내용에는 회답을 하지 않는다.

4개의 청원과는 각기 담당하는 정부 부처나 혹은 직접 민원 대상이 된 기관의 입장을 알아보고 검토한다. 결정 단계에 이르면 근거가 첨부된 결의안을 만든다. 그리고 두 명의 서로 다른 당 소속의 위원회 의원들(보고자)에게 위원회 결의문 채택을 위한 제안으로서 이송한다.

청원위원회는 매년 연방의회에 활동보고서를 제출한다. 2004년 보고서에 의하면, 2004년에 접수된 청원은 17,999건이고 종결 처리된 것은 15,565건이며 개별적으로 처리된 것은 264건이다.

공개 청원은 2005년 9월 1일부터 시험적으로 도입되었다. 청원의 내용이 청원위원회 소관 사항이고 일반의 관심이 될 수 있는 사안이며 공공의 토론에 적합하다고 간주되는 경우 청원실의 심사를 거쳐 청원위원회의 인터넷 사이트에 게재된다. 26명의 연방의회의원으로 구성된 청원위원회 심사를 통해 사안의 성격이 개인적 이해가 아닌 공적 문제이고 이를 청원인이 공적 논의를 원하는 경우, 공개된 온라인 토론방을 개설하여 찬반을 포함하여 공개토론을 진행한다. 4주간 진행되는 온라인 포럼에서 5만 명 이상이 서명을 받은 청원은 공청회를 개최할 수 있다. 공청회에서 청원 내용 검토와 채택 여부에 대한 논의가 이뤄지고, 그 결과를 종합하여 의회에 상정하게 된다.

대통령 직속의 감사원은 감사원이 아니다

올바른 감사는 건강한 사회의 필수불가결한 조건

우리나라처럼 감사원이 대통령 직속으로 설치된 국가는 없다. 그렇기 때문에 예를 들어 '4대강 살리기'에 대한 감사에서 드러나듯 언제나 권력의 입맛에 맞춰 '답이 정해진' 감사만을 거듭해왔다.

지금의 감사원은 진정한 의미의 감사원이라고 말할 수 없다.

감시와 견제가 없는 권력은 절대적으로 부패한다. 3권 분립 역시 이러한 우려에 토대하여 이뤄진 제도이다.

국가의 공공기관 및 그에 소속하는 공무원들은 국민의 이익을 위하여 봉사하는 것이 그 기본적 임무인 공복(公僕)의 기구 및 구성원으로서 주인인 국민이 그에 대한 감시와 견제 장치를 가지고 있어야 함은 너무도 당연한 일이다. 감사 제도는 사회 조직의 필수적인 요소이자 임무이며, 올바른 감독과 감사는 건강한 사회의 전제 조건이다. 지금도 우리 사회에 상존하고 있는 부패와 예산낭비, 환경파괴 등 각종 불투명성은 상당 부분 올바른 감사원의 부재로 인하여 발생하고 있다고 봐도 무방하다.

하지만 오늘날 우리의 공직 사회에서 발생되는 비리와 위법 사항들에 대한 감사는 대부분 용두사미식으로 흐지부지되거나 '솜방망이 징계'에 그친다. 반면 이렇듯 '자기 식구 감싸기'에 급급한 감사제도는 내부 고발자 등 조직 내부에서 진실을 말하는 자에 대해 도리어 배반자로 몰아붙이면서 제보자 색출에 열을 올리며 끝까지 가혹한 보복에 나선다. 결국 거꾸로 된 이러한 공직 사회의 감사는 국민들의 분노와 탄식으로 이어지는 악순환이 계속되고 있다.

대통령 직속의 감사원, 지구상에 한국 외에 없다

본래 우리나라도 제헌헌법 제정 당시 감사원 설치에 있어 미국 방식을 검토하였다. 미국 방식이란 의회에 감사원을 설치하고 감사원이 국정감사를 1년 내내 상시적으로 진행하는 것이다.

그러나 권위주의 체제인 한국의 특성으로 결국 미국 방식을 도입하지 않고 감사원(심계원)을 대통령 직속으로 설치하였다. 당시 수사와 감사를 수행하는 미국 의회처럼 한국 의회도 국정조사와 국정감사 두 가지를 수행해야 한다는 주장이 제기되면서 '대통령 감사'인 감사원과 의회감사인 국정감사로 나뉘게 되었다. 이렇게 하여 대통령이 감사원을 가져가면서, 세계 유일한 '기형적' 국정감사가 출현하게 되었다.

감사원, "권력에 대항하여 진실을 말할 의무를 가진 독립된 기관"

독일 검사원

현재 독일과 프랑스 그리고 미국에서 운용되고 있는 감사 시스템은 눈여겨 볼 필요가 있다.

독일의 연방회계검사원은 헌법기관으로서 입법부, 사법부, 행정부 등 어느 부에도 소속되어 있지 아니하다. 독일의 연방회계검사원은 1948년 제정된 독일연방기본법 제114조 제2항에 의하여 헌법상 최고기관으로서의 지위를 확보하게 되었다. 이에 의하면 연방회계검사원의 구성원은 법관과 같은 독립성을 보장받으며 연방정부 및 연방기관들의 예산과 재정운용에 대하여 회계검사, 경제성 검사 그리고 합법성 검사를 수행한다. 연방회계검사원 원장은 임기가 12년이고 단임제인데, 연방정부의 제청으로 연방의회에서 비밀투표로 선출하고 연방의회 재적의원 과반수의 표를 득표한 자가 선출되고, 대통령은 선출된 자를 반드시 임명해야 한다.

공공기관에 대한 감사에 있어 연방회계검사원 및 그 직원의 임무수행을 위하여 필요하다고 인정되는 문건은 요구일로부터 일정한 기한 내에 반드시 제출되어야 한다. 이때 자료제출 의무는 문서가 현존하지 않지만 정상적인 행정에 있어서 기본이 되는 경우에 있어 그 문서를 작성하여 제출하는 것까지 포함한다. 즉, 감사 대상기관은 요청한 문서가 존재하지 않는다는 이유로 자료의 제출을 단순히 거부할 수 없고 이를 작성하여 제출하여야 한다. 만약 감사직원의 정보요청 요구에도 불구하고 감사대상기관이 이를 무시하고 제출하지 않을 경우 감사직원은 즉시 이를 상부에 보고하여 직원회에서 조치를 결정한다. 감사기준은 적법성, 경제적 효율성 그리고 능률성이다.

모든 감사보고서는 일반에게 공개된다. 이로써 일반 국민들의 감시가 활성화될 수 있고, 감사 직원에 대한 로비활동도 제한할 수 있다. 그리고 감사기관에 대한 개선 압력을 행사할 수 있다.

연방회계검사원의 구성원은 중견공무원이 될 자격을 가져야 하며, 동시에 다양한 전문적 경험을 보유해야 한다. 원장과 부원장 중 1인 그리고 기타 위원 총수의 3분의 1은 법관 자격을 가진 자여야 하며, 경제학 또는 공학을 전공한 자도 적절하게 포함해야 한다. 신규 채용은 총무처에 의뢰하여 우수한 직원을 추천받아 6개월간 시보 임용한다. 시보기간이 경과하면 그 자질, 능력 등을 인사위원회에서 종합 검토한 뒤 정식 채용하거나 불합격시키며 불합격자는 본래 근무지로 복귀시킨다.

프랑스 감사원

한편 프랑스 감사원은 제5공화국 헌법 제47조에 기초한 헌법기관으로서 역시 입법, 행정, 사법부 어디에도 소속되지 않은 독립기관으로 존재한다. 프랑스의 감사 시스템은 일원화되어 있고, 신규 채용은 ENA(국립행정학교: 고급공무원 양성을 목적으로 1945년 설치된 이래 프랑스 행정부 고급공무원은 기본적으로 이 학교 졸업자로 이뤄졌다. 1회 입학자는 100명으로 대학졸업자와 현직 공무원 중에서 각각 50명씩 선발한다) 졸업생 중에서 성적 우수자를 선발하여 충원한다.

프랑스 감사원의 직군은 재무감사 직군, 재경감독 직군, 근로감독 직군, 내무부 행정감사관, 문화감사 직군, 사회행정감사 직군, 교육연구행정감사 직군 그리고 내무부 행정감사관으로 구성되어 있다. 대부분의 감사는 감사원 내부에서 이뤄지지만, 확인이 필요한 경우 담당감사관이 수시로 현지 감사를 시행하고 있다. 감사는 행정 각부 기관으로부터 모든 지출계산서 및 증빙서류 원본을 제출받아 실시한다. 원칙적으로 3~5년 동안의 회계집행 사항을 전수 감사하도록 되어있으나 실제로는 인력 및 시간적 제약으로 전체의 1/4 정도를 표본 추출하여 감사를 시행하고 있다. 하지만 모든 계산서 및 증빙서류를 제출하였기 때문에 심리적으로 전수 감사를 받는 효과를 거두고 있다.

프랑스 감사원의 구성원은 판사와 동등한 신분 보장을 받으며 봉급도 일반 공무원의 두 배 정도를 받는다. 이들은 권력이나 감사대상 기관의 눈치를 볼 필요도 없이 오직 감사 업무의 성과에 의해서 자신의 고과(考課)가 평가된다. 자크 시라크와 지스카르 데스탱 전 대통령도 일찍이 재무감사 직군으로 활동하여 명성을 떨쳤으며, 이는 권력이나 감사대상 기관의 눈치를 살피지 않는 것이 사회적인 입신양명의 지름길로 인식되는 프랑스의 풍토를 그대로 반영하는 현상이기도 하였다.

미국 회계감사원

마지막으로 미국 회계감사원의 경우, 1921년 제정된 예산회계법 제7

장에 의하여 회계감사원이 "권력에 대항하여 진실을 말할 의무를 가진 독립된 기관"으로 규정되어 설치되었다. 당시 의회지도자들은 예산 감시기관이 행정부의 외부에 설치되어야 한다고 판단하여 원래 재무부 관할 하에 있었던 회계 감사 기능을 의회에 이전시켰다. 회계감사원장은 상하 양원 각각 5명으로 구성된 추천위원회에서 3명을 추천하고 대통령이 상원의 인준 동의를 거쳐 임명하며 임기는 15년 단임이다. 대통령은 추가 후보를 추천할 권한이 없다.

미국 회계감사원은 연방정부의 예산 지출과 운영에 대한 감사를 임무로 하며, 연방 정부의 예산을 사용하는 모든 사업과 활동을 조사할 수 있는 권한을 가지고 있다. 회계감사원 업무의 10%가 회계 감사이고 나머지 90%는 사업 평가가 차지하고 있다.

회계감사원의 감사결과는 수시로 모든 상하원 의원과 행정부에 제출된다. 그러므로 미국 의원들은 우리처럼 매년 국정감사를 하지 않아도 이 감사보고를 통해 각 부처의 운영상황을 손금 보듯 파악할 수 있고, 이를 토대로 의정활동을 펼친다.

감사제도의 발전을 위한 제안

사실 감사 제도는 인류 역사의 모든 시기에 존재해왔다.

우리 역사에서도 마찬가지이다. 조선 시대의 감사 기관은 바로 사헌부(司憲府)였다. 사헌부는 조정 관원의 기강 확립을 위하여 잘못을 저지른 관원을 탄핵하여 직위에서 축출하는 탄핵과 규찰 활동을 담당하였고, 상대(霜臺)[25], 오대(烏臺), 백부(柏府)[26]라는 별칭으로 불리기도 하였다. 지방에도 분대(分臺 : 분사헌부)라는 감찰관을 파견하도록 하여 관련된 업무를 수행했다. 사헌부 관원들은 소신 있게 업무를 추진할 수 있도록 면책의 특권을 누렸다.

사헌부 관원은 재주가 뛰어나고 가계가 좋은 자를 임명했다. 사헌부 관원은 사간원 관원과 함께 고과(考課)를 받지 않았고, 당상관들도 이들의 인사를 받으면 정중하게 답례하도록 규정하는 등 우대를 받았다. 한편 간쟁, 탄핵, 시정, 인사의 언론 활동을 주요 직무로 하는 사간원은 상관과 하관의 위계와 질서가 엄격했던 사헌부와 달리 상관과 하관 사이에 격의가 없고 직무 중에도 음주가 허용되는 등 자유로운 분위기가 제공되었다.

효과적인 감사 시스템의 존재는 건전한 국가 공직사회의 필수적인 전제 조건이다.

감사 시스템은 관료집단이 국민의 공복으로서의 그 직무를 충실하게 수행하고 있는가를 평가하는 중요하고 핵심적인 국가 제도이다. 기실 감사제도의 미비 및 불철저함으로 인하여 우리 사회의 심각한 관료집단의 무능과 부패가 배태된 것이다. 사실 이른바 '공수처' 설치에 의한 처벌에 앞서 올바른 위상을 지닌 감사원을 정확하게 설치함으로써 공공기관 예산과 집행의 투명성을 제고하고 각종 불투명성과 부패 및

25 서릿발과 같이 엄하다고 하여 붙여진 명칭.

26 한나라 때 사헌부인 어사대에 잣나무가 심어져 있었는데, 수많은 까마귀가 그 위에 앉았다는 데로부터 오대(烏臺) 혹은 백부(柏府)라는 명칭이 유래하였다.

범죄 가능성을 사전에 방지하고 차단하는 방식이 훨씬 바람직한 방향이다.

무엇보다도 먼저 감사원이 독립된 기구로 재조직되어야 한다. 우리나라처럼 감사원이 대통령 직속으로 되어 '대통령 감사'로 전락한 나라는 지구상에 우리 외에 존재하지 않는다.

감사원이 대통령 직속 기구로 되어 있고 감사원장을 대통령이 임명하게 되면, 감사원은 필연적으로 권력의 눈치를 볼 수밖에 없게 되고 당연히 올바른 감사는 사실상 어렵게 된다. 국가 공공 기관에 대한 감사를 충실히 하라는 감사원 본래의 존재 의미를 살리기 위해서는 감사원이 정치와 행정, 의회와 행정부 사이에서 중립적인 위치에 있고, 정치적 '독립'을 보장하는 법률적 제도적 장치가 보장되어야 한다.

감사의 구체적 방법론에 있어서는 독일의 경우처럼 감사 임무 수행을 위하여 필요하다고 인정되는 기본적 문건은 요구일로부터 일정한 기한 내에 제출되는 것이 제도화되어야 한다. 물론 이때 자료제출 의무는 문서가 현존하지 않지만 정상적인 행정에 있어서 기본이 되는 경우에 있어 그 문서를 작성하여 제출하는 것까지 포함한다. 그리고 프랑스 감사제도의 경우처럼 행정각부 기관으로부터 모든 지출계산서 및 증빙서류 원본을 제출받아 감사를 실시하도록 보장되어야 한다. 그리하여 비록 인력과 시간적 제약으로 표본 추출하여 감사를 시행할지라도 모든 계산서 및 증빙서류를 제출하였기 때문에 심리적으로 전수 감사를 받는 효과를 거둘 수 있도록 해야 한다.

결국 우리나라 감사원장의 임기는 미국이나 독일처럼 현재의 임기보다 훨씬 연장되는 것이 장기적으로 바람직하다.

물론 일체의 감사보고서는 일반 국민들에게 공개되어야 한다. 이는 국민으로부터 위임받은 기구로서 당연한 임무이고, 아울러 감사 조직을 포함한 공공 기관에 대한 일반 국민들의 건강한 감시와 견제를 활성화할 수 있게 만든다.

감사원 조직은 공복(公僕)으로서의 책임 수행에 대한 감시라는 국민으로부터의 권한을 위임받아 설치된 기구이다. 올바른 감사 제도의 법적, 제도적 장치가 보장되고 이를 통하여 국민의 기대에 부응하여 진정한 의미에서의 감사 시스템이 작동할 때 비로소 건강한 사회가 이뤄질 수 있을 것이다.

국회에 의원들이 선출하는 감사관이 존재해야

현재 국회 행정조직의 감사관실은 국회 공무원들로 구성되어 있다. 당연히 순환 근무에 의한 전문성 부족과 '자기 식구 감싸기'의 온정주의를 크게 극복하기 어렵다. 특히 국회 조직은 감사원 감사도 사실상 불가능한 '감사 무풍지대'이고 (행정부 조직에 비하여) 상대적으로 규모가 훨씬 작아 직원들이 거의 서로 안면이 있는 인간관계이기 때문에 온정주의의 가능성은 더욱 커질 수밖에 없다. 이렇듯 내부 출신 공무원으로 순환근무하면서 구성되는 국회 조직의 감사 시스템은 근본적으로 허약할 수밖에 없다.

미국 의회의 경우 의회 행정조직에 대한 감사는 의원들이 임명한 감사관에 의하여 수행된다. 미국 의회 의사규칙 Rule II의 제6조는 "하원에 감사관실을 둔다. 감사관은 의장과 다수당 원내대표 및 소수당 원내대표 간의 공동 협의로 임명된다……. 본조에 따른 직무수행 중 어떠한 회계부정을 적발한 경우 의장, 다수당 원내대표, 소수당 원내대표, 하원 행정위원회 위원장 및 소수당 간사에게 동시에 통지해야 한다."고 규정하고 있다.

우리 국회도 미국 의회의 사례처럼 매 회기마다 국회 조직의 주인인 국회의원들이 실제 감사 능력과 의지가 있는 인사(회계사, 변호사 등 자격 소지자)를 국회 감사관으로 임명하여 국회 내에 진정한 감사기구가 작동될 수 있도록 해야 한다.

〈생각해보기〉

재정민주주의, 주권자인 국민이 국가 재정을 통제해야

국가 재정에 대한 통제, 당연히 국가의 주권자인 국민이 통제해야 한다. 이는 국민주권주의 정신의 실현이고, 재정민주주의의 내용이다. 우리나라에서 행정부의 힘이 강한 것은 한마디로 '돈줄'을 쥐고 있기 때문인 것이고, 마찬가지로 대통령의 힘이 강해 제왕적 대통령제라는 말이 나오는 것도 대통령이 이렇듯 '돈줄'을 쥔 행정부 위에 군림하기 때문이다. 더구나 국회가 이를 전혀 통제하지 못하기 때문에 '돈줄'을 쥔 그 힘은 더욱 커질 수밖에 없다.

원래 의회의 형성이란 행정부에 대한 재정통제로부터 비롯된 것이었다. 미국 독립전쟁 당시의 "대표 없이 세금 없다"는 말은 이를 한마디로 웅변하고 있다. 의회의 재정통제 기능을 정상적으로 확보하고 그리하여 우리 사회에 만연된 부패 문제를 해결하기 위해서는 무엇보다 독립적인 회계검사 기관을 설치하는 것이 필수적이다. 예를 들어, 미국 회계검사원의 경우 회계검사 건의에 의해 2007년 기준 570억 달러의 비용 절감 효과가 있었다.

감사원이 감사원답게 다시 정립되기 위해서 국민의 대의기관으로서의 국회 역할이 중요하게 된다. 우리처럼 감사원이 대통령 직속으로 있는 나라는 지구상에 오직 우리밖에 없다. 스위스가 특이하게 감사원을 행정부에 두고 있지만, 스위스 감사원도 대통령 소속이 아니라 재무부 소속이다.

국회, "국민의 이름으로" 국가 재정통제의 임무를 수행해야

그러나 우리나라 역대 국회의 행정부 예산안 수정은 겨우 1%에 그치고 있다. 99%가 그대로 통과된다. 이야말로 '통법부'의 전형적 모습이다. 또 국가 재정통제의 중요한 수단으로서의 국정감사는 모두가 인정하듯 그 실효성이 심각하게 의심받고 있는 상황이다. 이러한 국회의 모습은 본연의 임무에 대한 직무유기이고, 국민주권주의 시대에 대한 배신이다.

이제 우리 사회가 '부패 사회'라는 낯부끄러운 오명을 떨치고 진정 새롭게 전진하기 위해 우선 국회가 국가의 재정 통제라는 본연의 임무를 충실하게 수행해야 한다. 미국의 의회는 행정부 예산국에 비견되는 의회예산처(CBO)의 뒷받침에 의해 충실한 예산심의를 수행한다. 의회예산처는 의회 예산위원회에 경제 및 예산 전망에 대한 보고서를 제출하며, 각 상임위도 예산위원회에 예산 관련 입장과 추정치를 제출한다. 의회의 예산 심사 기간은 약8개월에 이른다.

그러나 우리 국회의 경우 예산 심사에 겨우 두 달이 주어진다. 심지어 그 두 달도 사실은 지켜지지 않고 있다. 그간 국회에서 실제로 여러 차례 예산 심사를 해왔다는 어느 의원은 필자에게 두 달 심사기간은커녕 의원들이 행정부로부터 회의 일주일 전에야 겨우 심사 자료를 받는데, 그것도 산더미처럼 많은 엄청난 자료로서(이것도 일 년 전의 그 자료에 단지 숫자만 바꾼 것이 태반이라 했다) 열람할 수도 없고 또 실제로도 거의 열람하지 않는다고 말했다. 이 의원에 의하면, 그렇게 하여 예산 심사에 들어간다 해도 의원들은 언론에 자기 이름 내기 위해 이미 매스컴에 소개된 예산 관련 사안 발언을 되풀이하거나 아니면 자신의 지역구 관련 예산 발언만을 계속되는 경우가 허다하다. 그리고 행정부 공무원들은 "일 년에 3, 4일만 국회에 나가 수모 당하면 된다"는 생각을 하면서, 의원들 질문이 이어지는 회의장 뒤쪽에서 졸고 있는 경우가 부지기수라고 말했다(사실 공무원들도 실제 예산 내용을 잘 알고 있지 못하다고 의원은 말했다). 이렇게 시종일관 그야말로 수박겉핥기식으로 진행되는 심사는 결국은 대부분 규정에도 없는 이른바 '소소위'에 넘겨져 예산의 구체적 내용이 아닌, 단지 "총액 규모를 얼마 깎자"라는 여야의 '보여주기식 숫자 싸움'으로 마무리된다. 이 와중에도 각당 중진들을 비롯해 자기 지역구 예산 증액을 목표로 하는 '쪽지예산'이 횡행한다. 결산 분야는 더욱 심각해서 아예 관심도 없고 또 능력도 없다는 평가다.

결국 근본적으로 재정통제가 불가능한 현실이다. 국민들의 혈세는 이렇게 엉망으로 관리되고 낭비되고 있다. 그러니 나라가 나라가 아니게 된다.

국회 예산 심사 기간은 확대되어야 하고, 예·결산 상임위원회의 위원 임기는 4년 임기로 전문화되어야 한다. 특히 예·결산 검토를 담당하는 국회 전문위원은 명실상부하게 각계의 전문위원으로 개방되어 의원들에게 필요한 전문적인 자문과 지원을 제공해야 한다. 동시에 국회 내 예산정책처가 분명하게 전문기관으로서의 위상을 정립함으로써 의원의 예·결산 심사 활동을 효율적으로 지원해야 한다.

나아가 국회 소속의 회계감사원 혹은 국회와 긴밀히 연결되는 회계감사원을 기초로 국가 재정 통제라는 임무를 "국민의 이름으로" 수행해야 한다. 오늘날 미국을 비롯한 많은 국가들은 회계검사원을 의회 소속으로 하고 있다. 독립기관인 독일 회계검사원의 경우에도 원장 및 부원장은 연방정부의 제청으로 의회에서 선출되며, 예산에 대한 회계검사원의 요구 내용에 연방정부의 이견이 있을 경우 의회에서 검토한다. 필요하다면, '감찰'의 기능은 행정부에 그대로 남겨두면 된다. 미국은 행정부에 감찰국과 공직자윤리국을 설치하고 있다.

에필로그

우리는 더욱 구체적이어야 하고,
보다 집중해야 한다

남들과 좀 다르게 살아도 그리 나쁘지 않다

남들과 좀 달리 생각하고 남들과 다르게 살아도 우리네 삶은 그리 나빠지지 않는다. 남들과 다른 생각을 하는 것이 어딘지 불안해 감히 '상식'에 맞서지 못하며, 어떻게든 유행에 뒤떨어지지 않으려고 안간힘을 다하는 삶에 대해 성찰해볼 때도 되었다. "나는 회의한다. 고로 나는 존재한다."는 데카르트의 말을 굳이 빌릴 필요도 없이, 모름지기 사유하는 인간으로서 최소한의 자존감과 가치를 지켜야 할 일이다.

1760년대의 이탈리아의 계몽사상가 베카리아는 사람들이 분석적 탐구보다는 진부한 인상에 좌우되기 때문에 "생명과 자유에 가장 필수적인 문제에서도 수많은 오판을 겪고 자신들이 저지른 잘못에 지쳐 인내의 한도에 이른 이후에야 비로소 자신을 괴롭혀온 폐해를 바로잡으려는 노력을 하게 된다. 그때가 되어서야 비로소 그들의 눈은 가장 자명한 진리를 향해 열린다."고 설파했다.

우리는 이제 진리를 향해 눈을 떠야 할 때이다. 민주주의란 다른 사람이 나에게 가져다 바치는 것이 아니다. 바로 나로부터 시작하여 시민 스스로 사회의 정상적인 시스템을 만들고 결국 민주주의를 완성해 가는 것이다.

진리는 그리고 희망은 멀리 있는 것이 아니라 가까운 곳에 있다. 모름지기 지행합일(知行合一)이 실천되어야 한다. 진보를 주창하는 인사일지라도 그 일터에서 진보의 가치를 실천하는 경우는 찾아보기 어렵다. 자기의 삶터와 일터라는 가까운 곳에서는 전혀 실천하지 않고 그저 침묵하고 방관, 동조하면서 오로지 멀리 '열매'와 '자리'만 추구했기 때문에 결국 오늘의 총체적 혼돈이 초래된 것이다.

길이 끝나는 곳에서 새로운 길은 시작된다. 그리고 절망과 좌절의 끝에 비로소 희망이 이어진다.

삶의 가치란 결코 지위의 높낮이에 있지 않다

조금만 성찰해 본다면, 사실 현재와 같은 관료조직 분위기에 젖어 사는 구성원들은 불행하다. 인생의 목표가 '갑질'에 있지 않는 다음에야 그러한 삶이 과연 개인적으로 어떤 보람이 있겠으며 또 무슨 가치가 있겠는가? 다산 정약용도 우리가 생각하는 것보다 그 벼슬은 그다지 높지 않았다. 당시 정약용보다 높은 벼슬에 있던 고관대작이 얼마나 많을 것인가! 그러나 지금 우리들 중 그 누구도 그들 고관대작을 기억하지 않는다.

삶의 가치란 결코 ‘승진’이나 벼슬의 높이에 존재하는 것이 아니다.

물론 ‘저항’을 생각하는 공무원이 지나치게 많게 된다면, 그 또한 작은 문제가 아닐 것이다. 하지만 지금과 같이 상명하복과 동종교배식의 조직 분위기만으로 과도하게 충만된 관료사회에서 그 권위와 관행에 ‘저항’하는, “미움 받을 용기”가 있는 공무원들이 존재해야만 조직이 그나마 건강해질 수 있다고 확신한다. 그리고 그러한 사람들이 조직 내에서 ‘왕따’되지 않고 소금으로서의 역할을 수행할 수 있어야만 우리 공직사회도 비로소 희망이란 게 존재하고 미래가 있다고 확신한다.

오늘 우리의 민주주의는 다시 시작해야 한다

관료를 위시한 정치권과 이익집단의 3각 동맹은 이 나라를 철저하게 장악하고 자기들이 건설한 왕국에서 군림하고 있다. 시민들은 철저히 무대 밖으로 배제된 채 할 수 있는 일이라곤 도무지 없다. 지금 대한민국에 시혜의 대상으로서의 백성이 있을 뿐 민주주의 주체로서의 시민은 존재하지 않다. 일제 식민지시대 작곡가 김순남은 극악한 일제 식민지 시절 유일하게 남은 자유라곤 손바닥에서 탱자를 굴릴 수 있는 자유밖에 없는 상황에서 ‘탱자’라는 곡을 작곡하였다. 지금 우리에게는 겨우 손가락으로 SNS 놀이를 할 수 있는 자유가 있다. 아마도 그중 청와대 청원은 가장 커다란 권리에 속할 것이다.

하지만 진정한 의미에 있어서 정치적 자유란 개인의 인권 보장을 넘어 시민들의 능력과 공공사회 의식, 평등을 선행조건으로 하는 정치적 참여를 통하여 성취할 수 있는 것이다. 지금 여기 정치적 자유와 시민의 권리와 민주주의는 없다.

돌이켜보면, 지난 세기 87년 우리는 겨우 직선제 하나를 얻은 것에 불과했다. 이는 야당 정치권을 지배세력의 하위 파트너로 포섭하는 과정으로 평가될 수 있다. 야당 정치인의 권력욕에 부합하는 그것 외에 민주 진영이 쟁취한 것은 거의 없다. 오히려 이후 정치권, 관료 그리고 각종 이익집단의 3각 동맹의 강고한 결탁으로 오히려 시민들은 국가 권력 시스템 밖으로 더욱 멀리 그리고 철저하게 배제되었다. 지배세력은 마치 민주주의인양 국민들에게 총을 주었으나 그 총은 총알이 없는 장난감 총이었다. 내용 없는 빈껍데기의 민주주의에 불과한 것이었을 뿐이다. 국민은 주인이면서도 정작 국가 권력 시스템에 대한 아무런 통제 장치도 갖지 못한 채 그것을 한국적 민주주의라고 여기며 살았다. 많은 사람들이 헌법을 지고(至高)의 가치로 여기고 있지만, 기실 현재의 헌법은 이승만-박정희-전두환으로 이어지는 독재 권력이 만들어놓은 틀을 거의 벗어나지 못한 '앙시앵레짐', 구체제이다. 촛불 이후의 국면에서도 개헌을 이뤄내지 못한 것은 너무나 큰 태업이자 역사적 과업의 방기이다.

더구나 우리의 국가기관은 거의 대부분 이 세상에 그 유례를 찾아보기 어려운 체제와 형태를 띠고 있다. 이 세상에 이런 국회는 없고, 이런 감사원도 없으며 이런 대법원, 검찰, 이런 경찰이 없다. 이런 국회사무처와 국회도서관 그리고 이런 검토보고, 국정감사, 법사위는 다시 존재하지 않는다. 기준과 원칙, 보편성에서 이탈한 '변이(變異)'이고 '비정상'이다. 적절한 감시와 견제의 시스템은 결여된 채, '독점'과 '월권'이 일상화되어 있다. 그저 '무늬만', '이름만' 일뿐이다.

오늘 우리의 민주주의는 다시 시작해야 한다.

얼마 전 온수관 폭발사고로 사상자까지 발생했었다. 두말할 것도 없이 공사의 방만한 운영관리가 불러온 '인재'였다. 온수관 누설 등을 실시간으로 파악해 보수 등에 활용하는 감시시스템은 제대로 작동하지 않았고, 심지어 온수관 잔여수명 조사결과를 조작하기까지 했다. 그러나 정작 시민들은 아무런 감시 권한도 없다.

한편 경찰은 특히 국민의 일상생활에 가장 가깝게 접근해있는 국가기관이지만, 버닝썬을 비롯한 각종 유착과 책임회피, 자기조직 감싸기 등등 경찰에 대한 국민들의 불신은 극심해진 지 이미 오래다. 하지만 이러한 경찰에 대해 시민은 아무런 견제 및 감시 장치를 가지고 있지 못하다.

영국은 2002년 제정된 경찰개혁법에 근거해 2004년부터 경찰비리민원조사위원회(IPCC)가 운영되고 있다. 수백 명으로 구성된 이 독립적 경찰감시 기구에는 의장과 위원에 경찰경력이 있는 인사를 철저히 배제하고 있다. 직권으로 경찰의 위법행위를 조사할 수 있고, 조사 결과에 따라 경찰관 기소를 검찰총장에게 권고하고 요구할 수 있다.

이제 우리도 영국의 이러한 경찰감시기구처럼 시민이 시민의 '공복(公僕)'인 경찰을 감시, 감독할 수 있어야 한다. 또한 상기한 난방공사도 시민이 철저하게 감독하는 등 모든 국가 공공기관을 시민사회가 개입하고 감시, 감독할 수 있도록 제도화해야 한다. 이렇게 될 때 비로소 "모든 권력은 국민으로부터 나온다"는 국민주권주의가 구체적으로 실현되는 것이며, 민주주의가 '무늬만'으로서가 아니라 진정으로 그 실체적 내용을 갖게 될 수 있다. 직접민주주의란 단지 국민투표만으로 완성될 수 있는 것이 아니다.

그리고 이 "국가기관에 대한 시민 감독의 제도화"라는 긴급한 시대적 과제야말로 바로 '국민의 대표'인 국회가 앞장서서 제도화하고 법제화해야 할 일이다.

'시민'의 이름으로

시민사회란 시민적 덕성을 갖춘 시민 결사체들의 사회를 말한다. 그리고 시민이란 사회라는 집단적 활동에 참여할 수 있는 권리와 의무를 모두 지닌 존재이다.

이제야말로 시민이 진정한 이 나라의 주인으로 자리매김하여 이 사회를 근본적으로 재구성해 나갈 때이다. 우리가 추구해야 할 것은 '민족 개조'의 '개조'가 아니라 사회의 '재구성' 혹은 '재구축'이다.

우리 사회가 바로 서기 위해서는 무엇보다 먼저 국회부터 바로 서야 한다. 하지만 진정한 민의의 전당으로 되어야 할 국회는 지금 전혀 '시민의회'에 미치지 못하고 있다. 시민사회가 정치과정을 통해 의회와 소통하며 의회민주주의를 실현하는 것은 근본적으로 불가능한 구조로 되어 있다. 오히려 오늘의 그 실체는 '관료들의 하부조직'에 가깝다.

늦었다고 생각할 때가 가장 빠른 때다. 이제부터라도 우리는 시민사회와 시민의회의 꿈을 키우며, 함께 이를 하나하나 실천에 옮겨나가야 한다. 그리하여 시민이 진정한 주인으로 되는 새로운 사회를 이뤄내기 위해서는 국회의원 소환제, 검찰청장을 비롯한 감사원장과 경찰청장의 직접 선출, 국회 온라인 청원실 설치 등 광범위하고도 실질적이며 진정한 민주주의의 실현방안을 찾을 일이다.

넘쳐나는 인재들의 넘쳐나는 지혜들이 온라인에서 허공에 산산이 흩어지는 오늘의 이 현실은 가히 통탄할 만하다. 온라인과 SNS는 연대를 위한 훌륭한 수단일 수 있으나, 온라인이라는 허명과 가상현실에 중독되어 영혼을 빼앗겨서는 안 될 일이다. 그것은 개인의 자유를 극대화함으로써 개인주의와 자유주의의 꽃으로 간주될 수 있지만, 도리어 거대 자본과 권력에 가장 조종당하고 선동되기 용이한 왜곡된 전체주의의 도구로서의 측면을 간과해서는 안 된다.

나 자신의 주체적인 실천 그리고 '가상현실'이 아니라 내가 지금 여기에서 살아가는 '실제현실'이 중요하다.

우리는 더욱 구체적이어야 하고 보다 집중해야 한다

우리 사회가 지니고 있는 치명적인 약점은 언제나 '진영 논리'가 주도적 흐름으로 자리 잡고 있었다는 점이다. 내세우는 주장 역시 대부분 구체적이지 못하고, 그것들은 대체로 추상적 범주의 슬로건에 머물렀다. 또한 대부분 임기응변식으로 사회적 이슈를 수동적으로 혹은 편승하여 따라가면서 사안의 선후경중은 분별되지 않은 채 엄청난 이슈들만 계속 나열함으로써 대중들로 하여금 오히려 피로감을 누적시키는 역효과가 적지 않았다. 즉, 핵심적 사안에 집중하고 이를 간결한 슬로건으로 드러내 대중들의 이해와 동참을 제고시켜내는 데 대단히 미흡했던 것이다. 마지막으로 '집중과 선택'에 더하여 '끈질긴 실천'으로써 성과를 창출하는 데 부족했다. 구호로만 끝나지 않고 실제로 성과를 이뤄내는 일은 대단히 중요하다. 대중들은 그러한 성과를 목도하면서 자신감을 얻고 다시 전진할 수 있다.

결국 실현 가능한 핵심 문제에 집중하여 끈질긴 실천으로써 성과를 내는 그러한 방식이 앞으로 우리 사회가 지향해야 할 방향이다.

우리는 더욱 구체적이어야 하고, 보다 집중해야 하며, 더욱 끈질겨야 한다.